黃錦珠著

人文社會科學叢書

晚清時期小說觀念之轉變

國立編譯館主編
文史哲出版社印行

國立中央圖書館出版品預行編目資料

晚清時期小說觀念之轉變 / 黃錦珠著. -- 初版
-- 臺北市 : 文史哲, 民84
面 ; 公分. -- (人文社會科學叢書 ; 2)
參考書目:面
ISBN 957-547-893-2(平裝)

1. 中國小說 - 晚清(1840-1911) - 評論

827.87 83009286

② 人文社會科學叢書

晚清時期小說觀念之轉變

著者：黃錦珠
主編者：國立編譯館
著作財產權人：國立編譯館
出版者：文史哲出版社
登記證字號：行政院新聞局局版臺業字五三三七號
發行人：彭正雄
發行所：文史哲出版社
印刷者：文史哲出版社
台北市羅斯福路一段七十二巷四號
郵撥〇五一二八八一二彭正雄帳戶
電話：三五一一〇二八

實價新台幣五四〇元

八十四年二月初版

ISBN 957-547-893-2

自序

有關晚清小說與小說理論的研究，近年曾有過一番盛況。迄今爲止，無論在資料整理或研究成果上，都出現可觀的成績。資料整理方面，自以大陸學者居地利之便，舉凡小說作品、理論文字或研究資料的彙整、出版，均愈趨豐富，學者們從事研究，亦愈能有便利的基礎。研究方面，無論大陸、海外或臺灣本土，均有不少學者投入此一領域。作品、理論以及相關問題的探索、討論，也已稱得上洋洋大觀。不過據筆者所見，探討晚清小說觀念的論文卻寥寥可數，而結合小說作品和理論作整體性考察的，在筆者撰稿之時尚未得見。專論晚清小說觀的，目前所知僅有姜東賦〈晚清四作家小說觀平議〉一短文，因篇幅有限，只是作大略論述，所根據的材料也只有小說論評文字，尚未能結合作品來探討。其他相關的，有小說理論之研究，這方面的論著不算少，不過大體說來，仍以單篇論文居多，尤其是大陸學者的研究。單篇論文因篇幅之故，論述往往多所局限，不容更精細、深入的探究。專著部分，今知有康來新先生《晚清小說理論研究》與邱茂生先生《晚清小說理論發展試論》二部。康著探討年代涵蓋鴉片戰爭（一八三九）至滿清傾覆（一九一一）七十餘年間，本書則選定小說理論轉變最大、發展最盛的晚清末十餘年（自甲午戰後至辛亥革命）爲研究年代，期作更深入、確實的考察。邱著整理晚清末十七年（甲午至辛亥）間理論發展的脈絡，本書在邱著的基礎之上，進一步整理出晚清小說理論的體系，再將理論與作品結合起來，以便作較全面、也較落實的思考。至於作品方面的研究論著，數量其實遠超過小說理論，不過與本書題旨相關的並不太多，其中值得一提的爲陳平原先生的《中國小說敘事模式的轉變》與《二十世紀中國小說史·第一卷》，本書的研究角度雖與陳著不同，但頗多借鑑之處。

筆者以爲，思想或觀念是主導人類社會發展的一項無形主因，文學的發展亦然。觀念經常宰制人類行動於無形，也經常在無形中牽引文學的發展而令人不覺。作者會寫出什麼樣的作品，決定於他心目中的想法與感受如何；一個時代會發展出什麼樣的代表文學，也往往決定於當代文學思潮的走向如何。試著要了解古代至現代小說變化的關鍵與內因，是筆者選擇本論題的根本動機。而且筆者也發現前人對此一論題的研究幾乎還是一片空白，不過相關研究與所需資料，大致不虞匱乏，尤其近二、三年資料愈出愈夥，筆者的研究亦愈覺便利。

這本書的出版，是筆者研究歷程的一個紀念。從蒐集資料到撰寫完成，共花了四年多時間，這期間蒙受許多師長、親友指導與協助，感恩與謝意都存記在心裡。筆者很慶幸能以讀書爲志業，也非常感激指引我走入這條路的所有師友，謝謝您們！

黃錦珠　民國八十三年十二月序於臺北師院

晚清時期小說觀念之轉變　目次

第一章　緒　論

第一節　研究旨趣與方法

在現代，小說已經被接受爲一種文學作品，今日文壇上，它還是一種數量多，也頗受重視的作品。但是在中國古代，小說的身分並不是這樣。（註一）假如詩文作品會被公開傳誦讚揚，成爲士大夫、文人談論的對象，那麼小說作品多半只會被私下傳鈔，文人、士大夫即使閱讀而喜愛，大多也只把它當作一種個人嗜好，而不是値得公開提倡的文學趣味。詩文作品經常被作者或讀者刻意保存，以供流傳，小說卻往往只靠少數有心人士大力傳揚。過去小說所處的境遇，根據今天小說創作、出版的狀況很可能無法想像。由古代到現代，小說經過一個劇變的過渡階段，這個階段就在晚清。

晚清是中國歷史上的大變局，也是文學史上的大變局，經過這個變動之後，小說從文學結構的邊緣向中心移動，（註二）成爲現代人所認識的文壇主角。爲了了解現代小說是從什麼樣的歷史中走來，本書選擇晚清時期作爲研究對象，因爲由變動階段應該最易看出新舊交替、移位的情形。至於訂定「小說觀念」這樣的題目，也是希望從比較寬廣的角度來掌握整個變動的總貌。因爲觀念影響也指引人們的行為，小說觀念一旦轉變，小說在文壇上的處境也迅速改觀。

再者，中國文學史上，小說是一種發展極遲的文類，小說觀念也一直含混不清。正統的學術分類裏面，小說始終被列入子部，（註三）至於《紅樓夢》、《水滸傳》等譽滿於今的傑作，則一直被摒棄於學術分類以外，它們的作者也從來沒有進入〈藝文志〉的記錄。直到晚清，所謂小說，才逐漸被定型為專指《紅樓夢》等敘事文類的作品，它們的作者，在社會上逐漸形成一種新的文學群體，也慢慢爭取到文學地位，雖然這項變化並未在晚清徹底完成，但晚清時期，是一個轟轟烈烈的開始，也是一個重要的轉變關鍵，後代小說的發展方向，大部分都在此時奠定，古代籠統混淆的小說觀念，也在此時獲得大幅度的澄清。

至於「小說觀念」一詞，由於含義比較抽象，可能容易引起爭議，本書抱持兩個原則來處理這個問題：一、觀念存在於人們心目中；二、抽象建立在具體之上。因為本書的研究對象，是晚清時期具有普遍性的觀念，而不是少數一、兩個人的小說觀念，所以理當盡量淬取具有共性的觀念，但是地毯式地考查、分析每個人的觀念，然後再行歸納、概括，實際上不但不容易做到，恐怕也不可能做到，因為時間和資料都成問題。次者，觀念雖然抽象，卻可以透過具體的行動來發現，至於所謂具體的行動，並不僅限於一端，創作活動、理論發表以及其他相關表現，都是行動的一種，也都會從中流露出觀念。因此，根據上述兩項處理原則與實際情況，本書所採取的研究方法與步驟如下：

一、選取具有代表性的人物多位，閱讀他們的傳記資料，並配合時代背景，以求了解他們的生平際遇與基本思想傾向。傳記資料缺乏者，就直接從作品或論述文字入手。

二、閱讀代表人物的小說作品、小說理論和實際批評文字，配合他們在小說界的其他行動，作整體性的分析、考查，以便較爲客觀、完整地探究他們的小說觀念。並漸次擴充及於他們的其他文學作品，有需要的時候，亦結合其他文類的作品、理論文字等，以確定他們小說觀念的定位。

三、同時整理晚清小說界年表，以便於掌握小說觀念的轉變脈絡。

四、將小說作品和小說理論、實際批評等，經過研讀、分析之後，予以歸納分類，以求得呈現在理論、批評或作品中的共識，作爲抽取普遍化觀念的基礎。並配合各家的小說觀，作綜合性思考，以歸納出晚清時期的小說觀念。

五、將晚清的小說觀念與古代的小說觀或文學觀作比較，以了解其轉變之所在。

六、配合時代、社會之動向，考查小說觀念與時代、社會間之互動關係，以檢視晚清小說觀念之時代定位與意義。

【附註】

註一　本書所謂的古代小說，特指與現代小說具血緣關係的古代白話小說。古代「小說」一詞，包羅的作品其實相當龐雜，界限也始終模糊不清。一般史志著錄的「子部小說家」，多是雜錄、叢談、異聞、瑣語一類的作品，這類作品雖也屬於「小說」，但不像白話小說那樣受輕視。唐人傳奇也是「小說」中的一種，學者們且多認爲這是中國小說作品成熟的標誌，但它是文人的作品，使用的文字也是文言，與使用白話，於民間的通俗白話小說相比較，其淵源與所受待遇亦均殊異。晚清人士所提倡的小說，其實便是通俗的白話小說。

註　二　參陳平原《中國小說敘事模式的轉變》，頁二五五。

註　三　自《漢書》〈藝文志〉至清代《四庫全書總目提要》，史志中、學術上，歸類小說之準則，均無多大變化。參魯迅《中國小說史略》，頁一五—二一。

第二節　研究範圍與材料

「觀念」一詞實際上範疇廣泛，但根據上節所述處理原則與研究方法，實際進行研讀與考查之後，本書界定晚清時期小說觀念的主要內涵包括：小說的作用、價值、地位以及小說該寫些什麼、怎麼寫等問題。其中的價值、地位指文學價值與文學地位，至於作用，卻偏向於社會作用或說社會功能。

此外，有關「小說」一詞，尚有一點必須澄清。晚清小說界的所謂小說，大體上已經擺脫傳統「子部小說家」的影子，而明確指具有人物、情節的敘事文類，但在有些地方，又與同樣具有人物、情節的戲曲出現混爲一談的現象。夏曾佑的〈小說原理〉曾談到這個問題，他認爲戲曲與小說合流，主要是後來發展出一種既省略曲牌名，也刪除生、旦、淨、丑等腳色名目的彈詞體。這種彈詞不必演也不用唱，專門供閨中婦女覽玩，而除了使用韻文以外，其他內容、體制均與小說極爲相似，遂導致兩者合流。（註二）但他也說：

曲本、彈詞之類，亦攝於小說之中，其實與小說之淵源甚異。（註二）

曲本與小說原本源流不同，雖然具有相似點，經常被相提並論，但當時小說界人士仍舊清楚地認識兩者間的差異，譬如《新小說》〈小說叢話〉（註三）裏面，既有論小說的文字，也有論戲曲的文字，但在同一則論述裏面，論者並未將兩者混淆。也就是說，他們將兩類合併爲一大類，但在這一大類之中，兩類之間仍舊涇渭分明。所以，本書也不打算將它們混合來談，本書所謂的小說，將剔除晚清人士所謂的曲本、彈詞，即便引述原典時，原文不免會偶而帶出戲曲作品，本書依舊不予討論，以免自亂界限。

至於年代問題。歷史上，晚清通常指鴉片戰爭至辛亥革命（一八四〇—一九一一）這七十餘年間，但文學的發展未必與歷史同步，晚清小說界的發展尤其如此。追究起來，晚清小說界變革的序幕是在甲午戰後揭起，（註四）但盛大而蓬勃的轉變，卻從「小說界革命」（一九〇二）開始。因此，基本上，本書的研究範圍爲甲午戰後至辛亥革命（一八九五—一九一一），但論述的重心可能會偏重在「小說界革命」以後（一九〇二—一九一一）。就小說理論而言，甲午戰後，便已出現屬於晚清特有的理論文字；但就小說作品而言，卻在光緒二十八年（一九〇二）以後才出現屬於晚清特有的作品。也因此，文中不同場合使用的「晚清」一詞，著重的年代可能各有不同。

最後，本書的研究材料，可大別爲兩類：

一、小說作品。

其中小說作品限於創作部分。翻譯小說對晚清的小說觀念和小說創作刺激很大，但不能代表中國本土的創作成果，翻譯小說中所反映出來的小說觀，也不能代表中國本土的觀念。

二、小說論評文字。

小說論評文字兼含小說理論和實際批評兩種內容，它們的表現形式則相當多樣，包括：專題論文、小說話、評點、緣起、發刊詞、告白、序、跋、凡例、識語，乃至其他詩、文形式或小說本文等等。其中專題論文與小說話，是晚清時期特有的論評形式。告白原屬廣告或啓事性質，但也時常在片言隻語中點出重要的現象與看法。發刊詞主要在說明報刊創辦宗旨，尤其是小說雜誌的發刊詞，其創刊宗旨往往即代表編印者的小說主張。以上兩種形式也可以說是晚清時期所特有。其他形式則已屢見於晚清以前的小說論評之中。

【附　註】

註　一　見《繡像小說》第三期。又，收入阿英編《晚清文學叢鈔·小說戲曲研究卷》，頁二一六；陳平原、夏曉虹編《二十世紀中國小說理論資料·第一卷》，頁六〇。

註　二　同上。

註三　自《新小說》第七號起刊登，斷續載至第二十四號，計刊出八十餘則。

註四　參拙著〈甲午之役與晚清小說界〉，《中國文學研究》第五期，頁二三七—二五四。

第二章　晚清時期小說觀念轉變之背景

第一節　時代情勢與新興思潮之激盪

晚清是個劇變的時代，屢屢受挫於外侮的慘痛經驗，以及隨著每次戰爭失敗，不斷挾勢湧進的西方經濟與文化，促使晚清政治社會的每一環結，由上到下，由小至大，逐一產生根本性的變化。變化由船堅礮利等技術方面開始，最後影響到固有的文化、倫理等核心觀念。至於小說界的轉變，主要從甲午戰後開始。

一、時代情勢

中日甲午戰爭，其實形同一場中日西化運動的成績競賽，競賽結果等於宣判，自咸豐末年以來三十餘年的自強運動全盤失敗。朝野有識之士受此衝擊，紛紛檢討昔日洋務運動之得失，並重新尋求改革救國的新方向。維新變法運動的呼聲，就在這種局勢之下高倡而出。學習日本經驗，也在這種情勢之中成為改革途徑之一。當時初露頭角的梁啓超曾比較中、日變法之異及今後中國改革之道，說：

日本變法，則先其本；中國變法，則務其末，是以事雖同，而效乃大異也。故今日之計，莫急於改憲法，必盡取其國律、民律、商律、刑律等書而廣譯之。（註一）

又曾說：

……日本之當路知此義，變法則獨先學校，學校則首重政治，采歐洲之法，而行之以日本之道，是以不三十年而崛起於東瀛也。今中國而不思自強則已，茍猶思之，其必自興政學始。（註二）

在這裏可以看到，日本的維新成效成爲當時中國知識分子歆羨嚮往的對象，日本的維新方式因而也成爲當時中國變法運動人士學習與鼓吹的模範。前此三十餘年，中國的自強運動多偏重在武器、工業等技術層面的西化；自甲午戰後，由於日本的成功範例，透過日本模式，學習西方的法律、政治、教育以至社會思想、學說，逐漸成爲維新人士的一大改革方案。此中主要也迫於諸多現實因素，如語言問題、人才問題以及追求「事半功倍」（註三）的速效問題等等。總之，在軍事武力的背景之下，西方的制度、思想、文化一波跟著一波湧進古老的中華帝國，晚清小說界也在一波又一波的衝擊中產生轉變。

晚清小說界最早提出小說改革主張者，據今所見當爲梁啓超〈變法通議·論幼學〉，其中關於「說部書」一段發表於光緒二十三年正月（一八九七年二月）。（註四）這段時期梁氏的活動焦點在變法，提倡小說也是爲了變法需要，並且受日本經驗啓發。「日本之變法，賴俚歌與小說之力」（註五）之類的說法，是他論及小說之時，每每不忘提及的。（註六）此外，一般認爲提倡「新小說」頗有功續且堪稱晚清第一篇小說理論專文的〈本館附印說部緣起〉，也在光緒二十三年十月至十一月（一八九七年一一—一二月）間陸續問世。文中提到：

> 且聞歐、美、東瀛，其開化之時，往往得小說之助。（註七）

表示也受到西方與日本的啓發。據梁啓超說，這篇文章出自夏曾佑與嚴復兩人的手筆。（註八）嚴復留學英國，親炙過西方文化，或許有了解西方小說的可能，但甲午戰爭卻是使他深受刺激，以致投身維新運動的直接原因。因此，提出這個說法之時，正是日本經驗最爲鮮明的時候。同一年，康有爲《日本書目志》也出版了，其中卷十、卷十四的識語（註九）都曾談到小說通俗適衆的特性，後來梁啓超曾整段引入〈譯印政治小說序〉一文。這些都是晚清小說觀念轉變早期的重要文獻，而它們都在甲午戰後維新運動中出現，且幾乎同時冒出，並和日本的變法經驗有密切關係。由此，不難看到甲午戰爭的深遠影響，也不難發現小說界變化和時代情勢變動之間的聯繫。（註一〇）

小說界的第二波變化，且爲急劇而全面的大變動，是在庚子事變後。

庚子事變肇禍之荒唐，不但令有識之士深感痛心、可悲，條約之內容更令全國上下備受震驚。這一次打擊，使大多數知識分子產生更深刻的覺醒，終於看清中央朝廷的腐敗無能，也體會到基層國民教育的重要性。在朝廷方面，愚謬的處置與戰爭之慘敗，一舉搗毀其高高在上的威信外表，它不但失去最後僅有的尊嚴，也在實際政策上，解除戊戌政變之後禁談變法的梏令。（註一一）國內知識分子不再屈從於它的威禁，外國的威勢也迫令慈禧太后不得不宣布變法，即使朝廷變政措施仍屬表面敷衍者爲多，求新求變的風氣卻已漸次瀰漫開來，乃至成爲全國多階層的普遍性呼籲，小說界也在這個時候很快面目一新，出現前所未有的盛況。

《庚子國變彈詞》是李寶嘉的第一部長篇通俗文學作品，也是李氏投身小說創作的先聲之作，它在庚子事變的次年，也就是光緒二十七年（一九〇一）開始連載，其中第一回提到編寫動機說：

> 殊不知我們中國的人心，是有了今日，便忘了昨朝，有了今日的安樂，便忘了昨朝的苦楚。所以在下要把這拳匪鬧事的情形，從新演說一遍。其事近而可稽，人人不至忘記；又編爲七言俚句，庶大眾易於明白，婦孺一覽便知。無非叫他們安不忘危，痛定思痛的意思。（註一二）

記取庚子事變的教訓，是此書撰作之因。至於選擇彈詞體裁，則是便於婦孺大衆閱讀通曉——其實這也是庚子國禍的教訓之一。義和團以神鬼之說，取得民衆與朝廷支持，就仇洋仇教的心理上說，固然事出有因，但站在國民智識水準的角度來看，卻未免令人痛心疾首。愚民無知導致殃國大禍，一方面使人發現結合民衆所形成的力量之大，另一方面也使人感受到民衆智識教育的迫切。小說一類的通俗文學，很快就被提倡爲教育民衆的利器。李寶嘉《庚子國變彈詞》可謂爲這一類作品的先聲（註一三）。

魯迅也認爲義和團之變刺激了「譴責小說」的發展，他簡單說明其理由爲：

> 戊戌變政既不成，越二年即庚子歲而有義和團之變，群乃知政府不足與圖治，頓有掊擊之意。（註一四）

庚子事變使清廷庸懦無知、腐敗無能的一面盡行暴露，不唯知識分子對清廷失望，事實上清廷也無力再約制人心與言論。深沉的不滿與失望情緒，加上創作與言論顧忌的消解，再加以其他因素的配合，晚清小說於是獲得一極大自由發展之空間。

庚子事變也促使小說理論出現長足進展。光緒二十八年（一九〇二），梁啓超吹響「小說界革命」的號角，理論界迅速響應，形成熱烈探討小說功能、地位與改革、提倡之道的繁榮景象。（註一五）隨之，小說雜誌創刊也爲小說理論與作品之發表途徑劃上新記點，對於撰述與發表均有推波助瀾之功。光緒二十八年（一九〇二），《新小說》雜誌在橫濱創刊，接著國內相繼出現了《繡像小說》、《新新小說》等小說專屬刊物。創於光緒二十九年（一九〇三）的《繡像小說》在編印緣起一文中提到：

> 本館……藉思開化夫下愚，遑計貽譏於大雅。嗚呼！庚子一役，近事堪稽，愛國君子，倘或引爲同調，暢此宗風，則請以此編爲之嚆矢。著者雖爲執鞭，亦忻慕焉。（註一六）

此文撰者署名「商務印書館主人」，（註一七）眞實姓名與身分有待詳考。但不論撰者何人，文中表明創刊之旨意在藉小說開化百姓，並指出庚子之役是開化百姓一事的稽證。此處要問，庚子之役證明了什麼？簡明地說，亦即前文提過的，庚子之役表述了提振國民智識水準與教育基層民眾的重要性與迫切性，所以在此文之中，不但可見對庚子事變感慨頗深，亦顯示下列看法：編印小說雜誌、提倡小說創作，皆被看作有助於記取庚子教訓、表現愛國精神之舉。

庚子事變不但激促包含創作、理論、雜誌編印等小說界的全面改觀，並且也在實際上成爲小說創作的題材。憂患餘生《鄰女語》、艮廬居士《救劫傳》（註一八）等，可以說是正面描寫事變經過的作品；吳沃堯《恨海》（註一九）、符霖《禽海石》（註二〇）等，則以事變作爲故事發展的背景；此外部分涉及此役的小說更多，有吳沃堯《新石頭記》（註二一）、黃小配《宦海升沉錄》（註二二）、八寶王郎《冷眼觀》（註二三）等。（註二四）

由上所述，可以看到庚子事變對小說界各種層面的影響與刺激作用，小說觀念就在動盪不安的情勢中，衝破千年來的窒礙，小說作品也在很短的時間內蔚爲大國，躍居文學重鎮。可以說，庚子事變就像時代激流，爲晚清小說界衝開廣大之門，這是日後種種衍變的先行條件。

庚子以後，內政外交的動盪情勢並未減降，知識分子與民間的反應則日益強烈，俄兵盤據東北與「拒俄義勇隊」、美國華工禁約與抵制美貨、預備立憲與速開國會請願活動乃至革命黨的勢力擴張等等，均是在野者政治與社會意識覺醒的表徵。各方面的事件持續在刺激小說界的發展，特別是小說作品的產生。《孽海花》發起造意之人金松岑，曾追憶撰作此書的動機說：

> 余以中國方注意於俄羅斯之外交，各地有對俄同志會之組織，故以使俄之洪文卿爲主角，以賽金花爲配角，蓋有時代爲背景，非隨意拉湊也。（註二五）

表明了《孽海花》創作與時局情勢激盪的關係。金松岑不但因俄事而起意撰作小說，據此選擇小說人物，且在《孽海花》的原先構想裏面，俄國與東三省之事，亦爲全書主要情節內容，金作《孽海花》的廣告文曾這麼說：

> 此書述賽金花一生歷史，而內容包含中俄交涉、帕米爾界約事件、俄國虛無黨事件、東三省事

件、最近上海革命事件、東京義勇隊事件、廣西事件、日俄交涉事件，以至今俄國復據東三省止，又含無數掌故、學理、軼事、遺聞。（註二六）

這是該書最初的寫作計劃，似有意囊括中俄數十年間交涉歷史，爲當時俄據東北之事追源究委。雖然《孽海花》交給曾樸續寫之後，改變了全書構想，但仍舊可以從這個例子窺見時局變動對小說界的刺激，以及小說界對時代情勢的回應情狀。其他如反應在美華工生活與抵制華工禁約的作品，以及所謂立憲小說與革命派小說，乃至其他反應政治、社會之作，都是類似之激盪、互動關係中誕生的作品。時代情勢與晚清小說界發展之密切關係於此可見，小說觀念的轉變便在這些基礎上進行。

此外，工商經濟發達所帶來的生活型態、社會結構之調整、重組，也爲小說界之發展提供了豐厚的物質條件。其中與小說界關係比較密切的，是造就了上海這個新都會，並促成新聞事業的繁榮與都市讀者群的形成。上海，是晚清文化活動的中心，許多重要的小說作者都曾在此長期居留或短暫駐足，以清末四大小說名家爲例，其中李寶嘉與吳沃堯，一生事業的主要活動點便在此地。魏紹昌曾將李寶嘉的生平大致劃分爲三個時期，第三時期自光緒二十二年（一八九六）起至光緒三十二年（一九〇六）病逝爲止，是他從事辦報和寫作的事業階段，這個階段李寶嘉始終在上海活動，最後也病逝於上海。（註二七）吳沃堯則在十八歲以前便到了上海，他曾經「客山東，游日本」（註二八），但都只待了短暫時間，離開上海最久的大概要數去漢口辦報那一年多時間，此外，直至宣統二年（一九〇九）四十五歲逝世，他的主要事業根據地皆在上海。（註二九）李、吳二氏以外，劉鶚初撰《老殘遊記》之時正定居在上海，（註三〇）曾樸撰寫《孽海花》前後，也在上海從事經商、辦雜誌等活動，（註三一）他們都和上海結下頗深的寫作地緣。不僅如此，晚清小說的主要發表園地也在上海。其他報刊姑且不論，晚清以刊載小說為主的專門性雜誌（含報紙），據陳平原輯錄計有二十一種，其中一種出版地不詳，此外二十種小說雜誌裏面，在上海發行出刊者計有十三種，另《新小說》雜誌第一年在橫濱發行，第二年亦移至上海，（註三二）若加上此刊，便達十四種，占所有小說雜誌的七成足。在此地出版的小說作品更難以數計。上海為小說界提供的有利環境於此可以想見。此中當然有諸多因素，譬如租界之多，為言論自由與文化活動提供保護的溫床；接受西方文化之便利，導致風氣開通，有助於新觀念、新作為的激發與提出；此外，上海的形形色色也為小說提供了不少創作題材。（註三三）

新聞與出版事業之發達，也是促使上海成為小說界活動中心的一大原因，但這項因素影響所及並不僅限於上海，不過上海無疑是「近代中國新聞事業的中心」（註三四），也是印刷、出版事業的首善之區。（註三五）有關小說刊物與出版盛況已見上述，這裏要談的是先進印刷技術與新型出版機構所帶來的有利條件。

中國書籍印刷，自隋唐以後多採木板雕印，宋朝雖有活版發明，因流行未廣，直至清朝，仍以雕版印刷居多數。活版傳入歐洲，歐人加以改良，反過來傳回中國，這才促成晚清印刷與出版的進步繁榮。首先是字體和字模的發明，自道光十八年（一八三八）起，主要由外人創製成功的新字模計有「香港字」、「明朝字」、「美查字」等，後來商務印書館還在「明朝字」的基礎上，創製了楷書體、隸書體和方頭體等。爲了取字方便，長老會的姜別利還發明了「元寶式」字架，商務印書館又將此字架加以改良。印刷技術方面，自道光二十三年（一八四三）起，計有鉛印、石印、彩色石印、照相銅梓版、雕刻銅版與珂囉版等。字模與印刷配合，所印製的報刊書籍愈見精美雅致，受到讀者歡迎。印刷的速度也在不斷改進。同治十一年（一八七二），上海申報館引進手搖輪轉印刷機，每小時出紙數百張。至光緒三十二年（一九〇六），又引進單滾筒印刷機，使用電氣馬達，每小時出紙一千張，印刷速度大爲提高。（註三六）先進的印刷技術，提高印製書籍的效率，也同時降低成本，晚清小說部分暢銷作品能在短期內大量發行，供應讀者需要，形成購讀熱潮，有賴此等先進技術之配合。

至於新型出版機構，則以新型的經營管理方式配合先進印刷技術，推動出版事業的進展。此中以商務印書館爲最突出。商務印書館創辦於光緒二十三年（一八九七），此後在晚清出版界一直扮演舉足輕重的角色。光緒二十八年（一九〇二），商務聘請張元濟擔任編譯所所長，在各種書籍——尤其是教科書的編印、出版上始終獨占鰲頭。（註三七）《繡像小說》半月刊便是在該館支持下，成爲晚清發行最穩定、壽命也最長的小說雜誌。商務還長期支持林紓的翻譯小說工作，林紓是晚清小說翻譯大家，一生賴譯書爲生，據說他的版稅與稿費，「歲入鉅萬」（註三八），他的朋友陳衍曾戲稱他的書房爲「造幣廠，謂動即得錢也」（註三九）。連夢青寄寓上海之時，也是倚賴投稿《繡像小說》爲生。商務印書館的經營完善，稿酬穩定，不但支持小說家的生活，也直接、間接促進小說的創作。晚清小說家職業化的現象，像商務印書館以及其他出版機構、書店的存在，是一大支持因素，這也是晚清小說能在短短十年內即出版達一千多種的背景。

再者，都市讀者群的形成，更是維持小說行銷並繼續發展的「衣食父母」。據張玉法先生引述，在二十世紀初年，中國有三萬人口以上的城市三一二個，其中二萬至五萬者二一六個，五萬至十萬者四六個，十萬至五十萬者四一個，五十萬以上者九個，此中，上海可能是首屈一指的大都市，在光緒二十七年（一九〇一），即「小說界革命」前夕，人口已達六十萬。（註四〇）都市化的結果，產生新的市民階層，也因而形成都市讀者群。張玉法先生曾分析晚清市民階層的特色說：

> 其一、識字率較農村爲高，一般出版品的讀者群較大。其二、識見較廣闊，對國家和社會較爲關心。其三、有相當多的人有閒暇，需要以閱讀消磨時間。（註四一）

張先生並認爲，這幾種特色，都是小說市場的有利條件。市民階層的讀者數量日漸龐大，一方面小說行銷量得以提升，維持小說的繁榮；但另一方面，由於市民閱讀趣味的導向，也會影響小說的譯作與出版。晚清小說中，通俗的探險與偵探作品曾占有極大分量，與銷路現實甚有關係。不過，當時像《孽海花》這樣的作品，也曾於二年間再版十五次，行銷達五萬冊。（註四二）而《巴黎茶花女遺事》一書風行大江南北的銷售盛況，也是鼓舞林紓走上譯書生涯的一項因素。（註四三）

以上所述，爲政治情勢與社會條件所形成的時代環境，它們提供小說界發展衍變的空間與推動元素，是不可忽視的背景條件。此外，新興思潮的多元激盪，則可視爲小說界求新求變的內在動因。

二、思潮激盪

晚清新舊思潮激盪的現象其實也是時代變局衝擊促成。甲午戰爭對中國知識分子刺激甚深，於船堅礮利的技術學習之外，積極引進西方哲學、社會科學的學說與著述，實自此始。從這裏開始，西方的文化、思潮才更深層地衝擊中國的固有觀念體系與倫理結構。張灝先生認爲一八四〇年到一八九五年是近代思想大變局的序幕，一八九五年到一九一一年才是近代思想大變局的正式揭幕，舊有的綱常名教、社會倫理均在此時期產生基礎性動搖，（註四四）可說是這方面看法的代表。

在種種時代思潮裏面，對小說界影響比較重大的，應該要數進化論和教育思想二者。有光緒二十四年（一八九八）嚴復所譯《天演論》正式出版，不但立即造成轟動，且留下深遠影響。有學者甚至認爲，在近代科學衝擊與中國社會變遷時期中，自一八九五年到一九二七年這段期間，可以說是「達爾文」征服中國的時代，因爲達爾文主義形成當時思想界的一個主流，中國知識分子對它普遍承受和近乎狂熱的崇信現象，持續達三十餘年之久。（註四五）晚清小說界也深受進化論思想的影響。不過有趣的是，在嚴譯《天演論》正式出版之前，晚清小說界早已援引「物競天擇」之說進入小說理論，這無疑也是嚴復之功，因爲援引物競學說的這篇小說論文，正是嚴復與夏曾佑合撰的〈本館附印說部緣起〉。（註四六）這篇文章主要是運用「物競」、「天衍」的思想，來說明人類「公性情」之一——「英雄」的產生原委。「公性情」的說明，又是爲了解釋某些「可駭、可愕、可泣、可歌」

之人、事，得以超越時空，令後世之人宛如親炙目睹的傳世現象。「公性情」是溝通亙古人類心靈的橋樑。傳世不朽的人物事蹟，便是符合或說具有古今靈犀相通的「公性情」，因而得以恒常活在人們心目中。這些原理，又都是用來說明某些小說人物流傳不滅的因素。撰者並未特意解說物競、天衍的學理，卻運用此種思想以闡釋歷史軌迹，開啓小說論與進化論結合的首例。到了光緒二十八年（一九〇二）以後，小說界風起雲湧期間，進化論思想已經普遍滲入小說理論與創作，成爲小說界發展、轉變的思想動力。

嚴復翻譯赫胥黎的《天演論》，不僅要介紹達爾文「物競天擇，優勝劣敗」的物種原理，最大的用心是要介紹赫胥黎「善群者存」（註四七）、「自強保種」（註四八）的「人治」原理。他透過《天演論》，將變法圖強，順乎天演——「使人治日即乎新，而後其國永存」（註四九）的觀念灌輸進人心，冀望中國發憤求變，以追求富強。（註五〇）因此進化論在當時極端富有價值色彩，它代表的是：求新才是求進步，求變才是求自強的價值觀。這套價值觀使晚清社會瀰漫求新求變的風氣，晚清小說界在這種價值觀和風氣之下，改革求新已擁有相當程度的思想基礎。梁啓超高呼「小說界革命」的同時，創辦了《新小說》月刊，「革命」與「新」之所以能很快風靡國內，「言論鉅子」的號召（註五一）固是一大魅力，上述思想基礎紮下的根基也不可忽視。晚清小說界整體的轉變，都受到這個思想的推動，也都在這個基礎上進行。

《新小說》創刊以後，光緒三十年（一九〇四）有《新新小說》發行，有關這分刊物的創立與命名，俠民〈新新小說敘例〉一文中提到：

> 小說新新無已，社會之變革無已，事物進化之公例，不其然歟？（註五二）

可以看到，世人接受進化論的價值觀，並據以支持改革求新的舉動。這分刊物自認要在《新小說》的基礎上日新又新，因此以「新新」爲名，並寄望後起之刊物，能持續「新新無已」。這種論理方式頗能代表當時進化思想的時尚。黃人曾經在〈小說林發刊詞〉一文中，以略帶譏諷的口吻說：

> ……今也反是；出一小說，必自尸國民進化之功；……（註五三）

文意雖是在表示對當前小說界的不滿，但恰巧也反映了一些實況，當時作小說、編小說雜誌，乃至論小說作用的人，的確常喜歡將進化思想或相關名詞掛在嘴上、寫進書裏。杞憂子《苦學生》第一回說了一個螞蟻群相爭的故事，接著便藉題發揮，闡釋一番「劣者必亡，優者必存」的「爭存競勝」原理，（註五四）而文章的旨意，其實是要藉以闡揚學問關繫國家強弱的看法。進化論廣受運用的情形，可見一斑。

比較重要而深遠的影響，可能是文學進化論的形成。梁啓超曾在〈小說叢話〉第一則說道：

> 文學之進化有一大關鍵，即由古語之文學變爲俗語之文學是也。（註五五）

俠人也在〈小說叢話〉第四十一則提到：

> ……若是乎由古經以至《春秋》，不可不謂之文體一進化；由《春秋》以至小說，又不可謂之非文體一進化。（註五六）

他們都談到文學進化的觀點，但其實二人立論的角度並不一樣。梁啓超是從文言與白話之分來談，認爲白話文學——文中所謂「俗語文學」是進化的表徵；俠人是從具體化和自由化來談。他認爲孔子作《春秋》，是將經典中抽象的道理寄寓於歷史上眞實的人物事蹟之上，有具體典範，易於望風而趨，這是由於具體化而形成的文學進化。但《春秋》受限於歷史上的人物事蹟，不若小說可以自由虛構人事來闡發理想，這是由於自由化而形成的文學進化。（註五七）不過，無論他們立論根據如何，總之都援引進化觀來解釋文學演變的現象，俠人更據此闡釋小說與經典——《春秋》的關係，而使小說隱隱有與經典並駕齊驅甚至凌越其上的意態，這種文學進化的說法，對晚清時期小說地位的提升、小說觀念的轉變，曾發揮相當大的助力。（註五八）

根據以上所述，可以看到進化論思想在晚清小說界的影響力與重要性，從幕後到幕前，從無形的推動到有形的運用，在小說觀念的轉變歷程中，它可能是最值得注意的一道思潮。

影響晚清小說界與小說觀念的教育思潮，主要不是一般學校裏面的教育思想，而是結合了民主、立憲思潮與「國民」概念所形成的民衆教育或說社會教育思想。假如和學校有關，那大致也限於小學教育。

梁啓超在〈變法通議．論幼學〉裏面提到啓導式的教學觀念，認爲中國的舊式教育「專以記性強人」，是一種「窒腦」的教學方式，西方國家的教育則偏重於「以悟性導人」，屬於「導腦」的教學法。「導腦者腦日強，窒腦者腦日傷」，因此主張中國教育——尤其是童子教育應廢棄「窒腦」之法，改用「導腦」之法。（註五九）倡導以小說作爲小學教科書，便是在這樣的觀念基礎上提出的。這是從幼學教育的觀念來提倡小說，也是較早出現的觀點。

不過民衆教育的觀點很快就取代幼學教育，成爲提倡小說的重要觀念基礎。甲午戰後，維新人士在鼓吹變法之餘，也極力宣揚興教育、啓民智等主張。戊戌變法雖不成，但民主、民權、立憲等思想已逐漸滲入人心，對於古代逕以「愚民」稱之的中下階層百姓，在整個國家、社會裏面的地位、分量，也逐漸改變而有新的看法，「國民」一詞出現，逐步取代原有「愚民」、「下愚」之稱，可視爲新觀念漸次普及的表徵。庚子事變發生，民衆智識貧乏的表現尤令有識之士痛心疾首，自甲午戰後極力提倡民智、民德、民力的嚴復，就曾憂慨地說：「民智不開，不變亡，即變亦亡」。（註六〇）啓民智之重要性越受到人們體認，吸引民衆興趣、適合民衆閱讀的通俗性讀物也就越受重視。早在甲午戰後，嚴復與夏曾佑就提出藉小說「使民開化」（註六一）的說法，康有爲也主張「六經不能教，當以小說教之；正史不能入，當以小說入之；語錄不能喻，當以小說喻之；律例不能治，當以小說治之」。（註六二）因爲「天下通人少而愚人多；深於文學之人少，而粗識之無之人多」，（註六三）這是一項無法抹煞又不能漠視的事實，義和團事變（一九〇二）後，梁啓超主張以小說新民，也是在這種看法的基礎上提出。

啓民智的看法，主要是希望將新時代情勢所需的思想、知識、精神灌輸給民衆，與此具有相輔作用的，又有諸多社會運動的呼籲，例如除迷信、倡女權、婚姻自由等。這些社會運動，提倡新的思想觀念，是晚清啓蒙運動的一部分，同時也是新小說創作題材與思想內涵的重要來源，晚清小說之所以能「新」，展現有別於傳統小說的獨特風貌，與各種社會運動提供的內容、思想深有關係。同時，小說作品的宣揚作用，也有助於社會運動達成其目標。此外，部分人士——尤其是革命黨人也很快發現了小說的宣傳效用，爲了鼓吹革命，他們特意創作出宣揚反滿思想、打擊維新主張的作品，陳天華、黃小配的作品均有此種傾向。黨派宣傳較啓民智的作用更形主觀、窄化，政治色彩鮮明，也使小說益加淪爲工具的角色，這對於小說以及小說觀念的發展，究竟發揮正面或負面作用，恐怕是一個值得深思的問題。

除了上文述及的以外，其他瀰漫於晚清的各種理念、主張，如興學堂，廢科舉，倡實業，重「商戰」，講科學，保國粹等，也都提供小說界不少創作泉源或論述意念，因而直接間接促進小說觀的改變。

【附註】

註一　見〈變法通議．論譯書〉，《時務報》第二十七冊。又，收入《飲冰室文集》之一，頁六九。

註二　見〈變法通議．學校餘論〉，《時務報》第三十六冊。又，收入《飲冰室文集》之一，頁六三。

註三　見〈變法通議．論譯書〉，《時務報》第三十三冊。又，收入《飲冰室文集》之一，頁七六。

註四　《時務報》第十八冊。又，收入《飲冰室文集》之一，頁五四。

註　五　見〈蒙學報演義報合敘〉，《時務報》第四十四冊。又，收入《飲冰室文集》之二，頁五六。

註　六　參〈變法通議・論幼學〉，出處同註四；〈譯印政治小說序〉，《清議報》第一冊。又，收入《飲冰室文集》之三，頁三四—三五；《自由書》〈傳播文明三利器〉，《清議報》第二十六冊。又，收入《飲冰室專集》；以上三文又均收入陳平原、夏曉虹編《二十世紀中國小說理論資料・第一卷》，頁一二—一三；頁二一—二二；頁二三。上述文章皆提及日本維新經驗，作為倡導小說的助證。

註　七　原載光緒二十三年十月十六日至十一月十八日（一八九七年一一月一〇日—一二月一一日）《國聞報》，收入阿英編《晚清文學叢鈔・小說戲曲研究卷》，頁一—一三；又收入陳平原、夏曉虹編《二十世紀中國小說理論資料・第一卷》，頁一—一二。

註　八　見〈小說叢話〉，《新小說》第七號。又，收入阿英編《晚清文學叢鈔・小說戲曲研究卷》，頁三一〇；陳平原、夏曉虹編《二十世紀中國小說理論資料・第一卷》，頁六七。有關此文作者問題，另有異說，夏志清先生認為主要出自嚴復手筆，參〈新小說的提倡者：嚴復與梁啓超〉，《人的文學》，頁九〇—九一註一；王栻認為可能出於夏曾佑手筆而非嚴復之作，參〈嚴復在國聞報上發表了哪些論文〉，《嚴復集》第二冊，頁四三九—四四〇。此中爭議，尚待詳考。

註　九　見《康南海先生遺著彙刊》第十一冊，頁四一五；頁七三四—七三五；並收入陳平原、夏曉虹編《二十世紀中國小說理論資料・第一卷》，頁一三。

註一〇　有關甲午戰後晚清小說界的變化情形，詳細可參拙著〈甲午之役與晚清小說界〉，《中國文學研究》第五期，頁二三七—二五四。

註一一　光緒二十六年十二月一日（一九〇一年一月二九日）慈禧下詔變法，爲庚子事變後第一道新政詔令，此後變法詔與新政即陸續頒下、推展。參見郭廷以《近代中國史事日誌》下冊，頁一一一九；郭廷以《近代中國史綱》上冊，頁三四九—三五二；蕭一山《清代通史》第四冊，頁二三五〇—二三七五。

註一二　見《晚清小說全集》第十冊，頁一；又見《庚子事變文學集》（下），頁八九九。

註一三　李寶嘉在《庚子國變彈詞》〈例言〉裏面曾稱這部作品爲「小說體裁」（見《晚清小說全集》第一〇冊），此作也的確採章回形式，似與章回小說無異。晚清論者又往往將彈詞、戲曲之類的說唱文學與戲劇作品，歸入小說一類，可見當時人的觀念裏，並未將戲曲與小說作嚴格區分（詳參本書第一章第二節）。本書所謂小說，不包括彈詞、戲劇之類的作品，此處舉彈詞作品爲例，純爲方便說明時代變局對作者之刺激。

註一四　見《中國小說史略》，頁二九八。

註一五　參本書第三章第二、三節與第四章。

註一六　見〈本館編印繡像小說緣起〉，原載《繡像小說》第一期，但上海書店一九八〇年影印版《繡像小說》卻未見此文；今據阿英編《晚清文學叢鈔．小說戲曲研究卷》，頁一四四所收；又收入陳平原、夏曉虹編《二十世紀中國小說理論資料．第一卷》，頁五二。

註一七　據陳平原、夏曉虹編《二十世紀中國小說理論資料．第一卷》，頁五一。

註一八　以上二書均收入《晚清小說全集》第一〇冊。

註一九　收入《我佛山人文集》第六卷，又收入《晚清小說全集》第一〇冊、《中國近代小說大系》。

註二〇　參《中國通俗小說總目提要》，頁九六二—九六三。

註二一　收入《我佛山人文集》第四卷，又收入《中國近代小說大系》。

註二二　同註二〇，頁一一六七—一一六九。

註二三　收入《晚清小說全集》第一三冊。

註二四　以上所述參考阿英〈庚子八國聯軍戰爭文學書錄〉，收入張靜廬輯註《中國近代出版史料二編》，頁二四八—二四九，又收入《庚子事變文學集》上冊（題作〈關於庚子事變的文學〉），頁二一—二九。

註二五　〈金松岑談孽海花〉，收入魏紹昌編《孽海花資料》，頁一四六。

註二六　收入同上，頁一三三—一三四註三。

註二七　參魏紹昌編《李伯元研究資料》，頁四註三。

註二八　見同註一四，頁三〇三。

註二九　參魏紹昌編《吳趼人研究資料》，頁四—八註四—十六。

註三〇　參〈劉鶚年表〉，劉德隆、朱禧、劉德平《劉鶚小傳》，頁二〇五。

註三一　參〈曾樸生平繫年〉，時萌《曾樸研究》，頁二三—三一。

註三二　見《二十世紀中國小說史．第一卷》，頁六八—六九表五。

註三三　如吳沃堯《二十年目睹之怪現狀》描述中心之一即爲上海，《上海游驂錄》更以上海爲故事地點。

註三四　見《簡明中國新聞史》，頁三八。

註三五　參《上海近代史》上冊，頁二五六－二六七；《中國出版史》，頁一九五。

註三六　以上所述參考戈公振《中國報學史》，頁二三三－二三七；宋原放、李白堅《中國出版史》，頁一七七－一八六。

註三七　參宋原放、李白堅《中國出版史》，頁一八六－一九四。

註三八　見《林琴南學行譜記四種》之三，卷一，頁四。

註三九　同上，頁五。

註四〇　參張玉法〈晚清的歷史動向及其與小說發展的關係〉，收入林明德編《晚清小說研究》，頁二〇。

註四一　同上。

註四二　參〈曾樸生平繫年〉，時萌《曾樸研究》，頁二八。

註四三　參張俊才〈林紓年譜簡編〉，收入薛綏之、張俊才編《林紓研究資料》，頁二四－二五；陳玉剛等《中國翻譯文學史稿》，頁六八。

註四四　參〈晚清思想發展試論──幾個基本論點的提出與檢討〉，收入《近代中國思想人物論──晚清思想》，頁三三。

註四五　參郭正昭〈達爾文主義與中國〉，收入同上，頁六六九。

註四六　原刊於光緒二十三年（一八九七），較《天演論》正式出版早一年。但此時《天演論》亦已譯成，參嚴璩〈侯官嚴先生年譜〉，收入《嚴復集》第五冊，頁一五四八；王蘧常《民國嚴幾道先生復年譜》，頁二九一四一。

註四七　見《天演論》〈導言十三、制私〉嚴復案語與〈論十六、群治〉，收入《嚴復集》第五冊，頁一三四七、一三九四。

註四八　見《天演論》〈自序〉，收入同上，頁一三二一。

註四九　見吳汝綸〈天演論序〉，收入同上，頁一三一七。

註五〇　上述論點參考同註四五，頁六七八—六八五，以及王栻〈嚴復與嚴譯名著〉，收入《論嚴復與嚴譯名著》，頁七—八。

註五一　參張朋園《梁啓超與清季革命》，頁二五三—三二一。

註五二　收入同註一七，頁一二四。

註五三　見《小說林》第一期。又，收入阿英編《晚清文學叢鈔．小說戲曲研究卷》，頁一五九；同註一七，頁二三三。

註五四　參《晚清小說全集》第二八冊，頁二。

註五五　見《新小說》第七號。又，收入阿英編《晚清文學叢鈔．小說戲曲研究卷》，頁三〇八；同註一七，頁六五。

註五六　見《新小說》第十三號。又，收入阿英編《晚清文學叢鈔．小說戲曲研究卷》，頁三三〇；同註一七，頁七七。

註五七　參同上。

註五八　有關「文學進化」論，可參照本書第三章第二節。

註五九　見《時務報》第十六冊。又，收入《飲冰室文集》之一，頁四四—五〇。

註六〇　〈與張元濟書〉，收入《嚴復集》第三冊，頁五三九。

註六一　見〈本館附印說部緣起〉，收入阿英編《晚清文學叢鈔・小說戲曲研究卷》，頁一二；同註一七，頁一二。

註六二　見《日本書目志》卷十四識語，收入《康南海先生遺著彙刊》第十一冊，頁七三四；又收入同註一七，頁一一三。

註六三　同上。

第二節　外國文學之借鑑

對晚清小說觀念的轉變具有最重大影響力，並直接提供典範以資仿效、借鑑的，應是引進外國小說與小說觀一事。晚清翻譯小說數量之多，是大家有目共睹的，雖至今尚無較確實的統計，但阿英認爲：「大概只要約略了解當時狀況的人，總會回答：翻譯多於創作。」（註一）他自己則估計翻譯小說的數量，占晚清所有譯、著小說數量的三分之二。（註二）林佩慧《晚清戲劇小說繫年目及統計分析》統計所得，則占一半強。（註三）至於外國小說理論的譯介，晚清卻很少人作，事實上可以說幾乎沒有人作，然而零星、片段的引用，尤其有關外國小說與小說家所發揮的社會作用以及所獲得社會待遇等訊息的獲得，卻使當時的小說觀念受到很大的刺激，而這是晚清小說觀念轉變的一大因素。

首先，影響比較鮮明的是日本的政治小說，它們對梁啓超的影響尤其深刻。（註四）不過梁氏正式接觸、認識到政治小說，恐怕是在戊戌變法失敗以後，（註五）在此之前，他只籠統提到「日本之變法，賴俚歌與小說之力」（註六）。此外，自甲午戰後，「歐美化民，多由小說」（註七）的說法便已逐漸流傳開來。據今天所能看到的資料，小說論壇上第一個提出這種說法的，應該是光緒二十三年（一八九七）嚴復、夏曾佑合撰的〈本館附印說部緣起〉中所說：「且聞歐、美、東瀛，其開化之時，往往得小說之助。」（註八）同年出版的康有爲《日本書目志》，也曾在卷十四識語中簡略提到：「泰西尤隆小說學哉！日人尚未及是……」，（註九）但沒有指出泰西以小說化民一事。早期的小說提倡者經常這樣概略地提到外國小說，卻沒有深入說明，以致今天也很難判斷他們對外國小說的實際認識究竟有多少，或歐美開化得小說之助一事指的是什麼時期、哪些作品。夏志清先生曾經深入探究這個問題，得出的結論是：

> 祇有在明治維新的日本，小說才可以說是扮演了一個明顯的角色，喚起了民眾，幫助了政府現代化和進步。（註一〇）

誠然，明治維新時期的政治小說，所扮演的啓蒙角色，是可以確定的，這似乎也是因爲日本的所謂「開化」，有一個明顯的西化運動——即明治維新——可資辨認，但歐美的「開化」，就正如夏先生所說：

> 但「開化」一詞用來講歐美，則不知所云。英法二國到底何時開化？文藝復興時？啓蒙運動時？還是產業革命時？（註一一）

因爲不知晚清時人所說的歐美「開化」究竟指哪一時期，也很難確定他們所謂助歐美開化的小說究竟何指。不過，「開化」一詞雖因含意籠統而不知確指何時何事，但也不能據此否認歐、美小說在傳揚某些思想以至影響政治、社會方面，確曾發揮過作用。《黑奴籲天錄》（Uncle Tom's Cabin）一書影響美國的黑奴制度以及南北戰爭之產生，是大家所承認的；盧梭（J.-J. Rousseau）《愛彌兒》（L'Emile ou de l'education）對教育思想的衝擊；以及托爾斯泰（Leo Tolstoy）對俄國青年思想的影響等等，小說在歐、美扮演過思想或文化啓蒙，乃至具體改變過政治、社會的某些狀況，都是不宜抹煞的事實。只不過，甲午戰後，中國才開始逐漸接受西方的學術與文學，當時，對於西方文學與文學史有深入了解的人，恐怕是鳳毛麟角，早期的小說提倡者如梁啓超、康有爲、夏曾佑等，那時都未曾涉足外洋，也無法閱讀外文作品，只有嚴復曾留學英國約三年，但沒有資料顯示他對西方文學曾有過多少接觸與認識。第一本林譯小說則是在光緒二十五年（一八九九）才正式出版，翻譯小說還未盛行，即便他們曾經閱讀，數量想必也不多。友朋之中即使有人熟知西方文學，恐也很難在一時之間，作深入而有系統的介紹。甲午至戊戌期間（一八九四—一八九八），小說的提倡者似乎都不是深知歐美小說與文學的人，而且，因爲他們那時正忙於鼓吹變法、吸收有關變法的各種「西學」書籍，似乎也無暇深入接觸西方文學。據今天所能看到的資料，當時人經常反覆重述歐美以小說化民的說法，但除了日本的政治小說以外，並未見舉出其他國家的作品實證（其實正式介紹日本政治小說，也在戊戌年變法失敗以後），所以，所謂歐美開化得小說之助一說，行文中往往只是一種籠統的稱述，所謂「開化」一詞，使用得可能也不是很精確，但無論如何，當時人士已經逐漸從外國小說與小說觀上面，認識到小說的教育或啓蒙作用及其重要地位。

至於歐美以小說化民這個概念得自何處，今天已很難查考。嚴復留學期間，可能多少有概略了解，也許是途徑之一；康、梁等人曾與西方傳教士——如李提摩太——接觸，梁啓超且曾任李提摩太中文秘書，（註一二）而李提摩太則在光緒二十年（一八九四）由廣學會出版所譯小說《百年一覺》，梁氏也在光緒二十二年（一八九六）刊行的《西學書目表》中介紹過此書，（註一三）可見康、梁等人透過所接觸的西人，得到一點有關西方小說的概念，也可能是途徑之一。梁啓超在〈譯印政治小說序〉中引過一句話：

英名士某君曰：小說爲國民之魂。豈不然哉！豈不然哉！（註一四）

透露他從英國人——很可能是在華英人——口述中得到一些有關小說對國民影響的概念，而不是從實際的西方作品或文學史閱讀中得到。由戊戌以後小說界陸續談及西方小說的情況來看，國人對西方小說的了解仍舊不很深入。但有趣的是，晚清小說界發展的助力，就由這一個模糊籠統的概念出發，直至晚清之末，歐美藉小說化民的概念始終存在於論者的想法之中，並且隨著懂得西洋文學的人與翻譯小說的增多，論者逐漸知道一些作家與作品來驗實這個概念，因而有關這個概念的例據，是時間越晚，出現得越多。

〈本館附印說部緣起〉所說「歐、美、東瀛，其開化之時，往往得小說之助。」（註一五）其中「東瀛」部分很快就被驗實並揭曉於國人面前，光緒二十四年（一八九八）戊戌變法失敗，梁啓超流亡日本，接著提倡並翻譯政治小說，做的便是這部分工作。（註一六）歐美的部分則遲些，也間接些。

光緒二十五年（一八九九），「冷紅生」（即林紓）在〈巴黎茶花女遺事小引〉裏面談到，該書的口譯者「曉齋主人」（即王壽昌）告訴他說：「巴黎小說家均出自名手」。（註一七）由於此書的風行，加以在此之前，梁啓超已強調過日本政治小說作者的身分地位，因而這句話應該不難被國人接受且在現實上達到傳播功能，是故多少也會發揮一些提升小說作者地位的作用。之後，有關外國小說的社會作用及小說家地位的實據就越來越多了。如光緒二十六年十一月十一日（一九〇一年一月一日）「衡南劫火仙」在《清議報》上提到：

> 已故英國內閣皮根之《燕代鳴翁》（小說名）一集，其原稿之値，獲一萬鎊。法國《朝露樓報》，發行之數，殆及百萬冊，然其發行之流滯，則恒視其所刊登之小說爲如何。此亦足以驗泰西誦讀小說之風盛於時矣。（註一八）

文中談到小說稿酬之高，有藉著金錢報酬之數量，提升小說「價值」的意味。說報紙發行量取決於小說，也有增加小說「重要性」的態勢。這段話不但在驗證西方小說盛行的狀況，同時藉此告訴中國讀者：小說其實是多麼重要的一種文學作品。值得注意的是「此亦足以驗…」一句，這段文字是全文的開頭，作者未加任何前提說明，就直接舉證以驗，他爲什麼不設前提？很顯然是認爲無此必要，可以想見作者認爲讀者已然具備此項閱讀基礎，明白地說，即讀者早已知道泰西小說盛行之事，作者只不過舉出例據再度予以驗證罷了！會令作者認爲讀者已知泰西小說盛行一事，有二個可能，一是讀者果眞早已知道，那麼該項事實當有如大衆習知之常識般普遍；二是讀者應該已經知道，因爲已有人告訴讀者。由此文的刊載及其中文氣來判斷，似乎屬第二種可能。因爲此文所刊之《清議報》，其第一期載有梁啓超〈譯印政治小說序〉一文，文中宣揚了歐洲小說影響全國輿論風尚的情狀：

> 于是彼中綴學之子，黌塾之暇，手之口之，下而兵丁、而市儈、而農氓、而工匠、而車夫馬卒、而婦女、而童孺，靡不手之口之。往往每一書出，而全國之議論爲之一變。（註一九）

這段描寫無異在告訴讀者「泰西誦讀小說之風盛於時矣」。「衡南劫火仙」之文亦刊於《清議報》，文中論點又多有承續梁氏該文之說者，如謂「歐美之小說，多係公卿碩儒」，（註二〇）近於梁啓超所說歐洲小說作者往往是「魁儒碩學，仁人志士」。（註二一）又謂中國小說「含政治之思想者」寡，此中政治小說的概念，正是梁啓超之文所首揭提倡。所以文章一開頭就驗證泰西小說盛行之況，很可能承續梁氏之文而來。即便不是特意承續梁氏之文，至少也承續梁氏之說。自甲午戰後尤其是〈譯印政治小說序〉發表以後，泰西以小說啓民或泰西小說之學盛行這樣的概念，便挾著西方國家強盛之事實，與日本維新西化後驟躋強國的鮮明實例，逐漸成爲小說界流傳的新說法。「衡南劫火仙」之文既刊於《清議報》，至少表示對該報主持者梁啓超的小說論點有擁護支持之意。

假如現有的資料沒有重大遺漏，以上的論述也不致大謬的話，那麼「衡南劫火仙」這篇文章很可能是理論界首度舉出實據，來說明泰西小說盛行的第一篇文字，但還是沒有深談所謂「化民」的小說。早於此文一年出版的《巴黎茶花女遺事》，則是向國人展示，小說盛行的西方國家中，「名手」作品的實貌（註二二）原來是這個樣子。

稍晚於「衡南劫火仙」之文，光緒二十七年正月十五日（一九〇一年三月五日）發表的〈譯林序〉，文中又提到：

> 昔巴黎有汪勒諦者，在天主教洶湧之日，立說闢之，其書凡數十卷，多以小說啓發民智。至今巴黎言正學者，宗汪勒諦也。（註二三）

這時總算指出以小說啓民的歐美作家。文中舉出巴黎的「汪勒諦」，說他這位「多以小說啓發民智」的作家，是「至今」巴黎正學之宗。這也是藉著汪勒諦爲據，要證成「小說爲正學之宗」這樣一道命題，由此將小說的正統性、重要性、學術性灌輸給讀者，而宣揚小說是一種正統之學。同年，邱煒萲《揮塵拾遺》出版，其中〈小說與民智關係〉一文也提到「皮根氏」的小說稿酬：

> 英國有皮根氏者（舊任內閣），小說名家也，嘗著某帙（今日本人有譯之，題以漢文，即名爲

《燕代鳴翁》者是也），紙貴一時，其原稿之值實由一大報館以一萬金鎊向之購得（外國書坊有出版專利，不許他處翻印之法律也）。其他名家類此者，亦時而有。尋常新著小說，每國年以數千種計云。觀此而外國民智之盛，已可想見。（註二四）

這段話比「衡南劫火仙」文中所說為較詳盡，也可以較清楚地看到當時借鑑外國小說的各種角度。其一是有關小說作者的身分。皮根氏曾任職內閣，在中國人的眼光看來可謂官場要人。具有如此高階層社會身分的人，是一位小說名家，這無疑是中國小說界所罕見。其二，小說稿值高達一萬鎊，又紙貴一時，儼然成為震赫當世的一時傑作，中國的小說作品，也很少能獲得如此殊遇。像這樣的例子，還不只一個，尚有其他名家，可見外國小說家的地位、社會待遇，與中國小說家有極大不同！其三，每年新出小說以數千種計，再一次強調了外國小說在文學界的分量，也再一次予中國小說界以刺激與提示。可以說，晚清當時的小說論者，極其明顯地想從外國小說家的身分地位、小說作品的價值、風行盛況與受重視情形等各方面，為中國小說界提供一種「模範」實例，以便促進中國小說的改革與繁榮。此外，這篇文章還透露了晚清翻譯小說的一項實況，即西方小說的譯介經常透過日譯本重譯而來。

以上所引述，都是光緒二十八年（一九〇二）「小說界革命」以前的資料，可以看到理論界欲藉外國小說刺激中國小說的明顯意圖。事實上基於學習西方以救中國的根本用心，配合論者的提倡、翻譯者的譯介，以及庚子之後逐漸深濃的媚外心理，晚清末十餘年的時間，的確颳起一陣翻譯小說的旋風。不過在翻譯活動如火如荼開展之前，小說界對外國小說的理解，可以用籠統、片斷、零碎等作為形容。今天或許比較容易理解：小說在外國文學中是重要的一環，堂而皇之占有一席文學地位，作者不乏以嚴肅文學使命自任，讀者亦不乏以鄭重態度捧讀，社會上以正視的眼光看待此一文類，亦在閱讀過程中接受某些影響。然而有關小說的這種種「禮遇」，在中國傳統社會價值和文學價值體系中成長的晚清時人，是難以想見的。將小說由西方引介到東方之時，也難免對某些現象感到驚奇，所以，「歐美化民，多由小說」（註二五）這一類的說法，很可能過於籠統、模糊，但不可否認的是，仍舊無傷於外國小說對晚清小說界的刺激與啓發。即便當時對外國小說的理解，趨於片斷、零碎、籠統，不過，這或許是兩種型態截然不同的文化與文學體系，初次接觸、交流之時，極易產生的正常現象。

光緒二十八年（一九〇二）「小說界革命」以後，翻譯小說激增，對於外國小說與小說家的認識也增多。論者曾提到俄國的「托爾斯泰」、法國的「福祿特爾」、英國的「昔士比亞」（今譯「莎士比亞」）、日本的「柴四郎」、德國的「墨克」等人，（註二六）但他們對這些小說家的了解多從「柴四郎模式」出發，亦即從日本「政治小說模式」出發，認爲他們是啓迪民智並增進國家政治改革的偉大作者。（註二七）當然，那些小說家確實對社會、對文學都曾發揮影響力，但他們的影響方式各不相同，絕非等同於日本的柴四郎和政治小說。不過，這無妨於借重他們來作爲號召，也無妨於摹仿這些心目中的偉大作家，以作爲灌輸文明、改革社會的小說家典範。晚清時期的小說觀念，就在這種於陌生中摸索，於模糊中仿效，且於時勢驅迫中借鑑的情況下，掀起大幅度而顯得有些急驟、倉皇的變革。

除了比較明顯的概念刺激、觀點扭轉以外，外國小說的譯介，也以實際作品向國人展示迥異於傳統的小說型態，間接扭轉既有的小說概念。

外國小說的翻譯，其實起源甚早，但風氣較盛，仍在晚清甲午戰後，（註二八）尤其是「小說界革命」（一九〇二）以後，蔚爲一時熱潮。總括說來，它們在題材、思想、技巧等各方面都提供新貌，告訴中國讀者：小說原來也可以是這個樣子、這麼寫的。可惜的是，由今天可見的資料來看，極不易確定哪些翻譯小說曾對晚清的哪些作家和作品發揮過什麼樣的影響。目前證據比較確切，可以肯定受到外國小說影響的，可能是《新中國未來記》一書的寫法。陳平原曾經分析，認爲從日文轉譯的法國小說《十五小豪傑》（註二九）使梁啓超發現了「一起之突兀」的倒敘法，而日本政治小說《雪中梅》（註三〇）則爲《新中國未來記》第一回的寫法直接提供借鑑的樣板。（註三一）這是一個比較具體可考的例子，其他的例證還有待深入查究稽尋。不過有不少間接資料可供推想當時外國小說的影響情形。舉幾個例來說，晚清創作量豐且寫作內容與手法極多創新嘗試的小說家吳沃堯，就是一位經常有機會接觸外國小說的作家。他首度發表作品，見於《新小說》第八號，而在這一期雜誌上一口氣登載了三部他的作品：《二十年目睹之怪現狀》、《痛史》與《電術奇談》。其中《電術奇談》其實是改寫的翻譯小說。該作刊出時標題左下署：「日本菊池幽芳氏元著，東莞方慶周譯述，我佛山人衍義，知新主人評點」，（註三二）原作者爲日本人，經中文翻譯後，吳沃堯（筆名我佛山人）再根據譯本改寫演述而成，這是他接觸翻譯小說的一個確證。此外，爲吳沃堯評點《電術奇談》一書的「知新主人」，即吳氏好友周桂笙，亦是晚清小說界中的翻譯名家，(註三三)《新小說》第八號上同時刊出他譯的偵探小說《毒蛇圈》，吳沃堯亦曾爲此書加評，其第三回評語末云：

譯者與余最相得，偶作一文字，輒彼此商榷。此次譯《毒蛇圈》，諄諄囑加評語。第一、二回以匆匆付印故，未及應命，請自此回後爲之。(註三四)

作評必經閱讀，這是吳氏接觸翻譯小說的另一確證。譯者與他相知，經常彼此商榷爲文，譯者若有譯作，想必他會是先睹爲快的讀者。吳氏很可能因此接觸到不少外國小說。此外，吳、周兩人合作共事多年，除了互相爲對方的作品評點，還曾攜手主編《月月小說》，吳氏早期在上海辦報，也屢屢邀周氏撰稿，這些譯稿的一部分，後來由吳氏具名編輯出書，成《新庵諧譯初編》，於光緒二十九年(一九〇三)孟夏出版。光緒三十四年(一九〇八)吳沃堯又代周桂笙編成《新庵譯屑》一書，全書共八十九則，其中三十二則並附有吳氏評語。(註三五)吳沃堯在光緒二十五年(一八九九)結識周桂笙，(註三六)據吳、周兩人交往、合作的密切情況來看，吳沃堯透過周桂笙，很可能在翻譯小說尚未繁盛普及之前，便已開始接觸外國小說，外國作品對於他的創作時時在內容、手法上有翻新的表現，或許不無影響。例如，《二十年目睹之怪現狀》使用「我」的第一人稱敘事，以「我」作爲貫串全書的線索人物，講述所見所聞的故事。陳平原研究則指出：

也許是一種巧合，最早對中國作家產生影響的三部西方小說譯作——政治小說《百年一覺》(一八九四)、偵探小說《華生筆記案》二則(一八九六)和言情小說《巴黎茶花女遺事》(一

八九九）——都是採用第一人稱敘事。（註三七）

又說：

早期第一人稱小說譯作，其敘述者「我」絕大部分是配角。也就是說，是講「我」的見聞，「我」的朋友的故事，而不是「我」自己的故事。（註三八）

吳沃堯《二十年目睹之怪現狀》採用第一人稱敘事，其中的「我」雖然講了不少自己的故事，但書中大部分的內容卻都是別人的故事，這種創作手法，是否曾得力於外國小說的啓示，還有，吳氏改寫的譯作——寫情小說《電術奇談》，是否也對他本人創作寫情小說《恨海》、《劫餘灰》等，有過什麼明顯或潛在的影響，都是頗引人興味的問題。

晚清另一小說名家曾樸，可以比較明確認爲，是一位深受外國文學影響的作者。雖然曾樸的名著《孽海花》，在創作上是否受到外國文學影響並未確知，但他的小說觀，無疑因接觸外國作品而迥異於傳統。

曾樸本身具有法文基礎，他在民國十七年（一九二八）致胡適的一封信函裏，回憶自己在戊戌變法那年（一八九八），認識了精熟法國文學的陳季同將軍，在陳季同的指點下，了解了「文藝復興的關係，古典和浪漫的區別，自然派、象徵派和近代各派自由進展的趨勢」，（註三九）並實際閱讀各派的名家作品，「在三四年裏，讀了不少法國的文哲學書」。（註四〇）這些經歷使曾樸成爲比較深入了解外國文學的少數人之一，他提到自己在當時的處境：

我有時談到外國詩，大家無不瞠目撟舌，以爲詩是中國的專有品，蟹行蚓書，如何能扶輪大雅，認爲說神話罷了；有時講到小說戲劇的地位，大家另有一種見解，以爲西洋人的程度低，沒有別種文章好推崇，祇好推崇小說戲劇；……（註四一）

曾樸這一段敘述，可以視爲中外文學與小說觀相異而衝突的具體例徵。瞧不起外國文學，是晚清時人對外國文學缺乏了解的結果。認爲外國詩不足扶輪大雅，反映時人對本國文學的驕傲矜持。在晚清文學改革的洪流中，這種矜持始終以中流砥柱之姿，矻立於堅守傳統文學之人的心中。認爲重視小說戲劇是西洋人文學程度低的表徵，這也反映出長期受傳統文學觀薰陶之人，對於小說戲劇的輕視態度。曾樸代表的是，受到外國文學與文學觀影響之後，小說觀念產生轉變的一方；文中的「大家」則代表抱持傳統文學觀念，視小說爲小道末技，不足登文學大雅之堂的一方。由曾樸的親身經歷，可以看到外國文學影響晚清的中國人，並引起中國固有文學觀與小說觀產生變革的情景之一。

此外，《老殘遊記》第十八回提到了「福爾摩斯」，那是爲了「齊河縣」一件一家十三口的命案，「白太尊」欲委託「老殘」代爲訪查，遂向「老殘」說道：

你想，這種奇案，豈是尋常差人能辦的事？不得已，才請教你這個福爾摩斯呢。（註四二）

「福爾摩斯」是英國作家柯南道爾所著小說《福爾摩斯探案》中的主角，而《福爾摩斯探案》則可說是晚清最盛行的偵探小說。偵探小說經常製造懸疑、採用倒敘手法、構擬充滿奇想的案情眞相，這些創作手法與內容，也可以在《老殘遊記》第十五至二十回中發現。由「齊河縣」命案的這段故事，該可以認定《老殘遊記》的創作，在某些部分、某種程度上，確曾受到外國作品的影響。

晚清小說作者，即便並未深入了解外國文學，但普遍都有閱讀翻譯小說的經驗，這是很值得相信的。晚清的小說翻譯，雖經常不忠於原著，例如經常改動人名、地名，刪除某些譯者認為不必要的描寫或情節，增加某些譯者認為可助興味的議論諧謔，以中國的章回形式改動原作的篇章等等，（註四三）但還是令中國讀者有機會接觸到一種與中國傳統小說型態迥異的作品，因而發現：小說的章回形式、說書人口吻、敘事手法、內容與思想等，實際上並非一成不變的千秋定律。林紓所譯的小說就都廢棄章回形式，也不用「看官」、「且說」一類說書口吻的套語。《巴黎茶花女遺事》和《迦茵小傳》的寫情，迭更斯作品專寫「下等社會」與「家常之事」，（註四四）以及其他有關冒險、軍事、滑稽、幻想的內容，西方小說敘事手法的保留等，在在都向中國小說界展示新的創作風貌，令中國讀者與作者逐漸體會小說的新型態。

有觀念上的啓迪，也有實際作品的陳列，使得晚清小說界在外國小說的刺激之下，對於小說的社會作用、社會地位、文學地位以至寫作型態等，逐漸產生了新的看法，小說觀念的轉變就在新看法的產生過程中逐步進行。

【附註】

註一　見《晚清小說史》，頁一八〇。

註　二　同上。

註　三　見頁三二。

註　四　參本書第三章第一節。

註　五　參丁文江編《梁任公先生年譜長編初稿》，頁八〇—八一閱譯《佳人之奇遇》事。又，參本書第三章第一節。

註　六　見〈蒙學報演義報合敘〉，《時務報》第四十四冊。又，收入《飲冰室文集》之二，頁五六。

註　七　見商務印書館主人〈本館編印繡像小說緣起〉，收入阿英編《晚清文學叢鈔．小說戲曲研究卷》，頁一四四；陳平原、夏曉虹編《二十世紀中國小說理論資料．第一卷》，頁五一。

註　八　收入阿英編《晚清文學叢鈔．小說戲曲研究卷》，頁一二；陳平原、夏曉虹編《二十世紀中國小說理論資料．第一卷》，頁一二。

註　九　見《康南海先生遺著彙刊》第十一冊，頁七三五。又，收入陳平原、夏曉虹編《二十世紀中國小說理論資料．第一卷》，頁一四。

註一〇　見〈新小說的提倡者：嚴復與夏曾佑〉，《人的文學》，頁七〇。

註一一　同上。

註一二　據張朋園《梁啓超與清季革命》，頁三五—三六。

註一三　參陳平原《中國小說敘事模式的轉變》，頁四三。

註一四　見《清議報》第一冊。又，收入《飲冰室文集》之三，頁三五；阿英編《晚清文學叢鈔・小說戲曲研究卷》，頁一四；陳平原、夏曉虹編《二十世紀中國小說理論資料・第一卷》，頁三三。

註一五　同註八。

註一六　參本書第三章第一節。

註一七　見《巴黎茶花女遺事》，頁一；又，收入阿英編《晚清文學叢鈔・小說戲曲研究卷》，頁一九六；陳平原、夏曉虹編《二十世紀中國小說理論資料・第一卷》，頁二四。

註一八　見〈小說之勢力〉，《清議報》第六十八冊。又，收入陳平原、夏曉虹編《二十世紀中國小說理論資料・第一卷》，頁三二。

註一九　同註一四。

註二〇　同註一八。

註二一　同註一四。

註二二　其實晚清的小說翻譯有很多不忠於原作的現象，所以透過翻譯所展現的外國小說面貌常多所扭曲，此處謂為「實貌」，其實並不完全忠實，不過當時的讀者反正大都不知道，也不在乎。

註二三　此文為林紓所撰，收入陳平原、夏曉虹編《二十世紀中國小說理論資料・第一卷》，頁二六。

註二四　收入阿英編《晚清文學叢鈔・小說戲曲研究卷》，頁四二；陳平原、夏曉虹編《二十世紀中國小說理論資料・第一卷》，頁三一。

註二五　同註七。

註二六　參亞蕘〈小說之功用比報紙之影響爲更普及〉、耀公〈小說與風俗之關係〉，收入同註一八，頁二一六、三〇三。

註二七　同上。

註二八　參阿英《晚清小說史》，頁一八〇。

註二九　載《新民叢報》第二至二十四號。

註三〇　中譯本於光緒二十九年（一九〇三）出版，但光緒二十五年（一八九九）梁啓超在〈自由書〉中即介紹過此書，見《清議報》第二十六冊，並收入《飲冰室專集．自由書》，頁四一－四二。又，參同註一三，頁四三註四。

註三一　同註一三，頁四二－四三。

註三二　見《新小說》第八號。

註三三　參時萌〈周桂笙與徐念慈〉、〈周桂笙行年及文學活動考略〉，《中國近代文學論稿》，頁二一九－二二九、二三五－二四六。

註三四　見《新小說》第九號。又，收入《我佛山人文集》第八卷，頁八九；魏紹昌編《吳趼人研究資料》，頁三四一。

註三五　見《新小說》第二十－二十四號、《月月小說》第一－十四號。收入《我佛山人文集》第八卷，頁七八一八七；魏紹昌編《吳趼人研究資料》，頁三三三—三三七。

註三六　據吳沃堯〈新庵諧譯初編序〉，收入《我佛山人文集》第八卷，頁七二；魏紹昌編《吳趼人研究資料》，頁三三三。

註三七　見同註一三，頁七六。

註三八　見同註一三，頁七七。

註三九　見曾樸答胡適書，收入《胡適文存》三集卷八，頁七一一。

註四〇　同上，頁七一二。

註四一　見同註三九，頁七一四。

註四二　收入《晚清小說全集》第五冊，頁二一四。

註四三　此處可引兩位譯者的自述爲例證，梁啓超譯《十五小豪傑》時說：「……此編由日本文重譯者也。」「……今吾此譯，又純以中國說部體段代之，……」「……然按之中國說部體製，覺割裂停逗處，似更優於原文也。」見《十五小豪傑》第一回〈譯後語〉，《新民叢報》第二號；又，收入陳平原、夏曉虹編《二十世紀中國小說理論資料・第一卷》，頁四七。又，吳沃堯改寫《電術奇談》，亦在書末〈附記〉云：「原書人名、地名，……經譯者一律改過，凡人名皆改爲中國習見之人名字眼，地名皆借用中國地名，……書中間有議論諧謔等，均爲衍義者插入，爲原譯所無。」收入《我佛山人文集》第六卷，頁一八三—一八四；又收入同註三四，頁九一。

註四四　見林紓〈孝女耐兒傳序〉、〈塊肉餘生述前編序〉、〈塊肉餘生述續編識〉，收入阿英編《晚清文學叢鈔．小說戲曲研究卷》，頁二五二－二五四；陳平原、夏曉虹編《二十世紀中國小說理論資料．第一卷》，頁二七二－二七三、三二七。

第三節　傳統小說觀之基礎

中國「小說」一詞起源甚早，見於《莊子》〈外物〉篇，但小說作品的眞正成熟，卻遲至唐代時期，（註一）小說理論的正式成立，更遠在宋元以後。（註二）不過，早在小說作品和理論成熟以前——彼時所謂「小說」甚至也還不能相當於唐宋以後那些文學作品——一些牽涉到「小說」的概念便已主宰人們的看法，其影響力歷千餘年而不衰。

這得從班固《漢書》〈藝文志〉說起。〈藝文志〉將諸子列爲十家，「小說」爲其中一家，這時所謂的「小說」，內容駁雜，說理記事，近於子、史，但又不是被正式承認的諸子和正史，班固說：「諸子十家，其可觀者，九家而已。」（註三）小說家被列入諸子，又被摒棄於可觀之流以外。〈藝文志〉照例在各家書錄之後均加一段說明，班固對小說家的解說如下：

小說家者流，蓋出於稗官。街談巷語，道聽塗說者之所造也。孔子曰：「雖小道，必有可觀者焉，致遠恐泥，是以君子弗爲也。」然亦弗滅也。閭里小知者之所及，亦使綴而不忘。如或一

言可采，此亦芻蕘狂夫之議也。（註四）

這段話原是指〈藝文志〉所錄十五家「小說」著述而言，當時的「小說」並不等於後世傳奇、話本、章回等所指的小說，但自此以後，直至晚清，所有有關小說的概念，幾乎全在這段論述的籠罩之中。所以，此處也只好把〈藝文志〉裏面所謂的「小說」，當作晚清所謂的小說，以便分析其中淵源相承的觀念。

「稗官」是小官，「小說家者流，蓋出於稗官」一語，將小說的出身定了位，於是從出身開始，小說的地位就高不起來。「街談巷語，道聽塗說者」與「閭里小知者」指出小說作者的身分與創作場所，他們是市井愚氓之中懂得一點小道理或具有一點小聰明的人，在街頭閭巷這種隨意也隨便的場所談談說說，這就形成了「小說」。「小說」的「小」，原指內容爲「小道」、「小知」。「小道」、「小知」原是相對於治國、平天下的大道理、大智慧而言，治國、平天下，治理的是衆人之事，小道、小知則治理個人一身之事已足，兩者適用對象有衆有寡，範圍大小不同，但並不代表好壞的比較。桓譚《新論》說：小說「治身理家，有可觀之辭」，（註五）便說明了小說家之言的用途在於個人身家，而非國家天下。〈藝文志〉裏說：「如或一言可采，此亦芻蕘狂夫之議也」，也是站在治國理民的立場而言。

適用範圍大小有別，原也只是一項事實，未必帶有評價意味，但是儒家學說的思想背景，將它染上價值色彩。班固引「孔子」的話說：「致遠恐泥，是以君子弗爲也。」（註六）春秋時代的「君子」，多具有在上位者的身分，既居於上位，掌管治民理國之職，知識、智慧自不能囿限於「治身理家」的「小知」，而必須追求治國平天下的大道，所以，在孔子所處的時代，教「君子」勿泥於小道或小說，亦是配合個人職責所在而言，未必有一概輕視「小道」之意，「必有可觀」便是指出「小道」自有其價值所在。不過班固引出這句話，再傳至後世，難免就有蔑視小說與小道的言外之意了。尤其後代的文學觀，深受治國、平天下等「大道」思想的影響，認爲文學無關乎治平大道，是「壯夫不爲」的雕蟲小技，「君子弗爲」的小說，自然也是不值一噱的小道。就算文學具有相當的價值、地位，但文學傳統裏面又以「詩言志」爲主流，小說這一敘事文類，傳述的是他人的性格、事蹟，自然進不了言志文學的正統。此外，以敘事文類來說，史傳文學固然也是中國文學的另一主流，但其中又有記載眞人實事的正史爲宗主，小說中的人物事蹟往往只是無法證實的傳聞，或逕是憑空虛擬的想像產物。於是，在多向夾攻之下，小說不但成爲「小道」，而且是「小之又小者也」。（註七）後代的正統文人基於這種觀念，不肯「辱身降志，弄此楮墨」（註八）；後代的小說也基於這種觀念，始終進不了正統文學的堂殿。晚清論者經常提及「大雅君子」不屑作小說，或古代的小說作者只是淺學、小有才之人，（註九）也是以這種觀念爲基礎而立論。

當然，晚清以前的小說作者的確多沒沒無聞之士，可以考知姓名、生平的，也多爲落魄文人，社會地位崇高或學術、文學地位崇高的大雅君子，的確很少創作小說，更別說以之爲榮了，這與小說的興起淵源也很有關係。晚清人士所極力提倡的小說，主要是屬於古代白話小說這一體系。它們的始祖是唐變文、宋話本等起源於民間、流傳於市井的通俗作品，與筆記小說或唐人傳奇等文言作品淵源有異。白話小說興起於民間，最初的作者與讀者（或聽衆）都是中下階層的百姓，自長篇的章回體與短篇的擬話本出現，逐漸有文人加入創作的行列，但由於先天出身以及讀者階層不高的關係，這類作品仍多半依據沽利、暢銷等商業因素來維持出版或繁榮狀態，正統文人更因這種種因素而始終抱有不屑心理。這是社會體制、觀念和實際現象循環的結果。

自《漢書》〈藝文志〉開始，小說爲小道文學的觀念深入人心，幾乎成爲一種牢不可拔的傳統，到了明、清兩代，便有不少有心之士，意欲衝決傳統，提升小說的地位。晚清小說觀念的轉變，算來是其中規模比較盛大、衝決力量較爲強烈、成效與影響亦較爲深遠的一次。但晚清之時有意提升小說地位的論者，卻很少提及前代人的努力與論點，不過他們的意見裏面，又有部分與前代論者頗爲相近。假如前代的論點已然融入傳統，成爲一般性的看法，那麼晚清論者即便未曾特意鑽研前人之說，也一樣會受到整個傳統的影響，而無意中接受前人的看法，所以，晚清人士的論點與前人之說相近，也就不是偶然或意外的巧合了。

欲提升小說的地位，當然必須張揚小說的特色和長處，這一點，班固在《漢書》〈藝文志〉中其實已曾點及——「必有可觀」，至於可觀之處何在，便是後代小說論者的課題了。歸納起來，後代論者對小說特色與長處的探討，不外從幾個方向出發，一是通俗適衆的特性；二是感染作用鮮活強烈；三是教化作用；四是傳道作用；其他還有補史之遺、以廣見聞、箴諫規誨、覩知風俗以及有關人物刻劃、敘事手法等藝術技巧方面的探討，（註一〇）不過，與晚清論者的看法比較接近、關係比較密切的，還是前四者。這四者之間又互有關係。下文即將由這四點來探討。爲了避免冗贅，此處只打算舉出一、二家具有代表性的說法以供論述。

明末刻印的《三言》，（註一一）是流傳相當普遍的小說作品集，《三言》各書的序文，也是相當重要的小說理論文字，三篇序文的作者分別署名「綠天館主人」、「無礙居士」和「可一居士」，研究者多認爲皆即馮夢龍化名，但因資料缺乏，已難確考。（註一二）不過，撰者是否同爲一人雖難確定，三篇文章中的論點往往有相通一貫處，是不宜否認的。其中〈古今小說序〉談到：

> 皇明文治既郁，靡流不波；即演義一斑，往往有遠過宋人者。而或以爲恨乏唐人風致，謬矣。……大抵唐人選言，入於文心；宋人通俗，諧於里耳。天下之文心少而里耳多，則小說之資於選言者少，而資於通俗者多。（註一三）

這一段將唐傳奇和宋話本的長處互作比較，一方面駁斥有人認爲宋話本缺乏唐傳奇風致的謬說，另一方面肯定通俗、諧於里耳之可貴。唐傳奇是文言作品，大多出自文人學士之手；宋話本是白話小說，源於民間藝人說書底本。以文采情致來說，唐傳奇自然較擅勝場，宋朝洪邁就曾誇讚唐傳奇的文情說：

> 唐人小說，不可不熟。小小情事，淒婉欲絕，詢有神遇而不自知者，與詩律可稱一代之奇。（註一四）

唐人的小說篇幅短少，內容也精簡，簡單的人物事件，便構成「淒婉欲絕」的奇文，其敘事、用語，兼有精煉、生動之長，讀者宛如可與文中栩栩如生的人事相遇。唐傳奇的文采蘊藉、敘事凝煉，當然不是白話淺顯的宋人話本所能及，但是唐傳奇只可供文學素養深、文字能力高的士子欣賞，宋人話本卻可供市井農氓、一般中下階層的廣大百姓共享，在讀者的數量、影響力的廣狹上，白話小說的長處也是文言小說追趕不上的。這一點時代較早的袁宏道也曾提過，他在〈東西漢通俗演義序〉裏面說：

今天下自衣冠以至村哥里婦，自七十老翁以至三尺童子，談及劉季起豐沛，項羽不渡烏江，王莽篡位，光武中興等事，無不能悉其顛末，詳其姓氏里居；自朝至暮，自昏徹旦，幾忘食忘寢，聚訟言之不倦。及舉漢書、漢史示人，毋論不能解，即解，亦多不能竟；幾使聽者垂頭，見者卻步。（註一五）

這一段文字，舉更具體的事例，以更生動的描繪，說明有沒有「諧於里耳」的不同情狀。他舉通俗演義和正史載籍作爲對比。通俗演義的讀者可以囊括文人士大夫以至於村里小民，由老及少，人人樂於接受。文人士夫，可以閱覽文言精作，但也不妨白話淺讀；村里小民，卻根本不可能閱讀句鍛字鍊的文言書籍。何況正史的記錄又往往偏求信實而缺乏生動文采，因此不但村哥里婦垂頭卻步，即衣冠士子也不免昏昏欲睡。通俗歷史演義和正史之間，閱讀情狀有這麼大的區別，文言小說和白話小說之間，可能也有這麼大的區別，因爲對村哥里婦、市井愚氓而言，文言本身就是一項難以突破的閱讀障礙。

可一居士的〈醒世恒言序〉又談到：

六經國史而外，凡著述皆小說也。而尚理或病於艱深，修詞或傷於藻繪，則不足以觸里耳而振

恒心。（註一六）

袁宏道的說法等於指出正史無益於民——對於目不識丁的民衆來說，這的確是事實，這裏可一居士的說法，又等於指出六經典籍和各家著述亦均無益於民。文中所謂「小說」，是廣義引申的用法。六經爲聖人著述之經典，國史乃御敕官修的正史，在各種典籍中居有正式而崇高之席位，其他的著述，只是個人私修的一家之言，和記載聖人大道與朝章國典的六經、國史相對而言，只是個人心得的小學說、小道理。「凡著述皆小說也」的「小說」便是指這些諸家著述的小學說、小道理。在早期，「小說」原本也有「小家珍說」的含意，（註一七）這裏，因爲把六經、國史拿來作爲比較，其他各家著述，相形之下就都成爲「小家珍說」了。

諸家著述和六經國史一樣，原也都具有傳播事理的功能，但是艱深藻繪的理脈和文字，對於一般民衆來說，實在難以閱讀通曉，因而也發揮不了任何作用——「不足以觸里耳而振恒心」。

根據以上所述，可以看到小說論者著重的地方，在於小說通俗適衆的特性，首先主要是文言與白話本身帶來的文字能力問題，次者也有說理、修辭等寫作內容與手法的問題。小說使用淺顯的白話與明白曉暢、如語家常的文學語言，既適合一般民衆的閱讀能力，也能吸引興趣，使民衆樂於接受。晚清小說論者，如康有爲提到「天下通人少而愚人多，深於文學之人少，而粗識之無之人多」，（註一八）又如嚴復與夏曾佑提到「若其書之所陳，與口說之語言相近者，則其書易傳」、「言日習之事者易傳，而言不習之事者不易傳」（註一九）等說法，其實在前人主張裏都可以找到依據。

〈古今小說序〉裏面，有一段頗爲生動的描述，描述到小說的感染力，道：

> 試今說話人當場描寫，可喜可愕，可悲可涕，可歌可舞；再欲捉刀，再欲下拜，再欲決脰，再欲捐金；怯者勇，淫者貞，薄者敦，頑鈍者汗下。雖小誦《孝經》、《論語》，其感人未必如是之捷且深也。（註二〇）

這裏舉出的是民衆透過說話人之口「聽」小說的情景。由說話人口中傳述出來的人物、情節、氣氛、感情，使聽衆深受感染，產生移情作用，以致也想要跟著故事中人做出同樣的事。捉刀、下拜、決脰、捐金，描述了聽衆隨故事進行而化身其中、俯仰顛倒的模樣。由於感染力之深刻，使得原本個性怯弱的人也會產生勇敢的心理，原本澆薄的人也會產生敦厚的心理。這也是移情作用的結果。這種移情作用，無形中達到了教化效果，「怯者勇，淫者貞」云云，不就是聖人經典與王道教化所希望達成的教育目標嗎？即使從小誦讀《孝經》、《論語》，只怕還達不到這種效果呢！這都是由於小說感人深刻的緣故。

更早的湯顯祖，也曾談到小說的感染力，他在〈點校虞初志序〉中說：

> 《虞初》一書，……以奇僻荒誕，若滅若沒，可喜可愕之事，讀之使人心開神釋，骨飛眉舞。（註二一）

他說的是《虞初志》這部短篇小說集，但所述狀況其實也適合於其他小說。運用超乎現實的自由想像——充分利用想像力，不正是小說的文學特色嗎？所敘述的故事似幻似眞，而足以激盪讀者情緒。在閱讀的過程中，讀者的心靈完全敞開，精神完全鬆弛，得到由衷發出的愉快。假如作品本身不是具有動人感人的力量，讀者又怎麼會在閱讀中敞開心靈，解除精神武裝呢？深刻的感染力量，是小說教化作用的基礎，這也是論者喜歡在論述推演的時候，透過感染力來宣揚小說的教化功能的原因。無礙居士〈警世通言序〉談到：

里中兒代庖而創其指，不呼痛，或怪之。曰：「吾頃從玄妙觀聽說《三國志》來，關雲長刮骨療毒，且談笑自若，我何痛為！」夫能使里中兒頓有刮骨療毒之勇，推此，說孝而孝，說忠而忠，說節義而節義，觸性性通，導情情出；視彼切磋之彥貌而不情，博雅之儒文而喪質，所得未知孰贗而孰真也。（註一二一）

這裏舉了一個聽說《三國演義》的小故事。代人切肉而傷到手指的里中兒，因為受到關雲長刮骨療毒，談笑自若的行逕影響，也產生傷指而不呼痛的勇敢表現。這個故事以一件具體的事例，說明感人深捷的小說，可以使人產生超越平常的勇敢行為，也可以說，是為〈古今小說序〉中「怯者勇」云云，提供了一個具體的例證。

由這個小故事，不禁令人聯想到吳沃堯〈歷史小說總序〉裏面所說的：

隱几假寐，聞窗中喁喁，竊聽之，與夫二人，對談三國史事也。雖附會無稽者，十之五六，而正史事略，亦十得三四焉。蹶然起曰：道在是矣，此演義之功也。蓋小說家言，興趣濃厚，易於引人入勝也。（註一二二）

他也是引用《三國演義》對於下層民衆的影響效果，來論證小說輔翼正史的功能。兩篇文章的論證，究竟是因爲《三國演義》流傳民間的普遍實效，引起這二位前後兩代的論者，不約而同地注意到而援用，或是後一位論者曾受到前一位論者的啓發，今天恐怕已無法確知。不過，兩位想要提升小說地位的論者，舉證的方式相近，實在很難不令人產生一些聯想。

根據《三國演義》影響里中兒的事例推演下去，小說中的勇敢精神可以傳染給讀者，小說中的忠孝節義精神，也一樣可以傳染給讀者。「觸性性通，導情情出」，人心內藏的可貴性情，便可以藉此挖掘出來，因爲這是通過情性感染而後自然地由內向外呈現，不是以外在壓力強制約束而成，當然比「貌而不情」的「切磋之彥」或「文而喪質」的「博雅之儒」（註二四）的表現，要來得眞實可貴多了。於是，教化萬民的理想也就得以達成。

淺近通俗的特性和深刻的感染力之間，具有相輔相成的作用，都有助於小說教化的達成。明嘉靖年間的修髯子（註二五）〈三國志通俗演義引〉說：

> 史氏所志，事詳而文古，義微而旨深，非通儒夙學，展卷閒鮮不便思困睡。故好事者以俗近語隱括成編，欲天下之人入耳而通其事，因事而悟其義，因義而興乎感。不待精研覃思，知正統必當扶，竊位必當誅；忠孝節義必當師，奸貪諛佞必當去。是是非非，了然於心目之下，裨益風教，廣且大焉。（註二六）

對於普天下大多數的民衆而言，史家所撰的史書，實在是文字古奧，義旨微深，很難讀得明白，更不用說讀出趣味，即使是文人學子，也未必個個都能領略其中況味，文中說：「非通儒夙學，展卷閒鮮不便思困睡」，與湯顯祖所說「讀之使人心開神釋，骨飛眉舞」，（註二七）恰成鮮明對比。文字本身與思想內容所構成的障礙，限制了史籍的傳播與普及。而通俗演義，憑藉著淺近曉暢的文字與生動感人的內容，反而可以使讀者「通其事」，「悟其義」，「興乎感」，將忠孝節義與正統思想普遍灌輸給大衆。事實上，小說中鮮明的人物形象、引人入勝的情節發展，的確是相當容易吸引讀者，並在讀者腦中留下比較深刻的印象，因而達到通、悟、感的效果。讀史的目的，無非要分辨是非忠奸、善惡邪正，達成思想教育和道德教育的目標，然而在不能讀——文字障礙，和不易讀——內容深奧的阻隔之下，再好的史書也發揮不了作用，歷史小說則不然。它容易閱讀，也容易感人，因此可以代替正史發揮思想教育和道德教育的作用，所以說它「裨益風教，廣且大焉」。

可以「裨益風教」的小說，當然不限於歷史小說，因爲正史與通俗演義之間的對比情況，同時也是其他典籍與通俗小說之間的情況。〈警世通言序〉說：

《六經》、《語》、《孟》，譚者紛如，歸於令人爲忠臣，爲孝子，爲賢牧，爲良友，爲義夫，爲節婦，爲樹德之士，爲積善之家，如是而已矣。經書著其理，史傳述其事，其揆一也。理著而世不皆切磋之彥，事述而世不皆博雅之儒，於是乎村婦稚子、里婦估兒，以甲是乙非爲喜怒，以前因後果爲勸懲，以道聽塗說爲學問，而通俗演義一種，遂足以佐經書史傳之窮。（註二八）

這一段話將小說的特色和教化功能作了綜合論述。經典史籍，一說理一記事，無論內容爲何，其宗旨都不外教導人，使具有忠孝節義、賢良德善的品性。不過，正如前面討論到小說通俗特性時所談的，經史的文言寫作，不是一般民衆有能力閱讀的；這裏也談到，經史說理敘事的內容，往往須經切磋琢磨，還要博學多聞，才能曉暢貫通，絕不是一般粗識之無，甚至目不識丁的民衆可能讀懂。而小說，便在中下階層的百姓之間，發揮傳播知識、勸懲是非的作用，經書史傳所不能達之處，小說可以到達，經書史傳所不能普及、傳揚的道理，也可以藉小說來傳揚、普及。

由這裏，又可以推演出小說的載道作用。《六經》《語》《孟》，其實即是聖人之書；各書的旨歸，其實便是聖人之道。能夠閱讀聖人之書的人，普天下中只居少數，小說則可以協助將聖人之道傳播給其他的大多數人，所以說：小說「足以佐經書史傳之窮」，也可以說：小說其實也是負載了聖人之道的作品，它與《六經》《語》《孟》具有同樣的義旨內涵。這當然是簡括之言，但這樣一來，無異將小說提到可與經典並駕齊驅的地位，並極度肯定小說的思想內涵。其實教化作用和載道作用，只是從不同的重點來談而已。教化作用談的重點在閱讀效應，載道作用的重點在作品內涵，兩者結合，才可以充分說明「佐經書史傳之窮」的意義。

綜合以上所述，也可以說，諸位論者提升小說地位的途徑，便是極力張揚小說的通俗特性、感染力量與教化、載道功能，由是形成小說觀念中的載道觀與教化觀。下文不妨拿晚清的小說觀點來略作對照，「小說界革命」的宗師梁啓超，最著名的小說論點之一，便是「熏」、「浸」、「刺」、「提」之說，此四說探討的核心，不外即小說的感染作用。又認爲左右中國「群治」最深的，便是有如空氣、菽粟一般，普遍存在於社會之中的小說，言下已將小說的教化功能擴展到極致。〈本館附印說部緣起〉也認爲小說入人之深、行世之遠超過經史，以致天下的人心風俗，都受到小說的把持。此外，還有晚清論者喜歡掛在嘴上的：以小說化民的說法。種種有關小說感染力和教育功能的探討，都可以在前人之說裏面找到根據。當晚清人士很快地借鑑外國經驗而提倡小說的時候，當他們口中喊出「歐美化民，多由小說」（註二九）的語句的時候，在他們的觀念裏，其實早有傳統理論裏面的教化觀作底子。而當他們呼籲藉小說灌輸思想、改良社會的時候，也早有古代的載道觀作爲墊腳石。也許他們正在訾罵古代小說的時候，（註三〇）不好再提古人的理論，也可能他們接受傳統觀念的浸染而不自覺。不過，晚清提倡小說與改良社會的理論，能在短時間內被多數人接受，外國文學的刺激能夠迅速融入中國小說的理論，應該有傳統小說觀作爲其雄厚背景才是。

以上所有的論述，主要是針對晚清小說理論與小說觀念的主流——小說的社會作用方面，尋繹其傳統基礎。在晚清時期，發揮實質的影響力，造成小說觀念轉變的，便是此一觀念主流。傳統小說觀念的內涵與小說理論的論點，當然不僅止於上述這一端，晚清小說理論中的個別論點，也往往各自前有所承，傳承的脈絡其實相當繁複而多樣，譬如晚清有論者強調新小說的讀法，（註三一）古代的小說理論大家金聖嘆也曾強調過讀法；（註三二）晚清有論者稱小說作者爲「才士」，（註三三）而金聖嘆的「六才子書」，（註三四）已早有類似的稱呼。不過，爲了避免煩冗，個別或片段的傳承關係在此暫予省略。此外，有關小說美學特質、藝術技巧的探討，也是傳統小說理論中重要的一支，但因爲晚清小說論者的討論重心不在此，且在當時小說觀念上發揮普遍性影響的也不是這一支，因此亦暫時省略。

【附註】

註一　魯迅《中國小說史略》認爲唐人始有意爲小說，見頁七五；包紹明、陳惠琴《中國古代小說演變史》亦認爲小說至唐代始成熟，參頁二一三。

註二　據方正耀《中國小說批評史略》，該書認爲先秦至宋元乃小說理論批評的萌發時期，宋元以後的明代才是眞正的形成時期，參頁四、七五。

註三　見《漢書》〈藝文志〉，頁一七四六。

註四　同上，頁一七四五。

註五　李善注《文選》卷三十一，江文通雜體詩〈李都尉從軍〉注引，頁一四五三。

註六　《論語》〈子張〉篇中此原爲子夏語，未知班固乃誤引或別有所據。

註七　邱煒萲《菽園贅談》〈梁山泊〉云：「詩文雖小道，小說蓋小之又小者也。」可謂爲此一傳統小說觀之表徵。收入阿英編《晚清文學叢鈔．小說戲曲研究卷》，頁三八一；陳平原、夏曉虹編《二十世紀中國小說理論資料．第一卷》，頁一五。

註八　見梁啓超〈變法通議．論幼學〉，《時務報》第十八冊。又，收入《飲冰室文集》之一，頁五四；陳平原、夏曉虹編《二十世紀中國小說理論資料．第一卷》，頁一三。

註　九　參見陳平原、夏曉虹編《二十世紀中國小說理論資料‧第一卷》，頁一二、一三、三七、四一。

註一〇　參方正耀《中國小說批評史略》，頁五八—七〇。

註一一　《三言》包括《古今小說》（後改稱《喻世明言》）、《警世通言》、《醒世恒言》等三部短篇小說作品集。

註一二　參曾祖蔭、黃清泉、周偉民、王先霈選注《中國歷代小說序跋選注》，頁九四。

註一三　見《喻世明言》，頁一。

註一四　見《唐人說薈》〈例言〉，頁一。

註一五　見同註一二，頁七一。

註一六　見《醒世恒言》，頁八六三。

註一七　見《荀子》〈正名〉，《文淵閣四庫全書》第六九五冊，頁二六三。

註一八　見康有為《日本書目志》卷十四識語，收入《康南海先生遺著彙刊》第十一冊，頁七三四。又收入同註九，頁一三。

註一九　見〈本館附印說部緣起〉，收入阿英編《晚清文學叢鈔‧小說戲曲研究卷》，頁一〇—一一；又收入同註九，頁一〇—一一。

註二〇　見同註一三，頁一—二。

註二一　見同註一二，頁五八。

註二二　見《警世通言》，〈序〉頁三－四。

註二三　見《月月小說》第一號。又，收入阿英編《晚清文學叢鈔·小說戲曲研究卷》，頁一八三；同註九，頁一七三。

註二四　〈警世通言序〉云：「……視彼切磋之彥貌而不情，博雅之儒文而喪質，所得未知孰贗而孰眞也。」（見《警世通言》，〈序〉頁四）特意強調小說感人的眞實效果。

註二五　原名張尙德，明嘉靖年間人，生平不詳。參同註一二，頁二五註一。

註二六　見同註一二，頁二三。

註二七　見同註一二，頁五八。

註二八　見同註一二，頁九七。

註二九　見商務印書館主人〈本館編印繡像小說緣起〉，收入阿英編《晚清文學叢鈔·小說戲曲研究卷》，頁一四四；同註九，頁五一。

註三〇　晚清小說界存在一股不滿傳統小說的批評與偏見，參本書第四章第一節。

註三一　參見讀〈新小說法〉，《新世界小說社報》第六、七期，收入陳平原、夏曉虹編《二十世紀中國小說理論資料·第一卷》，頁二七三－二七九。又參本書第四章第一節。

註三二　參〈讀五才子書法〉、〈讀第六才子書西廂記法〉，《金聖嘆全集》第一冊，頁一七－二四；第三冊，頁一〇－二〇。

註三三　參見天僇生〈中國歷代小說史論〉，《月月小說》第十一號。又，收入阿英編《晚清文學叢鈔・小說戲曲研究卷》，頁三四；同註九，頁二六五。又參本書第四章第一節。

註三四　「六才子書」指《莊子》、《離騷》、《史記》、《杜詩》、《水滸傳》、《西廂記》等六書。參見金聖嘆〈貫華堂第五才子書水滸傳序〉、〈讀第六才子書西廂記法〉、〈敘第四才子書〉，《金聖嘆全集》第一冊，頁四—五；第三冊，頁一一；第四冊，頁五二五。

第三章「小說界革命」與小說觀念之轉變

第一節「小說界革命」之形成與小說觀念之醞釀

「小說界革命」可以說是晚清小說觀念轉變最大的一個推動力。它的演變與形成，也對晚清小說觀念的內涵，產生莫大影響。影響所及包括觀念本身的體質、性格與外貌，具體地說，包含觀念主流、理論傾向以及小說的創作宗旨、創作內容甚至形式表現等等。有關「小說界革命」的影響，擬於下節討論，本節將先論述「小說界革命」的形成經過與理念內涵，及其對小說觀念的衝擊。

一、理論醞釀

「小說界革命」代表晚清小說界的改革運動，它的產生過程約制了它的內涵，並在某種程度上主導了它的發展與影響。因此唯有充分了解它的起源與發展情形，才能對這一運動的本質有比較正確的掌握。晚清小說界的改革並非至「小說界革命」才開始，但改革擴大，以至吸引衆人投入而具有運動的規模，卻不能不自「小說界革命」始。

「小說界革命」是梁啓超於光緒二十八年（一九〇二）提出的口號。這個口號，爲當時整個小說界立下了一塊里程碑，小說創作、理論發表以及其它小說界的活動，霎時繁忙起來。從現象看，種種變化顯得突兀且紛雜，使光緒二十八年以後的晚清小說界，呈現出一種奇異而熱烈的色調。這個口號的提出，以及伴隨它而來，梁啓超所作對小說界有重大影響的其它諸事，都曾經經歷過一段醞釀過程，「小說界革命」所含括的一些創作指向、理論觀點，就在這過程中逐漸匯聚，最後體現出來。追究過程的源流，有時並非易事，但若根據梁氏發表的文字來看，至少可以追溯至光緒二十二至二十三年間（一八九六—一八九七）刊行的〈變法通議〉。〈變法通議〉是梁啓超鼓吹維新變法的一篇重要早期論文，梁氏從諸多方面考慮了變法的重要性、宗旨、方針以及具體辦法，其中「論幼學」一節裏有「五曰說部書」一段，是今見梁啓超論述小說的最早文字。此後依序有〈蒙學報演義報合敘〉、〈譯印政治小說序〉、〈自由書．傳播文明三利器〉等文，它們和梁氏的小說改革活動都有密切關係，可以視爲「小說界革命」的醞釀階段。

光緒二十八年（一九〇二），梁啓超喊出「小說界革命」口號的同時做了幾件事，一是創辦號稱「中國唯一之文學報」（註一）的《新小說》月刊；二是發表自著小說《新中國未來記》，這也是梁氏所著第一部且唯一的一部「新小說」（註二）；三是繼續翻譯外國小說，發表有《世界末日記》；四是寫了一篇強而有力、影響深遠的小說理論專文〈論小說與群治之關係〉，「小說界革命」一語即出自此文。以下便根據這四件事來追溯「小說界革命」之形成。

〈論小說與群治之關係〉裏面，梁氏提出一個相當重要且影響頗大的論點，即把「吾中國群治腐敗之總根原」歸咎爲「惟小說之故」。（註三）對小說的社教效果極端否定，同時又對小說的教化能力極端肯定。此一論點，早在〈變法通議〉一文中便可概見。〈變法通議〉論「說部書」部分，將我國舊有小說歸納爲：不出「誨盜、誨淫」二者，並說：「故天下之風氣，魚爛於此間，而莫或知，非細故也。」（註四）一方面肯定小說的影響力，另方面又指小說所產生的影響，都是壞的一面，和〈論小說與群治之關係〉文中的觀點一致，不過論述的口吻平和一些。

基於上述觀點，爲矯正小說壞的影響，而讓它的影響力得到最好的發揮，〈變法通議〉文中建議小說的創作內容應該是：

今宜專用俚語，廣著群書。上之可以借闡聖教，下之可以雜述史事，近之可以激發國恥，遠之可以旁及彝情，乃至宦途醜態、試場惡趣、鴉片頑癖、纏足虐刑，皆可旁極異形，振厲末俗，其爲補益，豈有量耶！（註五）

此處，梁氏並未在字面上提出改革或「革命」的說詞，但實際上，他是對當時現行的舊小說極不滿意，才提出今日應該如何如何的說法。而且不宜忽略，此段文字乃見於〈變法通議〉一文，〈變法通議〉是將當時中國政制上應該變革之處作一通貫性檢討與倡說的長文，小說正是也應該「變」，才會在文中論及。明白地說，小說應該革新，是梁氏初投身於政治上的變法運動時便已產生的觀點。

由〈變法通議〉論「說部書」部分發表，至〈論小說與群治之關係〉提出「小說界革命」，相距將近六年。六年間的醞釀變化，從二篇文字的比較中可以看得出來。首先，「五日說部書」部分是〈變法通議·論幼學〉裏的一段，〈論幼學〉主張改善小學教育，「非盡取天下蒙學之書而再編之不可」，（註六）「說部書」便是應該新編的小學教科書之一。此時梁啓超注意的焦點是教育改革，改革小說主要的目的與作用不在文學界，而在教育界，並且主要在小學教育這個階段。到了〈論小說與群治之關係〉，文章乃刊於《新小說》第一號上，這個雜誌以創新的、專屬於小說的文學雜誌姿態，崛起于晚清文學界，開詩、詞、文與過去小說從未有之局面，很顯然，梁啓超是有意在文學界造新風潮，給予小說以新的生命、新的力量。〈論小說與群治之關係〉起語以雷霆萬鈞的氣勢說：

欲新一國之民，不可不先新一國之小說，故欲新道德，必新小說；欲新宗教，必新小說；欲新政治，必新小說；欲新風俗，必新小說；欲新學藝，必新小說；乃至欲新人心、欲新人格，必新小說。（註七）

結語也斬釘截鐵地論斷：

故今日欲改良群治，必自小說界革命始；欲新民，必自新小說始。（註八）

「新小說」一詞，一再與刊物名稱呼應，簡直可視爲《新小說》月刊的宗旨代表。這篇文章和這個刊物的主要目標都針對文學界，是道地屬于文學界的改革，而非教育改革的一部分，和〈變法通議〉的主張對照起來，它是比較回歸文學本位的。其中「改良群治」、「新民」、「新道德」……等等諸說法，與「文以載道」的原理其實相通，都要求文學作品具有正道或大道的價値與內容。從某個角度看，可以說小說成了新民或載道的工具；從另一個角度看，也可以說載道與新民成爲支持小說取得社會使命、內容思想以及價值、地位的砥柱。事實上，「文以載道」的文章寫作，非但以載道爲宗旨，且以載道爲內容；以新民爲號召的小說寫作，也不僅以新民爲使命，且以新民爲題材、爲思想，（註九）實際的作品內在涵融了理論所標榜的觀點，文學不但沒有失去生命，反而獲致更豐富的生命，成爲更有內涵與價值的作品。因而論「說部書」文中的小說是小學教科書，不是文學書；〈論小說與群治之關係〉裏的小說卻仍是小說，獨立成一文類。它與舊有小說的不同在「新」——負有新使命，展現新內容、新手法，《新中國未來記》便可以看作負有新使命的「新小說」展示新內容、新手法的範例，當然，也是嘗試。

然而，不可忽略的是，小說改革最初源於教育改革，回歸本位成爲文學改革之後，教育的色彩或許變淡、變輕，卻並沒有消失。就實際情形看，它也並非變淡、變輕，而是「變廣」、「變深」。「變廣」是指它由較狹、特定的小學生，擴大爲以一國全民爲對象；「變深」是指教育雖不是觀點主旨，卻沉潛深化成爲一種內在精神導引，使得新小說始終肩負啓發民智、改良社會的使命。這個使命也成爲「小說界革命」的主要使命。不論實際成效如何，當時的理論的確大聲疾呼改良小說、改良社會，並從事爲什麼小說能改良社會、如何改良的理論探索；（註一〇）小說作者也試圖抱定改良社會的宗旨，改變選材和思想內涵，努力將之實踐於實際創作上。（註一一）

次者，梁啓超認爲舊有小說之所以成爲「中國群治腐敗之總根原」，最大因素在於舊小說之創作

「爲大雅君子所不屑道」，而「不得不專歸於華士坊賈之手」，（註一二）以致小說內容荒誕，品質低落，鮮有佳作。這個觀點也是梁氏一向所持有，在〈變法通議〉論「說部書」和〈論小說與群治之關係〉二文中，說法皆一貫，二文不但可相互印證，且後文極具承前文而來之意。〈變法通議〉論「說部書」云：

> 夫小說一家，漢志列於九流，古之士夫，未或輕之。……自後世學子，務文采而棄實學，莫肯辱身降志，弄此楮墨，而小有才之人，因而遊戲恣肆以出之。誨盜、誨淫，不出二者，故天下之風氣，魚爛於此間，而莫或知，非細故也。（註一三）

因爲作者水準下降，導致創作態度不當，以故作品的品質低落、內容卑穢，對天下產生莫大的壞影響。舊有小說爲大雅君子所不屑道，便是承此處之說而來。〈變法通議〉和〈論小說與群治之關係〉之間，還有另一篇文章可作爲過渡，即發表於光緒二十四年（一八九八）的〈譯印政治小說序〉。上述觀點在三篇文章中有一貫性的呈現，但陳述方式與重點各有不同卻又前後啣接呼應。爲便於比較，茲先引述〈譯印政治小說序〉和〈論小說與群治之關係〉內的相關文字，再作說明。前者云：

> 中土小說，雖列之於九流，然自《虞初》以來，佳製蓋鮮。述英雄則規畫《水滸》，道男女則步武《紅樓》。綜其大較，不出誨盜、誨淫兩端。陳陳相因，塗塗遞附。故大方之家，每不屑道焉。（註一四）

後者云：

嗚呼！小說之陷溺人群，乃至如是！乃至如是！大聖鴻哲數萬言諄誨之而不足者，華士坊賈一二書敗壞之而有餘。斯事既愈爲大雅君子所不屑道，則愈不得不專歸於華士坊賈之手。（註一五）

將三篇文章的論點稍加分析，可以看到第一文談到了作者水準、創作態度、作品品質和影響成效的問題；第二文則略去作者水準和創作態度，逕談作品品質與被輕視的問題；第三文則略去作者水準、創作態度與作品品質，逕談影響成效與被輕視的問題，並論述到一個惡性的循環作用——因爲被輕視，導致作者水準愈難提高。顯而易見，三文論點完全一貫，但行文則有詳有略，互爲呼應，也互爲補充。並且，第三文談到「斯事既愈爲大雅君子所不屑道」時，句中使用了一「既」字。「既」是一前有所承的連接詞，該文並無其他文字談及小說作者與被輕視之問題，所以此處前有所承，應該不是承自該文的說法，而是承自一個該文之外但已然存在的說法。梁氏對舊有小說作者與作品水準等問題，既然一向持著相同的看法，省略對此看法的重覆陳述，直接討論小說受輕視的問題，那麼，這樣的討論並非沒有根據或空穴來風。所以，「既」的確前有所承。反過來說，若欲探索這一說法的來龍去脈，便必須對梁氏向來所持的看法均有所了解，也就是，必須追溯到〈譯印政治小說序〉和〈變法通議〉這二篇文章。有關舊小說佳作少、受輕視等問題，也必須結合三篇文章的相關論述，才能得出比較完整的看法。

上述觀點對「小說界革命」的最大影響是：決定了「革命」的行動是必要的。因爲舊有小說的作品本身有嚴重缺失，舊有小說的實際影響成效，又顯見是不良、有毒的，徹底方式便是去除毒物，完全拋棄舊有小說，重新創造優良之作。因此出現了「革命」一詞。「小說界革命」、「新小說」等語，斷然將過去與現在、未來之間劃下一道界線，不僅在時間上劃界，梁氏也試圖在創作宗旨與作品的思想、內容上劃界，他極度希望中國小說從此展現一全新的面貌與氣象，並逐漸將中國社會帶入全新的境界。〈論小說與群治之關係〉有一大段精彩分析，即以「熏」、「浸」、「刺」、「提」分析小說之感染力，（註一六）這是感染力的心理學原理分析。它是梁啓超在長期注意到小說讀者普及這一現象的基礎上，發展深化而成。〈論小說與群治之關係〉裏面問了一個問題：「何以嗜他書不如嗜小說？」小說之普遍受歡迎，擁有廣泛的讀者群，是梁氏早就發覺的現象。〈變法通議〉論「說部書」一段即指出：「而《水滸》、《三國》、《紅樓》之類，讀者反多於六經。」（註一七）〈譯印政治小說序〉也提到：「僅識字之人，有不讀經，無有不讀小說者。」（註一八）這種現象存在的緣由，他也稍事探討過。〈變法通議〉說到「以其易解也」，（註一九）〈譯印政治小說序〉稍爲深入些，簡略分析了讀者心理，說：「凡人之情，莫不憚莊嚴而喜諧謔」，這是一種「人情厭莊喜諧之大例」。（註二〇）這些都不及「熏」、「浸」、「刺」、「提」之說深入。由此可以看到，他先注意到小說讀者衆多的現象，從這種閱讀現象進入到閱讀心理的分析，由簡略說明發展到長篇大論的原理探討，層級一次比一次加深，篇幅也一次比一次擴充。並且，因爲他注意到的，是讀者方面的問題，以此爲出發點逐漸擴展，所以他的小說理論發展得比較深入的，也是讀者方面的探討，而不是作者問題或作品方面。「

厭莊喜諧」的閱讀心理、「熏」、「浸」、「刺」、「提」四種「入人」、「感人」之力，以及「群治腐敗之總根原」的閱讀效應，探討的是讀者面對一部小說時，「閱讀↓入神↓移情↓反應」這種心理的進程及其原理。這個理論方向，不是梁啓超一個人開啓出來的，光緒二十三年（一八九七）《國聞報》上發表的〈本館附印說部緣起〉，討論到書籍「五易傳」與「五不易傳」之故，便已提示這個方向。「小說界革命」出現以後，這一取向主導了大部分的小說理論，成爲晚清小說觀念的主流。

前文所述，主要由論點本身來探討「小說界革命」的形成。接下來，還必須了解梁啓超所處的時代與其所遭遇的經歷，才能明白小說改革何以從教育改革的一支，發展、移位而成爲一項浩盛的文學改革。

二、時局刺激與外國經驗

〈變法通議〉一文發表的時候，梁啓超剛剛開始在言論界嶄露頭角，這時他主要的身分是《時務報》總主撰與維新變法的鼓吹者。維新變法主要受到甲午戰爭的刺激，教育改革中的小說改革，主要也是以日本的經驗爲借鏡。

甲午戰爭以前，清廷進行了三十餘年的自強運動，日本的明治維新爲時稍短，尚未滿三十年。兩國交鋒，形同自強與維新成效的較勁。因而甲午戰敗，等於宣告清廷的自強運動失敗。朝野知識分子受此刺激，在反思中國、仿效日本的心理基礎上，變法聲浪迅速蔓延開來。梁啓超此時變法的主張歸結於變科舉、興學校，他對學校的改革包括學制、教材、教法等，是全面性的。小說改革屬於教材改革的一部分。但過去小說一向被看作消閑讀物，嚴厲一點，還把它視為足以喪志、荒廢正業的「玩物」，不少小說曾被朝廷公開禁絕。以過去扮演的角色與地位而言，這一類書籍變成梁啓超心目中的小學教科書，這件事本身就是一個破天荒的革命性舉動。但這一突變的舉動，似乎不是梁啓超獨創的發明，而是受外國、特別是日本經驗啓發，乃起而仿效。〈蒙學報演義報合敍〉曾說：

今言變法，必自求才始，求才必自興學始。……故吾恒言他日救天下者，其在今日十五歲以下之童子乎！西國教科之書最盛，而出以遊戲小說尤夥，故日本之變法，賴俚歌與小說之力，蓋以悦童子，以導愚氓，未有善於是者也。（註二一）

文中稱「遊戲小說」，流露中國固有的觀念。不過梁啓超並未囿於固有觀念，他對小說已有了新認識：不僅僅以遊戲或消閑視小說，而讓小說在教育用途上占有一席之位，並發揮正面功能。西方國家和日本，於此都卓然有成。尤其日本，變法成功，小說發揮了相當影響力。對梁啓超而言，日本的經驗特別吸引人。事實上，梁氏的變法主張，有許多都借鑑於日本。當他論及以小說為教科書時，固然提到西方國家，但變法處境相同的，卻是中、日兩國，何況中、日的語言、文化多有相通之處，康、梁等人提倡變法時，其實多以日本為藍圖，並因此鼓吹學日文、譯日書，即使譯西書，也主張由日譯本轉譯過來。（註二二）提倡小說或以小說為教科書等主張的產生，也是基於借鑑日本的背景與變法需要。梁氏以為中國固有的教育方式，是「專以記性強人」，「惟苦口呆讀，必求背誦而後已」，對幼童的腦力、「悟性」，造成莫大斲傷，因此注重理解、吸收，是他改革幼學的訴求重點。小說遂在此一訴求下，成爲新編小學教科書的理想教材。總結地說，仿效日本經驗，追求變法成功，革新舊式教育，提高國人識字、讀書比例，是激促梁啓超重視小說、改革小說的基本因素。這種見解，即使後來變法失敗，梁氏也始終沒有放棄。〈論小說與群治之關係〉疾呼：「欲新一國之民，不可不先新一國之小說」，可爲明證。不過觀念、作法有所轉移。

梁啓超此時對小說的認識，或者對小說在日本究竟如何發揮影響力，到底了解到什麼程度，今天恐怕不易判斷，因爲現存這方面的相關論述並不詳盡。前述提到日本變法有賴於小說之力，這是一點。〈變法通議〉論「說部書」部分，提到日本文字與語言合，因而識字、讀書、閱報之人多，中國小說正是文字語言相合的著作，可借以提高國人識字、讀書的比例，這又是一點。除此以外，戊戌之前未再見到梁氏其他論述小說的文字。而此中並未詳述小說如何促進日本變法，只有小說文字與語言合這一點，成爲解釋小說讀者衆多且普及中下階層的一個論據，同時也是小說作爲小學教科書長處之所在。在這裏觸及小說使用白話的特點，但並不是小說文學特色或功能的發現，而是文白之爭的延伸。

戊戌變法失敗，對梁啓超維新救國的努力，是一項沉重打擊，政治改革的路顯然走不通，在這之後，梁啓超對小說的注意程度提高了。

據載戊戌（一九八八）八月，梁啓超脫險赴日本途中，一身以外無文物，所搭軍艦的艦長送給他一本書解悶，這本書就是《清議報》上首譯的政治小說《佳人奇遇》。（註一三）《佳人奇遇》是明治時代裨益維新、影響深廣的名著。由日後表現來推論，假如這件事可信的話，必定給予梁氏極大啓發。同年十一月出刊的《清議報》上，立即出現譯印政治小說的主張，〈清議報敍例〉載該報刊登內容六門，政治小說赫然獨居一門，〈譯印政治小說序〉裏面，且大肆宣揚政治小說傳播、影響之力，乃至將各國變革成功，政治進步，均歸功於政治小說。文云：

> 在昔歐洲各國變革之始，其魁儒碩學、仁人志士，往往以其身之所經歷，及胸中所懷政治之議論，一寄之於小說。……往往每一書出，而全國之議論為之一變，彼美、英、德、法、奧、意、日本各國政界之日進，則政治小說為功最高焉。（註二四）

因緣際會，政治小說成爲梁啓超極力計劃推廣的重點。康有爲〈聞菽園居士欲爲政變說部，詩以速之〉詩中曾透露，梁啓超在戊戌政變後，曾有作政變說部喚醒人心的打算，（註二五）〈新中國未來記緒言〉說：「余欲著此書，五年于茲矣。」（註二六）也許指的是同樣的心願。維新變法失敗，改革救國的懷抱寄之於小說，如〈譯印政治小說序〉所說，未嘗不是一條可行途徑。夏志清先生曾分析過，一心以變法爲職志的梁啓超流亡日本，親眼見到日本維新的各項成就，必定大爲嚮往。再者，日本政治小說名家，很多是士族出身的政治家，如《佳人奇遇》著者柴四郎，出身于會津藩士族家庭，後來當上農商部大臣；《經國美談》作者矢野龍溪，也出身藩士家庭，是位立憲政治家，曾經擔任駐華公使。（註二七）他們的身分、地位、活動狀況，對梁啓超而言，必有莫大吸引力。政治小說的魅力，也就不言可喻。（註二八）

戊戌政變與流亡日本，促使梁啓超對小說有了更進一步的認識與行動。他的著作雖未問世，譯作則首度登場，《清議報》刊載的政治小說，前後計有《佳人奇遇》和《經國美談》二部。他也發表一篇完整的文章專論小說，即〈譯印政治小說序〉，此文是梁氏論小說的第一篇專文，文中首次提出「政治小說」概念。此文的論點和他翻譯的舉動，對後來「小說界革命」都有實質影響。

〈譯印政治小說序〉發表之後，次年刊載的〈自由書〉其中有一則論及小說，仍是談日本的政治小說，追溯日本政治小說由翻譯至創作興起的歷史，文字簡短，論點大致不出〈譯印政治小說序〉的範圍。此後未見繼起的小說論文，直至〈論小說與群治之關係〉發表。這時梁啓超的小說理論已有大幅度深入進展，「小說界革命」也就在此刻問世。

由〈論小說與群治之關係〉所論，「小說界革命」的終極目標應爲「改良群治」、「新一國之民」。「群治」爲晚清名詞，即今日之所謂「社會」。同年出版的嚴譯名著《群學肄言》，其中「群學」即今言「社會學」。（註二九）社會學概念似乎在這一時期輸進中國學術界，梁啓超本年發表的〈新史學〉一文，也含有社會學理念。（註三〇）〈論小說與群治之關係〉裏面，梁氏援引社會學理念，將小說這種文學作品，作了一種社會學應用，與傳統的文學教化功能已有所區別。「吾中國群治腐敗之總根原」一語，與早期〈變法通議〉論「說部書」所謂「天下之風氣，魚爛於此間」，其間最大的差異，便是這種理念的分野。在社會學的思想基礎上，梁氏將小說與整體社會各個方面——無論道德、宗教、政治、風俗、學藝乃至人心、人格，都建立起緊密關係，因而中國社會的種種腐敗現象，皆得以歸咎爲小說之故。此外，對社會學的體認，同時加深了對「國民」的體認。「國民」與古代「人民」觀念最大的不同，在於國民的知識、智慧受到重視，且被認爲具有實質的重要意義。國民的地位日益重要，提高國民智識水準，成爲當前自強急務，小說的教育使命也因而加重、加深。但庚子以前，「國民」與「國民教育」的價値和實施問題，遠不如庚子事變後那麼令人感到重要而迫切。庚子事變，是一場下層百姓爲主、上層官員爲輔的大浩劫，同仇敵愾的民心固然可嘉，但愚昧荒唐的民智表現，卻令有識之士心痛。由庚子的慘痛教訓，國家前途繫於國民全體的知識、智慧，而不繫於少數在上當政者這樣的認識，深深嵌入知識分子腦中。梁啓超〈新民說〉、〈新民議〉（註三一）都是這種認識的思想產物，《新民叢報》和《新小說》發刊，則是實踐這種思想的創舉。《新民叢報》章程說：「中國所以不振，由於國民公德缺乏，智慧不開」。又說：「本報以教育爲主腦」。（註三二）且《新民叢報》第一號起連載〈新民說〉，開宗明義第一論便是〈論新民爲今日中國第一要務〉。這些都表現出教育國民的思想，也都可以看作「小說界革命」的思想基礎。而這個思想，受義和團事變的刺激相當大。

義和團事變發生的同時，梁啓超還遭遇一項重大挫折，即「勤王之役」（註三三）失敗。《清代學術概論》有一段極簡短扼要的敘述：

啓超既亡居日本，其弟子李、林、蔡等棄家從之者十有一人；才常亦數數往來，共圖革命；積年餘，舉事於漢口，十一人者先後歸，從才常死者六人焉；啓超亦自美洲馳歸，及上海而事已

敗，自是啓超復專以宣傳爲業，爲《新民叢報》、《新小說》等諸雜誌，暢其旨義。（註三四）

由這段敘述可以知道，「百日維新」雖然失敗，梁啓超流亡海外，仍舊沒有放棄政治改革的努力。丁文江編《梁任公先生年譜長編初稿》於光緒二十六年（一九〇〇）條下，曾詳盡敘述當時「勤王之役」運動、籌款等事。當時梁啓超在檀香山負責籌款，並計畫連絡各事。據統計，梁氏留檀期間發給世界各地，連絡相關事項的信札，達到數百件。有關籌款、布置連絡、網羅豪傑、援引外交、武器運送、人力運用、起事計畫等等，每一相關環節都涉及到。可以清楚看到，這次「勤王」運動，「保皇黨」幾乎全黨總動員，是一項規模很大而且全力擲注的計畫，梁啓超投注心力之多，尤甚於他人。漢口舉事失敗，不但對他心理打擊很大，對「保皇黨」的實力也是一大重創，圖謀再舉已勢無可能。（註三五）漢口事敗以後，梁啓超又遊澳洲半年，此行奔走會事和捐款的情形，顯示出窮途末路的困境。（註三六）他曾致康有爲書信一封，陳述困難情形說：「今日千言萬語，皆以款爲歸宿，而此間款竭情況，前已屢書具陳。」又說：「澳洲之竭力於是矣。」（註三七）最後無功返回日本。因此，《清代學術概論》說：「自是啓超復專以宣傳爲業」，（註三八）實在也是情勢不得不爾。

庚子國禍和「勤王」黨劫，對梁啓超衝擊之深，可能是很難想像的，這時期梁氏有幾篇詩作，表現了前所未有的激烈感慨。這些詩是〈自厲〉二首、〈志未酬〉一篇與〈舉國皆我敵〉一篇，（註三九）感慨之烈，由詩題便可窺見一二。其中〈舉國皆我敵〉有句云：

眇軀獨立世界上，挑戰四萬萬群盲。一役罷戰復他役，文明無盡兮競爭無時停。百年四面楚歌

裏，寸心炯炯何所攖。（註四〇）

「挑戰四萬萬群盲」一語，表現出多麼豪邁的英雄氣概，也暗藏了多少國是皆非的沉慟。此處同樣流露對全國國民水準的認識與痛心，即使認識本國國民智識程度低落是一項慘痛經驗，總算也是奮發改良的先聲。

「小說界革命」的口號，就在這種背景和心態之下，登上文學舞臺。民國元年（一九一二），梁啓超由日返國，回憶這時的心情狀態，曾說：

壬寅（光緒二十八年，一九〇二）秋間，同時復辦一《新小說》報，專欲鼓吹革命，鄙人感情之昂，以彼時爲最矣。（註四一）

「小說界革命」與〈論小說與群治之關係〉一文，會帶有那麼激昂的情緒色彩，在此處可以找到根據，這實在是梁氏憤慨最深、處境最迫蹙的時期。

三、學識基礎

前文曾述〈論小說與群治之關係〉含有社會學概念，此外，文中分析「熏」、「浸」、「刺」、「提」四種力時，也將佛學與心理學作了巧妙結合。「新小說」這個概念，小說必須求新，國民、國家都必須求新這一整體以「新」爲進步的主張，則有當時流布深廣的「天演論」作爲思想基礎。（註四二）「小說界革命」引人入勝且有別於梁氏其他早期論見的一大特點，就在於它有多種學術基礎，細密深微的論辨，配合實際的文學活動，形成強而有力的系統結構。這得歸功於梁氏學養和識力的增進。〈變法通議〉論「說部書」實際上僅從文字與語言分合的觀點來談，〈譯印政治小說序〉有一大段論述，完全襲引康有爲《日本書目志》的說法，（註四三）但到了〈論小說與群治之關係〉，則完全獨創己說，運用學理，作深密分析。這篇文章不但文筆有魅力，理論分量也確然不可忽視。梁氏並非創發新學說，卻將自己所知的學理作了新鮮動人且鏗鏘有力的運用。

梁氏流亡日本，個人有一實質大收穫，即學問增進。《夏威夷遊記》曾述：

又自居東以來，廣搜日本書而讀之，若行山陰道上，應接不暇，腦質爲之改易，思想言論與前者若出兩人。每日閱日本報紙，於日本政略學界之事，相習相忘，幾於如己國然。（註四四）

他寫給妻子的家書裏面也提到：「我等讀日本書所得之益極多極多」。（註四五）梁氏原來不諳日文，到日本數月以後便學會看日本書，因此大力提倡國人學習日本文，（註四六）認爲「若用簡便之法，以求能讀其書，則慧者一旬，魯者兩月，無不可以手一卷而味津津矣。」（註四七）流亡日本以前，梁氏便肆力研讀「新學」之書，他曾搜購江南製造局的譯書、各出使大臣的星軺日記與英人傅蘭雅所輯《格致彙編》等書，（註四八）北京開「強學會」時，會中購置譯書頗多，梁氏也利用閒暇之時「盡瀏覽之」，（註四九）但直至他抵達日本，才眞正大開眼界，接觸到西方各科學術，〈論學日本文之益〉講到：

日本自維新三十年來，廣求智識於寰宇，其所譯所著有用之書，不下數千種，而尤詳於政治學、資生學（自註：即理財學，日本謂之經濟學）、智學（自註：日本謂之哲學）、群學（自註：日本謂之社會學）等，皆開民智、強國基之急務也。吾中國之治西學者固微矣，其譯出各書，偏重於兵學、藝學，而政治、資生等本原之學，幾無一書焉。（註五〇）

他透過日本的翻譯，發現了西方思想學術的新天地。這個天地，以前經由中國本土的翻譯曾經接觸到一些，但終究還相當貧乏，到了這時，他如饑如渴地研讀和吸取，大幅度開拓了思想和學識領域，並開始有意識地廣泛介紹與宣傳。光緒二十四年（一八九八）到二十九年（一九〇三）之間，梁啓超撰作大量介紹西方理論學說的文章，「作了各種《泰西學案》同時極力鼓吹了一整套世界觀、人生觀和社會思想」，（註五一）他撰述的文章，內容包含政治、社會、教育、文化、歷史、文學、道德思想等，可謂博大龐雜。（註五二）光緒二十八年（一九〇二）「小說界革命」，就在這一廣博豐富的學識基礎上提出，給予晚清小說界普遍而強烈的衝擊。

綜合以上所論，可見「小說界革命」的產生是時局刺激、外國經驗、學識基礎與理論醞釀等條件累積而成。這個過程相當複雜，各個因素之間，以一種交錯縱橫、持續激盪的互動關係，使小說改革由教育改革的一個小環節，逐漸移位、轉化、擴充、演進，由個別至全面，由抽象至具體，由論點至行動，成爲對理論觀念與創作活動全面影響的改革運動。而且通過這個演進歷程，政治改革、教育改革、社會改革等並沒有在「小說界革命」形成之後消失，而是以一種沉澱作用，積沉在「小說界革命」的內涵裏面，從而豐富它的生命，強化它的力量；自壞的一面講，也成爲它發展缺陷與成果偏差的先天性基因。後面的章節對「小說界革命」的得失將續有論述，下文擬深入探討「小說界革命」的內涵，亦可稍窺得失互見的狀況。

【附註】

註一　見《新民叢報》第十四號。〈中國唯一之文學報：新小說〉一文標題稱《新小說》爲「中國唯一之文學報」，其實以刊載小說爲主的文學雜誌並非梁啓超首創，光緒十八年（一八九二）韓邦慶創辦《海上奇書》，便是以刊載小說爲主的定期刊物。不過《海上奇書》是韓邦慶個人專屬的小說雜誌，只刊登韓氏的作品，《新小說》才是第一分園地公開的小說雜誌。參阿英《晚清文藝報刊述略》，頁一二－一三。

註二、「新小說」原是雜誌名稱，同時是梁啓超的理念：欲革新小說。後來有學者據此，稱當時基於改革呼籲而出的小說爲「新小說」，並稱晚清提倡或創作新小說之人爲「新小說家」。見陳平原《中國小說敘事模式的轉變》與《二十世紀中國小說史·第一卷》。

註三　見《新小說》第一號。又，收入《飲冰室文集》之十，頁九；阿英編《晚清文學叢鈔·小說戲曲研究卷》，頁一八－一九；陳平原、夏曉虹編《二十世紀中國小說理論資料·第一卷》，頁三六。

註四　見《時務報》第十八冊。又，收入《飲冰室文集》之一，頁五四；陳平原、夏曉虹編《二十世紀中國小說理論資料·第一卷》，頁一三。

註五　同上。

註 六 見《時務報》第十七冊。又，收入《飲冰室文集》之一，頁五〇。

註 七 見同註三。又，收入《飲冰室文集》之十，頁六；阿英編《晚清文學叢鈔．小說戲曲研究卷》，頁一四；陳平原、夏曉虹編《二十世紀中國小說理論資料．第一卷》，頁三三。

註 八 見同註三。又，收入《飲冰室文集》之十，頁一〇；阿英編《晚清文學叢鈔．小說戲曲研究卷》，頁一九；陳平原、夏曉虹編《二十世紀中國小說理論資料．第一卷》，頁三七。

註 九 爲了配合「新民」的使命，小說的題材與思想內涵均有所轉變。詳參本章第二節與本書第五章第一、二節。

註一〇 參本章第二節與本書第四章第一節。

註一一 同註九。

註一二 見〈論小說與群治之關係〉，同註八。

註一三 同註四。

註一四 見《清議報》第一冊。又，收入《飲冰室文集》之三，頁三四；阿英編《晚清文學叢鈔．小說戲曲研究卷》，頁一三；陳平原、夏曉虹編《二十世紀中國小說理論資料．第一卷》，頁二一。

註一五 見同註三。又，收入《飲冰室文集》之十，頁九—一〇；阿英編《晚清文學叢鈔．小說戲曲研究卷》，頁一九；陳平原、夏曉虹編《二十世紀中國小說理論資料．第一卷》，頁三六—三七。

註一六 見同註三。又，收入《飲冰室文集》之十，頁七—八；阿英編《晚清文學叢鈔．小說戲曲研究卷》，頁一六一一七；陳平原、夏曉虹編《二十世紀中國小說理論資料・第一卷》，頁三四—三五。

註一七　同註四。

註一八　同註一四。

註一九　同註四。

註二〇　同註一四。

註二一　見《時務報》第四十四冊。又，收入《飲冰室文集》之二，頁五六。

註二二　參同上，第三十三冊。又，收入同上，之一，頁七六。

註二三　參丁文江編《梁任公先生年譜長編初稿》，頁八〇—八一。

註二四　同註一四。

註二五　參《康南海先生詩集》卷之五《大庇閣詩集》，頁三七，《康南海先生遺著彙刊》第二十冊。

註二六　見《晚清小說全集》第二七冊，頁一。又，收入陳平原、夏曉虹編《二十世紀中國小說理論資料・第一卷》，頁三七。

註二七　參王曉平《近代中日文學交流史稿》，頁一八〇、一八七。

註二八　以上有關夏志清先生的論點，參〈新小說的提倡者：嚴復與梁啓超〉，《人的文學》，頁七〇—七五。

註二九　案「社會學」原爲日本譯名（參梁啓超〈論學日本文之益〉，《飲冰室文集》之四，頁八〇），後爲我國襲用。

註三〇　參黃俊傑編譯《史學方法論叢》，頁一四－一六。

註三一　〈新民說〉自《新民叢報》第一號起連載，〈新民議〉自《新民叢報》第二十一號起連載。

註三二　見《新民叢報》第一號〈本報告白〉。

註三三　「勤王之役」爲康、梁保皇運動的一件大事業，由康有爲、梁啓超等在海外策劃，唐才常等在國內主持，準備以武力活動討賊勤王，圖謀恢復光緒帝的權位。唐才常原定光緒二十六年（一九〇〇）七月十五日起事，因款械不濟延期至二十九日，但於七月二十七日即事洩，唐才常等黨員十一人於二十八日被捕，當晚遇害。參丁文江編《梁任公先生年譜長編初稿》，頁九九－一二二；蕭一山《清代通史》第四冊，頁二二三三－二二三七。

註三四　見《清代學術概論》二十五，頁一四一。

註三五　參丁文江編《梁任公先生年譜長編初稿》，頁一〇一－一三四。

註三六　同上，頁一四三－一四五。

註三七　見同上。

註三八　同註三四。

註三九　收入《飮冰室文集》之四十五下，頁一六－一七。

註四〇　見同上。

註四一　見〈鄙人對於言論界之過去及將來〉，《飮冰室文集》之二十九，頁三。

註四二　參本書第二章第一節。

註四三　自「善夫南海先生之言也！曰」以下起，至「深通文學之人尤寡」句，以及「可增七略而爲八，蔚四部而爲五」一句，均襲自康有爲《日本書目志》卷十四識語。見《清議報》第一冊〈譯印政治小說序〉與《康南海先生遺著彙刊》第十一冊，頁七三四。

註四四　見《夏威夷遊記》，《飲冰室專集》之二十二，頁一八六。

註四五　同註三五，頁八七。

註四六　梁啓超提倡學日本文，是針對讀書所需的救急之法，與眞正學會日本的語文是兩回事。〈東籍月旦・敘論〉裏說：「學東語雖較易於西語，然亦非居其地、接其人，以歲餘之功習之不能。若用簡便之法以求讀其書，則慧者一旬，魯者兩月，無不可以手一卷而味津津矣。故未能學語而專學文，不學作文而專學讀書，亦一急就之法，殊未可厚非也。」見《飲冰室文集》之四，頁八三。

註四七　見同上。

註四八　參丁文江編《梁任公先生年譜長編初稿》，頁一九。

註四九　見〈三十自述〉，《飲冰室文集》之十一，頁一七。

註五〇　見《飲冰室文集》之四，頁八〇—八一。

註五一　見李澤厚《中國近代思想史論》，頁四一九—四二〇。

註五二　參同上，頁四一六—四二二。

第二節　「小說界革命」之內涵及其對小說觀念之衝擊

「小說界革命」乃光緒二十八年（一九〇二）出現的口號，但它不僅僅是口號，而是具有豐富內涵的理念，也是曾確實付諸實踐的改革行動。理念內涵是抽象的，須從具體表現出來的理論闡釋和現實行動裏面尋譯抽取，所以下文探討「小說界革命」時，將結合兩方面綜合考察，所根據的資料也來自兩方面：一爲闡述見解的書面文字；二爲劍及履及的實際行動。

「小說界革命」是梁啓超在〈論小說與群治之關係〉一文中提出的口號，因此，〈論小說與群治之關係〉一文，也成爲闡釋「小說界革命」內涵的最直接材料。另外不可忽略的是，和〈論小說與群治之關係〉問世同時，梁啓超還做了其他一些事情，這些事情本章第一節曾經提及，亦即：㈠創辦《新小說》雜誌；㈡發表小說創作《新中國未來記》；㈢繼續小說翻譯工作，發表《世界末日記》。這數項舉動與「小說界革命」的口號出現在同一時間、同一空間，可視爲「小說界革命」實際行動的代表，因此亦是探討「小說界革命」不可或缺的材料。除此之外，如本章第一節所論，「小說界革命」所理念乃經過一段時間醞釀而成，醞釀過程中，梁啓超的論點逐漸轉移，並且有前後互補或修正的現象，所以部分觀點在〈論小說與群治之關係〉一文中雖未詳細闡述，但後出的觀點其實乃立足於前出觀點之上，因而部分早期論點，亦宜合併考察，才不致有理論架空或突兀之嫌。再者，《新小說》第七號創闕〈小說叢話〉專欄，實爲「小說界革命」理念的延續，亦不宜棄而不論。下文將根據上述數項資料，必要時再援引其他相關資料，以探討「小說界革命」的內涵。

一、內涵總論

光緒二十八年（一九〇二）前後，「新民」成爲梁啓超改革運動的核心。此年正月（一九〇二年二月）他創辦《新民叢報》，以「新民」爲報刊名，自創刊號起，並以「中國之新民」爲筆名，發表〈新民說〉，連載十餘節。又於十一月（一九〇二年一二月）第二十一號起，連載〈新民議〉。十二月（一九〇三年一月）第二十四號起，續載〈新民說〉。同年十月（一九〇二年十一月），《新小說》第一號出刊，〈論小說與群治之關係〉復提倡以小說新民。可說是分別從不同角度倡「新民」說。《新民叢報》〈本報告白〉裏談到辦報宗旨時說：

> 本報取〈大學〉新民之義，以爲欲維新我國，當先維新我民。（註一）

說明了「新民」的來歷和目的，〈新民說．論新民爲今日中國第一急務〉尤詳細說明「新民」的重要性和先決性。歸納起來，其中的立論點主要在於：㈠國家的興衰不能只依賴明主、賢相、官吏等少部分人。㈡假如國民的文明程度低落，即使有明主、賢相也愛莫能助。㈢民德、民智、民力若能培養增進，可不待賢君相而致治，如英、美各國之例。㈣中國維新數十年而不見效，即因爲於新民之道未加以留意。這樣的論點顯示梁啓超對維新運動已經有新的體認，他宣傳維新的對象也有所轉移。假如說他早期維新的宣傳對象，主要是光緒帝、王公大臣或士大夫等上層人士的話，此時則轉移爲中下階層的普遍國民；早期維新運動的重點在於政治制度的變革，此時則轉爲偏重思想啓蒙。（註二）這一改變，是支持並催生「新小說」運動的強心劑。「小說界革命」站在「新民」思想的基礎上，小說與國家前途的關係才因而坐實，提倡小說也才成爲拯救中國的途徑之一。〈論小說與群治之關係〉說：

欲新一國之民，不可不先新一國之小說。（註三）

《新民叢報》〈本報告白〉則說：

……欲維新我國，當先維新我民。（註四）

意指革新小說乃是維新國民的前提，維新國民則是維新中國的前提。這種邏輯關係的形成，嚴格說並非理論之必然，卻是種種現實因素逼壓出來的事實之當然。梁啓超從事維新運動，在嘗試政治行動（戊戌變法）、軍事行動（勤王之役）種種途徑以後，所能選擇的、尙存的可行途徑並不多。「自是啓超復專以宣傳爲業，爲《新民叢報》、《新小說》等諸雜誌，暢其旨義」，（註五）此一事實背後，據含有不少現實的失敗、無奈，並且反映出維新思想、行動方針的轉移。（註六）也因爲這個緣故，據梁啓超立場衡量，「小說界革命」固然有文學方面的目的，但政治、社會方面的目的尤其不可忽略。從理論發展來看，「新民說」不但支持「小說界革命」的形成，並且內在化成爲「小說界革命」的理念內涵，使小說改革和政治、社會改革建立起密切關係，而此一關係，成爲當時小說理論探討的重心，論者並意圖由之建構小說創作的指導原則，因而使「新小說」理論和創作均充滿時代感與使命感。

站在政治、社會改革的立場而言，小說改革固然是一種手段、工具，但站在文學本位來看，政治、社會改革未嘗不是小說改革的憑藉。梁啓超以維新中國爲終極目標，試圖透過小說，向廣大民衆宣揚維新主張。欲以小說宣揚維新，首先，小說必須具備有關維新的內容與思想。但有關維新的內容與思想，卻是既有小說所缺，由此產生小說改革的重要主張：小說必須具有新的內容與思想。這些新的思想、內容當然以維新救國爲指標，具體則包括：「關切於今日中國時局者」、（註七）「吐露其所懷抱之政治思想」、「發明哲學及格致學」、「養成國民尚武精神」、「激勵國民遠游冒險精神」、（註八）「發揮自由精神」、「發揚愛國心」、（註九）「寓愛國之意」、「描寫現今社會情狀，藉以警醒時流，矯正弊俗」、（註一〇）「言近日社會問題之學理而歸結於政治上關係」、（註一一）「開導中國文明進步」（註一二）等等，簡言之，即以政治、社會改革之思想內容，爲新小說之思想內容；至於小說，則透過含攝這些新內容、新思想，以及由此產生的層層連鎖反應，而完成其改革。

小說改革和政治、社會改革相互含攝，形成「小說界革命」理念的脈絡。若欲細繹其條理，可以從兩大範疇分別考察：一是「小說界革命」如何達成政治、社會改革之時代使命；二是「小說界革命」如何完成小說自身之改革。也可以說「小說界革命」有兩大指標，一是政治、社會方面的目的；一是文學方面的目的。實際上兩者必須同時達成，才能支持其中任一者順利達成。假如政治、社會的改革停下來，小說失去新思想內容的泉源，其自身的改革也等於中止；假如小說的改革停頓，理論上雖可以有其他社會改革途徑，但如前文所述，事實上梁氏的維新事業便失去一個重要管道，特別是以廣大民衆爲對象的這一管道。

先從「小說界革命」如何達成政治、社會改革的目標談起。

二、政治、社會改革的內涵

〈中國唯一之文學報：新小說〉一文云：

本報宗旨，專在借小說家言，以發起國民政治思想，激勵其愛國精神。（註一三）

其中政治思想和愛國精神乃因應當時維新救國之需要而產生，因此這段話等於宣稱，新小說對中國維新自強之政治運動負有啓蒙、推動、助成之使命，其下手處則是思想精神的啓迪、激勵。這裏爲小說創作開示了一個新的指向，也爲小說和政治、社會運動之間建立起交流關係。至於「小說家言」如何可以發起思想、激勵精神，用梁啓超的話說，便是：「必自小說界革命始」，「必自新小說始」。（註一四）此處「新小說」的「新」是動詞，革新之意，所以「新小說」和「小說界革命」其實是指同一件事情，只是用詞不同罷了。亦即「小說家言」欲助成國民、國家之維新，必須自己先行革新。爲什麼小說須先行革新；新小說啓迪國民、改革社會的作用又如何可能——換句話說，爲什麼小說和政治、社會運動之間的關係可能成立，這二個問題，便是〈論小說與群治之關係〉一文所要闡述的重點。〈論小說與群治之關係〉敘述的要旨可用一段話代表，即：

故今日欲改良群治，必自小說界革命始；欲新民，必自新小說始。（註一五）

「改良群治」和「新民」是「小說界革命」的目標，也是內涵，因爲它既主導又內在化成爲「小說界革命」的理念。〈新民說〉和〈新民議〉裏面對「新民」的內涵曾有過廣泛且詳細、具體的闡釋，或許因爲所論已多，〈論小說與群治之關係〉雖然開宗明義強調「新民」與「新小說」，文內論點主要卻集中在「改良群治」。「群治」是翻譯西文 Society 所用的名詞，今日謂之「社會」，則是由日本譯詞而來。實際上，「新民」和「改良群治」也是兩個相互交融的範疇，因爲「群治」的基礎是國民，國民革新和群治改良兩者，是互爲因果關係的。簡言之，「新民」意味的是全面性的革新，「改良群治」則以國民思想行爲的改革爲核心。

先談「新民」。〈論小說與群治之關係〉首段說：

> 欲新一國之民，不可不先新一國之小說。故欲新道德，必新小說；欲新宗教，必新小說；欲新政治，必新小說；欲新風俗，必新小說；欲新學藝，必新小說；乃至欲新人心、欲新人格，必新小說。（註一六）

道德、宗教、政治、風俗、學藝、人心、人格等項目，包含了與個人相關，且與全民相關的智、德要素。由此可見，透過小說，不但要求個人的思想、知識、道德、人格全盤革新，同時也要求全民的思想、知識、人心、風俗一體革新，由小至大，由點及面，無論就國民之個體或整體而言，都是一項全面性的革新。

「改良群治」的核心放在思想行爲上，主要著眼於國民思想不合時宜，以致釀成社會悲劇而不自知。梁啓超認爲，「狀元宰相之思想」造成國民熱中功名，不顧節行的後果；「佳人才子之思想」導致「兒女情多，風雲氣少」，甚至「傷風敗俗，毒遍社會」；「妖巫狐鬼（註一七）之思想」造成國人迷信，徒耗錢力，爲風水問題，阻撓開礦、鐵路等事業；「江湖盜賊之思想」導致下等社會秘密結社，罔顧法紀，最後釀成「庚子國變」的巨禍。而這些不合時宜的思想行爲，是從小說裏面得來的——這種說法，又立足於「小說有不可思議之力支配人道」的論點上。（註一八）由於認爲國人諸多不合時宜之思想，乃受小說影響而來，因此革新思想行爲以改良群治的根本途徑，便從革新小說做起。

國民的思想行爲、「中國群治腐敗之總根原」，是否從小說裏面得來，可能是一個引人爭議的問題，梁氏之後的小說論者續有討論，（註一九）但在這裏，這個問題呈現出來的意義，倒不在果眞是小說影響社會，或社會影響小說，而在於梁啓超大力捧出小說的社教作用，並且加以極度宣揚、膨脹。這種膨脹的負面意義，是過度偏重小說的社會性，以致忽略了藝術性，但它的正面意義更形重要，亦即首度正面而肯定地承認：小說做爲一種通俗文學，不但不因其通俗而貶低價值、地位，反而因爲具有通俗的特性，基於廣泛的影響力，以故當居於「文學之最上乘」。

向來被視爲文學之上乘者，自非詩、文莫屬，其餘詞、曲固然是小道，小說尤爲士夫君子所鄙棄不道。鄙棄的一個很大因素，是小說乃卑俗低下之作品。一方面，它流行於市井小民之間；另方面，在這種讀者群的誘因之下，作品內容、思想的層次，在學士大夫眼中便顯得卑俗低陋，不堪與「雅正文學」一比。通俗適衆，自難曲高和寡，通俗性宛然成爲小說文學價值評估的一個毒瘤。梁氏之論卻轉化了通俗性的負面意義，予以正面的肯定、贊揚，他用新的觀點、新的思想支持這種轉化，並且獲得相當好的成績。

肯定通俗性價值的新觀點之一是：

> 小說之在一群也，既已如空氣如菽粟，欲避不得避，欲屏不得屏，而日日相與呼吸之餐嚼之矣。（註二〇）

簡言之，即有形無形而普遍性的影響。小說對人群的影響，就像空氣和飲食對人身的影響一樣，空氣、飲食足以主宰人身的健康，小說也足以主宰人群的思想行爲，而其主宰力量正得力於通俗適衆的特性。小說善，「則可以福億兆人」；小說惡，「則可以毒萬千載」。（註二一）這種普遍度是高懸於廟堂之上，流傳於少數「通人」、「好學深思之士君子」（註二二）之間的「雅正文學」所望塵莫及。在「欲維新我國，當先維新我民」（註二三）的要求下，普遍是一項重要質素，小說的通俗性因而也就擁有嶄新的意義和價值了。

肯定做爲通俗文學之小說的另一支持點，也是頗爲重要的一點，即前文提過的小說社教作用的宣揚。梁啓超提倡小說，最初是把它當作「蒙學」教科書來看。〈變法通議．論幼學〉裏面，將「說部書」列爲幼學教科書的一種，在擬設的小學功課表裏面，排訂每日有一小時接受「新編說部書」的課程。（註二四）〈蒙學報演義報合敘〉一文中也說到：

> 西國教科之書最盛，而出以遊戲小說者尤夥。故日本之變法，賴俚歌與小說之力。蓋以悅童子，以

導愚氓，未有善於是者也。（註二五）

強調外國將小說當作教科書的先例及其長處。這裏除了談「悅童子」，也提到「導愚氓」，由小學教育又擴展到針對一般大衆的民衆教育。這種廣泛的教育作用——姑且稱爲社教作用，從此時開始，逐漸受到小說論者的重視，並藉此提高小說的價值和地位。社教作用的產生，和小說的通俗特色，有相當密切的關係，可以說，正因爲小說具有「易逮於民治，善入於愚俗」（註二六）的特色，才能被普遍大衆所接受，而發揮廣泛的社教功能。在此，通俗性不爲弊反爲賢，小說價値於是獲得新的認識，小說也由此取得「文學之最上乘」的地位。

肯定通俗性價值的另一新觀點是梁啓超在〈小說叢話〉裏面提到的：

文學之進化有一大關鍵，即由古語之文學變爲俗語之文學是也。……中國先秦之文，殆皆用俗語，……故先秦文界之光明，數千年稱最焉。……昌黎謂非三代、兩漢之書不敢視，余以爲此即其受病之源也。自宋以後，實爲祖國文學之大進化，何以故？俗語文學大發達故。（註二七）

這是當時相當新穎又吸引人的「文學進化」論。鼓吹「文字與語言合」（註二八）是梁啓超素來的職志，目的在於使文字成爲大多數人可能運用的工具，然後各種知識、學理、思想才可能透過文字媒體，傳播給大多數民衆，而非僅限於一二文字素養深厚的讀書人。提倡「俗語文學」也是梁啓超文學改革運動的總斬向，意欲文學成爲最多數民衆可能共享的精神產品，以便達成啓蒙、開化的理想。他所創出的「新民叢報體」以及所參與的「文界革命」、「詩界革命」，基本上都有這種共同傾向。小說文字與語言合的特色，也是梁啓超提倡小說的歷程中，最初著眼、強調的論據，是梁氏小說論第一個樹立的基石。（註二九）嚴復、夏曾佑等早期提倡小說的論者，對此也有共同體認。（註三〇）在這個基石上，又進一步發展出「文學進化」觀。這個觀點的成熟，稍後於「小說界革命」提出的時間，〈小說叢話〉發表於光緒二十九年（一九〇三），爲「小說界革命」提出之次年。但這個觀點的萌芽——指「文字與語言合」的論點，卻與小說的倡述同時，均見於〈變法通議·論幼學〉一文，並在幕後不斷支持「小說界革命」的形成。假如說前述之普遍性影響和社教作用的肯定，對於小說而言，是社會意義大於文學意義的話，「文學進化」觀一反「非三代、兩漢之書不敢觀」之類深入傳統文人心目中的文學觀念，主張俗語文學乃文學進化的表徵，其論點則可以說是回歸文學本位，對於歷代文學觀和小說觀，均富有突破性意義。

由上所述也可以看到，小說被抬爲「文學之最上乘」，並不是從把小說「變」爲雅正文學入手，而是消弭雅正文學和通俗文學之間地位的「落差」，開展出一套新的文學觀，在這裏，已經無形中爲日後的白話文學運動伏下契機，並且在這一套新文學觀驅動之下，中國文學的結構開始變化、調整，這種調整便是陳平原所提出的「中國小說從文學結構的邊緣向中心移動」（註三一）之說。小說觀念也在調整過程中，產生移山倒海式的變化。

「小說有不可思議之力支配人道」，其「不可思議之力」究竟是什麼樣的力量，梁啓超針對這點，作了一番細密的學理分析，後來的事實顯示，這段分析震撼了晚清小說界，成爲「小說界革命」的重要動力，繼起的小說論者或多或少都曾受它打動；並且是「小說界革命」的理論砥柱，對小說觀念形成巨大衝擊與深遠影響，可以說是晚清小說觀念轉變的契機。以下即根據個人體會所得，試將梁氏之說予以簡要詮釋。

梁啓超以爲，「人類之普通性」，「嗜他書不如其嗜小說」。（註三二）這是根據小說讀者數量所作的推論。相對於經、史、子、集等各類書籍，小說的讀者群不但多而且面廣。梁啓超及其他小說論者對此現象均有相似認識，〈譯印政治小說序〉內說：

僅識字之人，有不讀經，無有不讀小說者。……天下通人少而愚人多，深於文學之人少，而粗識之無之人多。……（註三三）

其實不但「僅識字之人」喜讀小說，「深於文學之人」亦未嘗不喜讀小說，但「深於文學之人」通常不會宣揚自己對小說的喜愛，甚至不願公開承認這種嗜好，更談不上以探究學理的態度，稱這種嗜好是「人類的普通性」，並追究其原理。梁啓超認爲，一般人可能以爲小說吸引衆人的因素，是「淺而易解」、「樂而多趣」，很簡單的。但他卻覺得這種說法不夠充分——「有所未盡」，並深究其中原理，於是得出兩個說法：一是「凡人之性，常非能以現境界而自滿足者也。」「此等識想，不獨利根衆生有之，即鈍根衆生亦有焉。」「小說者，常導人游於他境界，而變換其常觸常受之空氣者也。」二是「人之恆情，于其所懷抱之想像，所經閱之境界，往往有行之不知、習矣不察者」，「有人焉和盤托出，徹底而發露之」，便能令閱者拍案叫絕，產生「於我心有戚戚焉」的共鳴。「此二者實文章之眞諦，筆舌之能事」。「而諸文之中能極其妙而神其技者，莫小說若。」（註三四）簡言之，二者所分析的是讀者的閱讀動機，並把這種動機歸之於人類共具的人性。前者指出讀者對生活環境的不滿足心理，這種不滿足心理，未必是眞的對現實中的事件、際遇或制度等等有具體的不滿反應，而包含處於大致上一成不變的生活方式或生活情境裏面，在日久生膩以後，希望變換情境或方式，以得到較新感受或某種所謂「新鮮感」的心理。變換情境未必要眞正改變生活，透過某種虛構、假想式的改變，同樣可以達到情境變換、更新心靈的效果。小說所展現的世界，基本上是一個由想像人物、事件組成的虛構世界，讀者在閱讀過程中進入此一虛構世界，拋離原來的生活情境，便達到變換情境、更新感受的目的。後者則指出讀者本有的表達欲望與閱讀過程所獲得的共鳴快感。文學作品基本上是表達欲望的產物，表達欲望驅使寫作動機，所欲表達的意念則進入作品，構成作品內涵。表達是人類共有的一種欲望，作者和非作者的差別之一在於，作者的表達（即產生作品）受到大衆的了解、接受，非作者（這時已成爲讀者）可以在作者的表達裏發現自己想要表達的東西，於是讀者透過作者的表達也得到了表達的滿足，共鳴的快感便在這種滿足中產生。所以共鳴其實是以表達欲望爲基礎而有的一種閱讀快感。梁啓超將上述兩種閱讀心理，歸列爲人類的普遍心理，不論這一歸列是否正確，它倒是爲文學作品的地位評估取得了一新準繩。以這兩種人類的普遍心理爲準繩——「此二者實文章之眞諦，筆舌之能事」，（註三五）能滿足這二種心理並達到最高境界的文學作品，便是文學地位最高的作品——「而諸文之中能極其妙而神其技者，莫小說若。故曰小說爲文學之最上乘也。」（註三六）小說就在這種新準繩的評估下被抬至文學最高位。這項評估又在「四種力」的支持下更形穩固。

「四種力」指小說對讀者的四種作用力，「一曰熏」，「二曰浸」，「三曰刺」，「四曰提」。(註三七)「熏」和「浸」都是感染的作用力，不過「熏」就空間而言，指感染作用逐漸擴散的力量。小說所傳達的「境界」——這裏應該是指傳達感情、事理的小說情境或世界，經由擴散力量，逐漸進入個人心靈，據有一席之位，而「成爲一特別之原質之種子」。這個「種子」將影響個人的思想、行爲，同時會繼續擴散，由此及彼，由個人至群體，乃至遍及世界全人類，以致全人類的思想、行爲均受到影響——「一切器世間有情世間之所以成所以住，皆此爲因緣也。」「浸」則就時間而言，指感染作用持續長久的力量。持久的力量使感染作用得以累積保持，不因時過境遷而散淡消失，經由逐日、持久的累積、醞釀，思想、智慧乃得形成，「我佛從菩提樹下起，便說偌大一部《華嚴》，正以此也。」藉由持久的力量，知識才能發酵成智慧，修持才能晉升爲悟道。小說所傳達的情理，即經時間之醸造而成人生之智慧。「刺」，指頓時發動的刺激力，猶如「禪宗之一棒一喝」，使人瞬間悟道。與前二種力不同之處在於：「熏」、「浸」的力量是緩慢、逐步以進者，「刺」的力量卻是迅速、立即爆發的，使人在最短時間內，產生截然的改變。刺激的力量是一種直接打動的力量，因而傳達此種力量的媒體，也以愈能直接爲人領受者效果愈強。文字不如語言直接，語言的刺激力往往較強，但語言不易廣泛也不易持久。在文字之中，「則文言不如其俗語，莊論不如其寓言」，具有俗語、寓言要素者，又以小說爲最。梁啓超由此推導出「故具此力最大者，非小說莫由」的結論。「提」指的是由內在發出，一種超脫自我的提升力量。這種力量可以使讀者超脫自我思想、感情的桎梏，融入小說情境，與書中人物同其思想、感情——「自化其身焉，入於書中，而為其書之主人翁」。假如書中情境有百千浩劫，讀者也將在閱讀過程中，化身同歷其百千浩劫；假如書中人物為釋迦、孔子，讀者也將化身為釋迦、孔子。這種力量相當於今日之所謂「移情作用」，梁啓超認為：「文字移人，至此而極」——文字對人的影響，以這種力量為最強。它與前三者的相異處在於：前三者是由外向人心內在灌輸的力量，「提」卻是自人心內在向外發出的自我超脫之力，是主動的、內發的，代表完全的接納、信服，所以說：「度世之不二法門，豈有過此？」

歸納起來，上述兩種原因及四種力，均屬於閱讀心理學分析，故梁啓超總結云：

> 故人類之普通性，嗜他文終不如其嗜小說，此殆心理學自然之作用，非人力之所得而易也。（註三八）

心理學乃晚清自西方輸入之「新學」，梁氏援引以分析小說理論，在當時可謂創舉，其細密精微之論析，亦為歷來小說論文難得一見的力作，不但在實質上加深小說理論的學理性，樹立小說理論探究的新里程碑，並且在觀感上增重小說論點的分量。佛家語的運用，具有協助論述清晰的功能，對傳統的中國讀者而言，尤具親和力與說服力。小說「支配人道」的「四種力」，主要在說明小說之所以影響讀者的內在力量，分析讀者的反應與接受作品的心理過程，它表現出幾項特色：㈠著眼於讀者立場；㈡採取心理分析的角度；㈢偏重小說的閱讀與影響層面。其中第三點和第一點又互為因果。小說的影響層面乃透過讀者來達成，閱讀活動本來即是讀者立場的活動，所以「四種力」論述的著眼點是讀者而非作者，探討的是讀者與作品之間的「對話」，並且試圖以作品與讀者之間的對話關係爲理論基礎，建立起小說與群治之間的關係。因爲終極意圖在建立小說與群治之關係，所以它所重視的讀者，不是個別的、特殊的讀者，而是大量、廣泛的讀者群；也不是深通文學、富有鑑賞力或批評能力的高程度讀者，而是一般僅具閱讀能力的中下程度讀者。這批讀者向來是不大受重視的，尤其不受高階層文人或知識分子的重視，屬於這批讀者的作品，因此也多半遭到文人的「白眼」。所以，梁啓超這段論述形同提升了一批新的讀者群，也等於抬揚起一種新的、可以正統地貼上「文學」標籤的作品。更且，他不僅將這類作品堂而皇之納入文學之林，還將它們標爲「文學之最上乘」，這一標誌不論合不合理，至少在相當程度上鞏固了小說地位，並揭開小說創作、理論批評史上新的一頁，小說觀念也由此展現全新面目。

站在人類嗜小說的兩種原因及小說「支配人道」之「四種力」的基礎上，小說與國民、社會之間營構出一種密切關係，而且在此特別強調小說對國民、社會的單向關係，此即前文提過的：「小說之在一群也，既已如空氣如菽粟」，小說就像空氣、飲食主宰人體健康一樣主宰群體的思想健康，在這個論據上進一步推衍，健康的小說培育出健康的群體，而群體欲健康須小說亦健康，接下去，「欲改良群治，必自小說界革命始」的論點便呼之欲出了。其推論過程有待檢討與否，是另外一回事，重點在小說與國民、社會之關係的論析，在當時具有極大說服力，晚清小說界被說服了，這種論點形成小說界的新「輿論」，其輿論力量簡直無與倫比，後繼論者即便提出對立的觀點也不足以推翻它，而是以一種巧妙的補充或修正的關係與之並存。

小說影響群治的關係並非憑空推論而來，前述針對小說影響力的種種分析乃基於一項事實觀察，即〈本館附印說部緣起〉提到的：

曹（操）、劉（備）、諸葛（亮），傳於羅貫中之演義，而不傳于陳壽之志，宋（江）、吳（用）、楊（雄）、武（松），傳於施耐庵之《水滸傳》，而不傳于《宋史》。……（註三九）

這是提倡「新小說」的論者共同注意到的一個現象，也是古代前賢早就注意到的事實，（註四〇）並且有外國小說及小說觀爲之推波助瀾。（註四一）另一項相關事實是：中國腐敗、落後——這才是一切事實的關鍵。知識分子在內憂外患的時局中，把憂國憂民的困思投注於文學省察，小說就在憂患時勢中淪爲「吾中國群治腐敗之總根原」，這種投注使梁啓超的小說論充滿政治熱情，也使「小說界革命」成爲政治、社會改革的良方。

小說具有改革政治、社會的能量，那麼，該怎樣讓它的能量發揮積極效果，而勿負面地成爲「吾中國群治腐敗之總根原」，換個角度說，即小說如何改革自己，完成「小說界革命」的本位目標，此即「小說界革命」內涵的另一範疇：如何完成小說自身之改革。

三、小說改革的內涵

有關小說自身之改革，梁啓超所談不多，並未提出明確主張，似乎在理論架構上留下一個缺陷，但這並不表示「小說界革命」的內涵偏頗不全，因爲梁啓超以實際行動來試驗——或說履踐小說自身之改革，從他的實踐行動裏面，便可以抽繹出改革理念。他這種以實踐代理論的作法或許可以看作小說改革觀——即空談理論不如付諸實際創作——的反映，不過更接近事實眞象的說法可能是，改良小說不如改良群治重要。在這裏，梁啓超留下了一個小說觀的爭議點。

書面資料上可以尋得的小說改革理論雖不多，大致也指明了總方向。〈變法通議・論幼學〉中「五曰說部書」的部分，是今知最早，也比較完整指出小說改革方向的文獻，它很簡要的談到：

> 今宜專用俚語，廣著群書(註四二)。上之可以借闡聖教，下之可以雜述史事，近之可以激發國恥，遠之可以旁及彝情，乃至宦途醜態，試場惡趣，鴉片頑癖，纏足虐刑，皆可窮極異形，振厲末俗。其爲補益，豈有量耶！(註四三)

這一段話是針對中國舊有小說「誨盜、誨淫，不出二者」的狀況而發，強調題材、內容之改變，並有要求小說內容符合時代脈動的趨勢。「激發國恥」、「旁及彝情」乃因應當時屢挫於外人的政治局勢，「宦途」、「試場」、「鴉片」、「纏足」等則是當時急需更張的社會現況，也是梁啓超等人社會改革運動的重點工作，「闡聖教」、「述史事」則等於要小說肩負經、史的任務。這段話所蘊含的改革觀點，與日後梁啓超正式提出「小說界革命」時顯現的小說革新方針，並無二致，可以看到梁氏小說改革論的一貫性，也可以稍稍塡補小說改革理論上的缺漏。

光緒二十四年（一八九八）的〈譯印政治小說序〉專為提倡政治小說而發，自此直至光緒二十八年（一九〇二）以後，政治小說始終是梁氏提倡的重點。提倡政治小說乃摹仿日本經驗。日本明治維新，政治小說是傳播文明思想的大功臣之一。日本政治小說之流行，則先翻譯西洋小說中有關民權、自由的作品，翻譯盛行，本土作家接受啓發，有足夠能力自行創作以後，自著的政治小說便逐漸興盛起來。（註四四）梁啓超意圖「移植」此一模式，所以提倡譯印政治小說。他也以身作則，率先創作中國第一部政治小說，這就是《新小說》創刊號刊出的《新中國未來記》。梁氏還在〈新中國未來記緒言〉裏面宣稱：

《新小說》之出，其發願專爲此編也。（註四五）

假如這句話沒有太多誇張成分的話，等於宣布：革新小說的總理想是創作政治小說。就梁啓超個人來說，政治小說的確是他唯一創作過的小說，《新中國未來記》也是他唯一的小說作品，政治小說或許是梁啓超心目中最合乎理想的新小說。

不過《新中國未來記》當然不是《新小說》創刊號上的唯一作品，政治小說或許是梁啓超最鍾愛的小說類別，但他想革新中國小說，應該也不僅僅以創作政治小說爲足。《新小說》未刊行之先，曾發表一篇全面設計刊登內容的文章，這篇文章顯示《新小說》的全體面貌，該能反映「小說界革命」的改革觀點。這篇文章發表於《新民叢報》第十四號，題爲〈中國唯一之文學報：新小說〉，文內談到：

本報宗旨，專在借小說家言，以發起國民政治思想，激厲其愛國精神，一切淫猥鄙野之言，有傷德育者，在所必擯。（註四六）

文中所提到的《新小說》宗旨，和梁啓超素來所持的觀點一樣，充分肯定小說的「載道」功能。從〈變法通議·論幼學〉中所說的「上之可以借闡聖教……」，〈譯印政治小說序〉所說「……各國政界之日進，則政治小說，爲功最高焉。」至〈論小說與群治之關係〉所謂「欲新道德，必新小說……」等等，梁啓超一方面汲取中國文學思想中固有的「載道」觀，一方面援引外國經驗，吸收外國的小說觀，並配合時代需要，發展出新的小說載道觀。此處小說所承載的道，主要以「新學」所要傳播的「道」爲主，也就是當時政治改革、社會改革所需的新思想。在〈中國唯一之文學報：新小說〉裏面，可以發現這些新思想所指何物。該文列舉預訂刊登之小說內容爲：

……………

三、歷史小說

歷史小說者，專以歷史上事實爲材料，而用演義體述之。……

四、政治小說

政治小說者，著者欲借以吐露其所懷抱之政治思想也。其立論皆以中國爲主，事實全由於幻想。……

五、哲理小說

專借小說以發明哲學及格致學。……

六軍事小說

專以養成國民尚武精神爲主。……

七冒險小說

……以激厲國民遠游冒險精神爲主。……

八探偵小說

探偵小說，其奇情怪想，往往出人意表。……

九寫情小說

…………

十語怪小說

妖怪學爲哲理之一科，……亦研究魂學之一助也。

十一劄記體小說

………（註四七）

綜合起來，擬刊小說的思想內容包括有政治思想、尙武精神、冒險精神與哲學、格致學等，大都是晚清自西方輸入的新觀念、新知識。尤其是甲午戰後，主張維新的知識分子所欲積極鼓吹的。他們認爲，中國若欲自強，不僅該學習西方的技術，更該吸收西方的學說、觀念，日本維新之成功，便是最好的範例。《新小說》意欲藉由小說灌輸給國民的這些新智識，正是梁氏等人認為建立新中國所需的「新學」，也是傳統小說裏面不可能出現的新內容。其中，「歷史小說」一類雖未明言預定內容為何，但由擬刊書目來看，可推知乃以追求文明、自由與民權意識、革命思想為主，其擬刊書目如下：

一、《羅馬史演義》

此書乃翻譯西人某氏所著。羅馬為古代世界文明之中心點，……。

一、《十九世紀演義》

欲知今日各文明國之所以成立，莫要於讀十九世紀史矣。……

一、《自由鐘》

此書即美國獨立史演義也。……讀之使人愛國自立之念油然而生。

一、《洪水禍》

此書即法國大革命演義也。……其中以極淺顯之筆，發明盧梭、孟德斯鳩諸哲之學理，尤足發人深省。

一、《東歐女豪傑》

此書專敘俄羅斯民黨之事實，……中國愛國之士，各宜奉此為枕中鴻秘者也。……（註四八）

上引五書，前二書主要在闡明外國文明演進的歷史，用意當然是希望讀者閱讀之後，能夠了解有關文明的概念，更希望有朝一日，中國也能文明、進步，與世界各國同存同榮，脫卸當時「人為刀俎，我爲魚肉」的厄運。後三書主要在傳播自由、獨立的思想，希望喚起國民的民權意識，繼循美、法、俄等國之轍，以國民的力量爭取政治改革的成功，俾益中國維新自強。可見歷史小說的宗旨，實在於激發國民追求文明進步、獨立自由的意識，與政治小說具有相輔相成的作用。政治小說可謂著眼於當代，針對當時的中國政局表達政治見解，激勵國民之政治意識，歷史小說則著眼於過去，企圖以歷史事實薰陶國民的政治思想，一今一古，引領向來「天高皇帝遠」的沉默百姓，成爲關心國是，參與政局的現代國民。傳統載道文學觀裏面所載的「道」主要是經典之道，像李贄說過的「忠義」（註四九）或馮夢龍提到的忠、孝、賢、良、節、義（註五〇）等等，新小說載道觀所載的「道」，則爲新時代所需的新德性、新精神、新思想乃至新知識，前文引述的政治思想、文明意識、革命思想、愛國精神、尚武精神、冒險精神以及哲學、格致學等是。這些思想智識乃當時「經國之大業」（註五一）所需，是「君臣所以炳煥，軍國所以昭明」（註五二）的致用之學，含融這些思想智識的新小說作品，該也稱得上是「不朽之盛事」（註五三），擔當得起「若此者，有益於天下，有益於將來，多一篇，多一篇之益矣」（註五四）的贊辭吧！梁啓超固然未使用過「小說載道」或類似語詞，但他的新小說觀，基本精神卻與傳統載道文學觀相合，表面上，新小說觀是完全反傳統的，實地裏，傳統載道觀其實是梁氏新小說觀推行傳播的思想基礎，而且載道文學的傳統尊崇地位，也是中國文人接受小說「爲文學之最上乘」這一新地位的基礎。

梁啓超的載道小說觀與前人說法的根本不同處在於：以李贄、馮夢龍等人爲代表的小說論者，提出「通俗演義一種，遂足以佐經書史傳之窮」，（註五五）「其利益亦與六經、諸史相埒」（註五六）之類的說法，宣揚小說的載道功能，他們的論點來源，大半是就現有的小說作品，給予合乎載道思想的詮釋，雖然建立理論，小說卻仍是原來的小說，有些詮釋也可能未完全符合作品的內容。梁啓超所鼓吹以及《新小說》上面所反映的小說載道觀，則是在未有作品之前，率先建立理論，訂定宗旨、原則，企圖以理論指導創作，以雜誌鼓勵創作，激促含有新內容、新思想的小說作品問世，其作法較前賢更爲落實，對小說創作也更具影響力。新小說容納空前廣泛的題材、思想，表現出前代未有的新貌，小說就在政治思想、愛國精神以及哲學、格致學……等等新內涵的充塞之下，邁向改革之路。

以上所述，可視爲小說思想內容之提升，而思想內容之提升須有相關條件配合。希望小說發明哲學、格致學，首先須有懂得哲學、格致學的作者；希望小說吐露政治思想，須先有懷抱政治思想的作者，作者的知識學養是小說思想內容的前提。梁啓超很早就注意到這個問題，他曾指責舊有小說荼毒天下的主因是作者水準低落：

> ……所謂好學深思之士君子，吐棄不肯從事，則儇薄無行者，從而篡其統，於是小說家言，遂至毒天下。（註五七）

他在宣揚日本的政治小說時，也同樣宣揚作者的水準和身分：

> 著書（註五八）之人，皆一時之大政論家……（註五九）

在當時人眼中，「大政論家」和小說家顯然是聲望、地位迴不相侔的二種社會身分，梁啓超作此宣揚，對於「好學深思之士君子」排除心理障礙，應該是有幫助的。他並且舉出實例爲證：

> 矢野氏今爲中國公使，日本文學界之泰斗，進步黨之魁傑也。（註六〇）

矢野氏即《經國美談》的作者矢野龍溪，出身於藩士家庭，後來成爲立憲政治家，當時正擔任日本駐華公使。他的作品《經國美談》是日本明治時期政治小說的三大名作之一，梁氏曾翻譯成中文刊登在《清議報》上。梁氏特別提示他的身分，固然有提升小說地位的作用，最主要的還是希望爲小說爭取到一批新的作者——即所謂的「大雅君子」或「好學深思之士君子」。由梁氏之說不難發現，日本政治小說作者的身分、地位和學養，顯然是絕大部分中國傳統小說作者所望塵莫及。事實上也是如此。生平可知的傳統小說作者，大半是仕途不得意的落魄文人，其他有些是只知姓名，生平散佚的，更有許多只留下筆名，連眞實姓名也不可考。這是傳統小說觀循環所產生的結果。小說不受重視，導致作者水準參差不齊；作者水準不齊，導致作品內容參差，小說也不易受重視。欲打破此一循環，提升作者水準是可行的入手之方，梁啓超很早就意識到這個方法，所以一再警告，「大雅君子」不屑寫小說，已釀成嚴重後果。他也很早就醞釀要寫作《新中國未來記》，以身作則，提升小說的作者階層。《新中國未來記》可以說是梁氏扭轉小說觀念、開創小說新機的敲門磚，同時也是配合「小說界革命」理論，「欲爲中國說部創一新境界」（註六一）的試驗實品。

《新中國未來記》運用了一些新技巧，影響到中國舊有的小說敘事模式，（註六二）但形式、技巧的問題幾乎完全不在「小說界革命」的理論範圍內，它之所以出現，只是創作過程中因實際需要而產生，即便已然產生，小說論者仍多視而不見，理論文字內罕見有關形式技巧的討論。梁啓超創作這部小說，也不是爲了形式技巧的緣故，而是爲實踐思想內容之提升，完成撰作政治小說的心願。所以他自行表明宗旨爲：

> 茲編之作，專欲發表區區政見，以就正於愛國達識之君子。（註六三）

在這樣的宗旨之下，結撰而出的作品變得「似說部非說部，似稗史非稗史，似論著非論著，不知成何種文體，自顧良自失笑。」（註六四）他也自覺到這部作品在藝術表現方面，有點脫出小說的文學常軌，可是他顯然不以爲意，並自我解釋說：

> 雖然，既欲發表政見，商榷國計，則其體自不能不與尋常說部稍殊。（註六五）

在國計、政見的堂皇理由之前，小說的藝術表現變得無關宏旨。這麼做也許並非刻意，但這種情形，後來竟發展成爲小說界的常見現象。亦即藝術形式的成績，往往被小說作者忽視。從這裏也可以得知，小說改革的重點不在藝術手法、表現形式方面，而在思想內容的革新。

無論如何，梁啓超創作《新中國未來記》，以他當時的身分、地位而言，確實爲提升作者水準做了一項示範。有不少對政治、社會有改革意見的知識分子，開始藉著寫作小說來發表改革政治、社會現狀的意見，「好學深思之士君子」不再刻意排斥小說創作這項活動。流傳到今日的晚清小說裏面，有許多針對立憲運動、革命運動、女權問題、迷信問題等種種政治、社會問題而作的作品，並且作者也透過這些小說表達他們對種種問題的觀感或看法。這些不能說不是受有梁啓超及《新中國未來記》

的啓發。甚至，梁氏的作品中，那些「連篇累牘，毫無趣味」（註六六）的議論、演說、章程、論文等等，也變成其他作者襲用的寫作方式。似乎，爲了「發表政見，商榷國計」，而把小說寫得「不知成何種文體」，才顯得出這類小說之與衆不同了。

前文引述《新小說》預訂內容，並未引出全貌，《新小說》包含的項目總計爲十五項，項目如下：一、圖畫；二、論說；三、歷史小說；四、政治小說；五、哲理科學小說；六、軍事小說；七、冒險小說；八、探偵小說；九、寫情小說；十、語怪小說；十一、劄記體小說；十二、傳奇體小說；十三、世界名人逸事；十四、新樂府；十五、粵謳及廣東戲本。雜誌創刊本身和這樣的內容設計都是引人注目的事。比《新小說》早十年（一八九二），曾有《海上奇書》出刊，也是專載小說的文學雜誌，不過《海上奇書》只登載韓邦慶（註六七）的作品，是專屬個人的文學刊物，（註六八）《新小說》卻是向大衆公開的發表園地，因爲向大衆公開，所以有鼓舞創作、帶動風氣的意味，加以梁啓超當時的言論地位，號召力也就不同凡響。設計「論說」欄，代表小說理論意識終於醒覺，〈論小說與群治之關係〉以專題形式出現，其理論意識，較《國聞報》的〈本館附印說部緣起〉鮮明得多，小說理論從序、跋、評點等依附於作品而存的形式，到獨立於作品之外的專題專文，歷程相當漫長，梁啓超此舉也是富有革命性意義的。

《新小說》項目裏面，最引人注目的該是小說分類。〈譯印政治小說序〉第一次在小說二字之上添加內容分類的形容詞——「政治」二字，《新小說》上的分類，標準或許不很嚴謹，（註六九）但大致仍以內容區分爲準，這與新小說注重思想內容之革新有連帶關係。《新小說》未出刊前，《新民叢報》上即再三出現大幅廣告，《新小說》出刊同時，又附載〈新小說社徵文啓〉一則，「紹介新刊」專欄內亦載〈新小說第一號〉一文。《新民叢報》在當時社會上擁有相當讀者，言論也具有相當勢力，（註七〇）一再推介《新小說》月刊，不但有促銷作用，「新小說」理念傳播，可能也獲得不少助力。〈中國唯一之文學報：新小說〉即爲出現於《新民叢報》第十四號的巨幅廣告，文內有宗旨說明、條例、內容分項等，似乎取代了《新小說》第一號上通常應有的發刊詞。〈中國唯一之文學報：新小說〉中小說分類的類名，後來果然出現在《新小說》雜誌上，成爲每部作品的身分「標籤」。這項分類，一方面是刊載作品時編排的依據，另一方面也成爲徵稿時候近似稿約的無形規範──未必是明確歸定，但在作者創作過程中，多少具有提示內容取向的作用。甚至也會在閱讀過程中，對讀者發揮指向作用，無形中引導讀者關注小說的內容、精神，而不是藝術造詣。由於分類所標舉或強調的，是前所未有的題材內涵，作者與讀者都可以從而對小說產生全新的觀感。而且由於絕大部分題材均非傳統小說所有，所標榜的哲學、格致學、政治思想、冒險精神等等，大都是來自西方的新智識，恐怕也不是當時中國本土作家所能立即創作，因爲欲作者具備新的知識、觀念有時並非易事，因此，稿作來源難免就偏重譯本了。總計〈中國唯一之文學報：新小說〉所列十類小說，除「傳奇體小說」實指戲曲，「劄記體小說」實爲短篇雜錄以外，八類小說裏面，全採用自著作品者僅有「政治小說」一類，著、譯兼採者有「歷史小說」一類，其他「哲理科學小說」、「軍事小說」、「冒險小說」、「探偵小說」、「語怪小說」等五類，有的言明取材皆出於譯本，有的雖未說明，但所舉實例皆外國小說，可以推想也是倚重譯本。此外「寫情小說」一類因題未定，故不知。而《新小說》第一號刊載的作品則爲自著小說三部，翻譯小說四部。這種狀況，也是中國小說界前所未有的現象。翻譯小說爲小說新內容、新思想的追求提供鮮明具體的實際範例，使實際成品在很短時間內便能展示於群衆面前，給予作者明顯的刺激，並迅速開拓讀者的閱讀視野，助成《新小說》雜誌上小說分類的作法，也助成「小說界革命」新思想、新內容的追求。更重要的是，它像一面鏡子，供小說自身之改革隨時模仿、修正、取鑑，無論內容或形式　創作或理論，都對本土小說界產生很大的刺激。尤其形式方面之改革，除文言或俗語的問題以外，很少出現在理論探討裏面，有些翻譯小說甚至更動原著的敘事模式，以符合國人的傳統閱讀習慣，不過也有些譯作忠實表現原著風貌。而這些譯作所展示的西方寫作技巧，逐漸被本土作家吸收、運用，改變傳統小說的敘事習慣、藝術形式，是促成中國小說蛻化的一個很重要因素。種種作用，對「小說界革命」的推動，都有不可忽視的實質意義。它們，其實是對晚清小說觀念轉變影響最深的幕後英雄。

提出「小說界革命」的當時，小說改革是理論上較受忽視的一環，不過實際創作活動裏面，改革卻點滴且持續不斷在進行，對中國文學觀念、文學結構比較有決定性影響的也是這一環。當然，小說改革社會的理想，對小說自身之改革，具有關鍵性作用，兩者之間的關係，不是分割、對立，而是相互涵融、輔成，共同組成「小說界革命」的理念內涵，也共同推動小說觀念的轉變。所以，總結地說，「

小說界革命」是結合小說改革和利用小說改革社會兩種內涵而成的。細部析分，則包括肯定白話通俗的價值、贊揚小說的感染力與教育作用、提升作者群的水準與階層、重視小說的社會功能與讀者效應，以及改革既有小說的思想內容等等。而在小說觀念的衝擊上，最主要是令小說成為經世濟時的文學作品，因而在作者與讀者間取得新觀感、新地位，並且小說也在逐步改變原有的寫作風貌。

【附註】

註一　見《新民叢報》第一號。

註二　參丁文江編《梁任公先生年譜長編初稿》，頁二五—三五。

註三　見《新小說》第一號。又，收入《飲冰室文集》之十，頁六；阿英編《晚清文學叢鈔·小說戲曲研究卷》，頁一四；陳平原、夏曉虹編《二十世紀中國小說理論資料·第一卷》，頁三三。

註四　同註一。

註五　見《清代學術概論》之二十五，頁一四一。

註六　陳平原《二十世紀中國小說史·第一卷》有類似看法，認為政治活動失敗乃促成小說界革命之契機，參頁五—六。

註七　見〈譯印政治小說序〉，《清議報》第一冊。又，收入《飲冰室文集》之三，頁三五；阿英編《晚清文學叢鈔·小說戲曲研究卷》，頁一四；陳平原、夏曉虹編《二十世紀中國小說理論資料·第一卷》，頁

註八　見〈中國唯一之文學報：新小說〉，《新民叢報》第十四號。又，收入陳平原、夏曉虹編《二十世紀中國小說理論資料·第一卷》，頁四一—四五。

註九　見〈新小說第一號要目豫告〉，《新民叢報》第十七號。

註一〇　見〈新小說社徵文啓〉，《新民叢報》第十八號。

註一一　見〈新小說第二號之內容〉，《新民叢報》第二十號。

註一二　見〈紹介新刊：新小說第一號〉，同上。又，收入陳平原、夏曉虹編《二十世紀中國小說理論資料·第一卷》，頁四〇。

註一三　同註八，頁四一。

註一四　見〈論小說與群治之關係〉，《新小說》第一號。又，收入《飲冰室文集》之十，頁一〇；阿英編《晚清文學叢鈔·小說戲曲研究卷》，頁一九；陳平原、夏曉虹編《二十世紀中國小說理論資料·第一卷》，頁三七。

註一五　同上。

註一六　同註三。

註一七　《新小說》第一號原作「鬼」，意不妥，《飲冰室文集》之十，頁九作「鬼」，據改。

註一八　參〈論小說與群治之關係〉，《新小說》第一號。又，收入《飲冰室文集》之十，頁八—一〇；阿英編

《晚清文學叢鈔・小說戲曲研究卷》，頁一七—一九；陳平原、夏曉虹編《二十世紀中國小說理論資料・第一卷》，頁三五—三七。

註一九　參本書第四章第一節。

註二〇　見同註一八。

註二一　見〈論小說與群治之關係〉，《新小說》第一號。又，收入《飲冰室文集》之十，頁八；阿英編《晚清文學叢鈔・小說戲曲研究卷》，頁一七；陳平原、夏曉虹編《二十世紀中國小說理論資料・第一卷》，頁三五。

註二二　見康有爲《日本書目志》卷十四識語，《康南海先生遺著彙刊》第十一冊，頁七三四；梁啓超〈譯印政治小說序〉，《清議報》第一冊；〈中國唯一之文學報：新小說〉，《新民叢報》第十四號。又以上三文均收入陳平原、夏曉虹編《二十世紀中國小說理論資料・第一卷》，頁一三、二一、四一。

註二三　見《新民叢報》〈本報告白〉，同註一。

註二四　參見《時務報》第十九冊。又，收入《飲冰室文集》之一，頁五八。

註二五　見《時務報》第四十四冊。又，收入《飲冰室文集》之二，頁五六。

註二六　見康有爲《日本書目志》卷十四識語，出處見註二二。

註二七　見《新小說》第七號。又，收入阿英編《晚清文學叢鈔・小說戲曲研究卷》，頁三〇八—三〇九；陳平原、夏曉虹編《二十世紀中國小說理論資料・第一卷》，頁六五。

註二八　見〈變法通議・論幼學〉，《時務報》第十六—十八冊。又，收入《飲冰室文集》之一，頁四八、五二、五四。

註二九　參見〈變法通議・論幼學〉文中「五曰說部書」一段，《時務報》第十八冊。又，收入《飲冰室文集》之一，頁五四。並參本書本章第一節。

註三〇　參見〈本館附印說部緣起〉，收入阿英編《晚清文學叢鈔・小說戲曲研究卷》，頁一〇—一一；陳平原、夏曉虹編《二十世紀中國小說理論資料・第一卷》，頁一〇—一一。

註三一　見《中國小說敘事模式的轉變》，頁二五五；又見《二十世紀中國小說史・第一卷》，頁一三。

註三二　見〈論小說與群治之關係〉，《新小說》第一號。又，收入《飲冰室文集》之十，頁六；阿英編《晚清文學叢鈔・小說戲曲研究卷》，頁一五；陳平原、夏曉虹編《二十世紀中國小說理論資料・第一卷》，頁三三。

註三三　見《清議報》第一冊。又，收入《飲冰室文集》之三，頁三四；阿英編《晚清文學叢鈔・小說戲曲研究卷》，頁一三；陳平原、夏曉虹編《二十世紀中國小說理論資料・第一卷》，頁二一。又，這段文字引自康有為《日本書目志》卷十四識語，出處見註二一。

註三四　參見〈論小說與群治之關係〉，《新小說》第一號。又，收入《飲冰室文集》之十，頁六—七；阿英編《晚清文學叢鈔・小說戲曲研究卷》，頁一五；陳平原、夏曉虹編《二十世紀中國小說理論資料・第一卷》，頁三三—三四。

註三五　同上。

註三六　同上。

註三七　見〈論小說與群治之關係〉，《新小說》第一號。又，收入《飲冰室文集》之十，頁七—八；阿英編《晚清文學叢鈔．小說戲曲研究卷》，頁一六—一七；陳平原、夏曉虹編《二十世紀中國小說理論資料．第一卷》，頁三四—三五。以下論述，均根據該文。

註三八　同註二一。

註三九　收入阿英編《晚清文學叢鈔．小說戲曲研究卷》，頁一二；陳平原、夏曉虹編《二十世紀中國小說理論資料．第一卷》，頁一一。

註四〇　可參見〈古今小說序〉與〈警世通言序〉，《喻世明言》，頁一；《警世通言》，〈序〉，頁二—四。

註四一　參本書第二章第二節。

註四二　此處「群書」指的是「說部書」。

註四三　見《時務報》第十八冊。又，收入《飲冰室文集》之一，頁五四。

註四四　參見〈自由書．傳播文明三利器〉所述，《時務報》第二十六冊。又，收入《飲冰室專集》之二，頁四一—四二。

註四五　見《晚清小說全集》第二七冊，頁一。又，收入陳平原、夏曉虹編《二十世紀中國小說理論資料．第一卷》，頁三七。

註四六　見《新民叢報》第十四號。又，收入陳平原、夏曉虹編《二十世紀中國小說理論資料・第一卷》，頁四一。

註四七　同上。又，收入陳平原、夏曉虹編《二十世紀中國小說理論資料・第一卷》，頁四二—四五。

註四八　同註四六。又，收入陳平原、夏曉虹編《二十世紀中國小說理論資料・第一卷》，頁四二—四三。

註四九　見李贄〈忠義水滸傳序〉，收入曾祖蔭、黃清泉、周偉民、王先霈選注《中國歷代小說序跋選注》，頁三七—三八。

註五〇　同註四〇。又參本書第二章第三節。

註五一　見曹丕〈典論論文〉，《文選》卷五十二，頁一二七一。

註五二　見劉勰《文心雕龍》〈序志〉，頁二九四。

註五三　同註五一。

註五四　見顧炎武《日知錄》卷十九〈文須有益天下〉，頁一四三九。

註五五　見〈警世通言序〉，《警世通言》，〈序〉，頁二。

註五六　見可觀道人〈新列國志序〉，收入黃霖、韓同文選注《中國歷代小說論著選》（上），頁二四〇。

註五七　見〈中國唯一之文學報：新小說〉，同註四六。又作者水準低落問題，早在〈變法通議・論幼學〉中便已談及，見同註四三。並參本書第三章第一節。

註五八　此指著小說書。

註五九　見同註四四。

註六〇　見同註四四。

註六一　見〈中國唯一之文學報：新小說〉，同註四六。

註六二　參陳平原《中國小說敘事模式的轉變》，頁四二—四四。並參本書第五章第三節。

註六三　見〈新中國未來記緒言〉，同註四五。

註六四　見〈新中國未來記緒言〉，《晚清小說全集》第二七冊，頁二。又，收入陳平原、夏曉虹編《二十世紀中國小說理論資料．第一卷》，頁三八。

註六五　同上。

註六六　同註六四。

註六七　韓邦慶，字子雲，筆名花也憐儂。著有《海上花列傳》、《太仙漫稿》等小說。

註六八　參阿英《晚清文藝報刊述略》，頁一二。

註六九　如「劄記體小說」、「傳奇體小說」乃以形式、體裁為區分，其他則主要據內容而分。

註七〇　參張朋園《梁啓超與清季革命》，頁二八六—三〇四。

第三節　「小說界革命」之影響及其對小說觀念之導引

「小說界革命」對晚清小說界產生莫大影響，是不爭的事實，但「小說界革命」一詞在〈論小說與群治之關係〉內提出以後，很少再被沿用或討論，即使梁啓超本人也幾乎未再提起，這並不表示「小說界革命」就此消失或不成氣候，它的實質影響與所掀起的浪潮，在在都足以證明，它已形成一項多人參與且層面廣泛的文學改革運動。「小說界革命」一詞之所以不大被提起，可能由於「革命」二字太過激烈，觸犯清廷禁忌。梁啓超身在海外，清廷鞭長莫及，但在國內，宣揚「革命」是一項禁忌。不過梁氏理論的主要精神和觀點，已經獲得廣大回響，大部分的實際改革行動，也得到國內小說界的支持並倣效。因此，「小說界革命」一詞，雖然很少被使用，但它所代表的小說改革理念與行動，實質上一直持續著，也因此，本節的影響探討不拘泥於詞彙問題，而著眼於小說界實際的創新與改革，並由這些創新與改革——無論是作品、理論或其他相關活動方面——導出小說觀念轉變的軌跡。

「小說界革命」是一項包羅廣泛、內涵複雜的改革運動，它的主要精神在革新，實際內涵則包括理論、創作兩大範疇。因爲包羅廣泛，影響層面也多樣而複雜。就創作部分來說，創作內容和思想的革新，是「小說界革命」的核心，其成績是締造出一批「新小說」作品。有關「新小說」作品的探討，將留待本書第五章。與創作相關的，還有小說類型的區分、發表園地的開闢等，將於下文論述。理論部分，「小說界革命」掀起小說理論探討的熱潮，而且主導小說論點的主流，也創新小說理論的形式。有關小說理論內在的探討，留待本書第四章，下文將就形式、風潮等外緣問題，先行討論。

一、出版與創作方面的影響

《新小說》作爲晚清第一部園地公開的小說雜誌，有許多作法對當時小說界都造成衝擊。首先，在它的號召之下，更多的小說雜誌相繼問世。研究者很早就注意到，晚清是一個「小說專門雜誌的時代」，(註一)這種文化特色的締造，應歸功於首開風氣的《新小說》。《新小說》創刊於光緒二十八年十月十五日(一九〇二年一一月一四日)，爲小說雜誌時代揭起序幕。自光緒二十八年至宣統三年(一九〇二—一九一一)清亡爲止，十年之間，創刊發行並以「小說」爲名的雜誌，據陳平原掌握的資料統計，達二十一種之多，(註二)平均每年出刊二種強。光緒二十八年以前的小說雜誌，則只有韓邦慶個人專屬的《海上奇書》，假使將兼刊詩、文、筆記、小說的文學期刊算進來，據今所知，也只多了《瀛寰瑣記》一種，(註三)而《瀛寰瑣記》創於同治十一年(一八七二)，也就是說，一八七二年至一九〇一年三十年間出現的刊載小說的文學刊物(兼刊或專刊)只有二種，一九〇二年至一九一一年十年間則出現二十一種，驟增十倍以上，若以小說專屬刊物計，則增加至二十一倍。刊物之繁盛、出版之密集，實爲空前未有之現象，《新小說》掀起之熱潮由此可見。可惜這批雜誌，今日多不易見，有不少已經殘缺散佚，甚至創刊、終刊時間也不詳確，現經影印再版，重新問世的小說期刊，據筆者所見僅有五種，包括號稱「晚清四大小說雜誌」的《新小說》、《繡像小說》、《月月小說》、《小說林》，此外還有一種《新新小說》。根據阿英的說法，「四大小說雜誌」是影響晚清文壇的主要刊物，也是「當時新傾向的代表」。（註四）因此筆者雖然所見有限，但根據這幾種有限刊物來探討晚清小說界的相關現象，應該還是具有相當代表性。

首先，由刊物名稱即可明顯看到《新小說》的影響痕跡，光緒三十年（一九〇四）創刊的《新新小說》、光緒三十三年（一九〇七）創刊的《廣東戒煙新小說》以及光緒三十四年（一九〇八）創刊的《新小說叢》等，（註五）皆襲用「新小說」三字爲名。〈新新小說敘例〉說明《新新小說》創刊宗旨時，完全承襲「欲新一國之民，不可不先新一國之小說」的說法，且進一步推衍，文云：

> 故欲新社會，必先新小說；欲社會之日新，必小說之日新。小說新新無已，社會之變革無已，事物進化之公例，不其然歟？……使無現頃之新，則向頃之新，或五十步而止矣；使無後來之新，則現頃之新，或百步而止矣。吾非敢謂《新新小說》之果有以優於去歲出現之《新小說》也，吾惟望是編乙冊之新於甲，丙冊之新於乙；吾更望繼是編而起者之尤有以新之也，則其有裨於人群豈淺鮮哉！（註六）

這裏完全吸收「新小說」的論點，認定小說革新有其必要，而且推衍其說，認爲革新是不斷進行，沒有止境的——「新新無已」。文中說明《新新小說》即立足於《新小說》「向頃之新」的基礎之上所出現的「現頃之新」的小說刊物，並冀望將來還有繼之而起的「後來之新」的刊物，繼續發揮革新的精神，以裨人群。這種觀點，也就是刊物名稱題作「新新小說」的緣故。《新新小說》第一、二號的內容編排，也是仿照《新小說》的分類方式，標上「政治小說」、「社會小說」、「歷史小說」的類名，將所有小說歸入各類之下，依序排列。採取同樣的分類「標籤」，作爲刊物編排方式的雜誌，還有《月月小說》、《小說林》、《中外小說林》、《廣東戒煙新小說》、《競立社小說月報》、《新小說叢》、《揚子江小說報》、《十日小說》等。（註七）以發刊詞而言，據筆者所見，明顯繼承「新小說」之說或受其影響者，除前述〈新新小說敘例〉而外，尚有〈月月小說序〉（註八）、〈新世界小說社報發刊辭〉、〈小說七日報發刊辭〉、〈小說林緣起〉、〈揚子江小說報發刊辭〉等。（註九）「四大小說雜誌」裏面，只有《繡像小說》的編印緣起，沒有直接提及「新小說」之說，但論點與梁啓超一向的主張頗爲相近。此外，文中的說法、用詞，與光緒二十六年十一月十一日（一九〇一年一月一日）刊載於《清議報》第六十八冊，署名「衡南劫火仙」所撰〈小說之勢力〉一文，多有雷同之處。〈本館編印繡像小說緣起〉一文，署名「商務印書館主人」，商務印書館的創辦人是夏瑞芳、鮑咸恩、鮑咸昌，（註一〇）但據說創辦《繡像小說》者，是編譯所所長張元濟，（註一一）雜誌主編則爲李寶嘉。（註一二）署名「商務印書館主人」的撰者，究竟是何人？並無直接資料可作依據。「衡南劫火仙」又是誰的筆名，亦未見可資依據的資料。假如兩篇文章的說法雷同不是抄襲的關係，那麼〈編印繡像小說緣起〉中的小說理念，是早在數年前便已存在。有意思的是，〈本館編印繡像小說緣起〉自稱「首輯此編」，並說「愛國君子，倘或引爲同調，暢此宗風，則請以此編爲嚆矢。著者雖爲執鞭，亦忻慕焉。」（註一三）似乎以首開風氣者自居。因爲《新小說》最初發行地是在日本橫濱，所以《繡像小說》的確是當時中國境內首度發行的小說雜誌，但「首輯此編」，「請以此編爲嚆矢」

的語意，是否專指中國境內之事而言，卻難以認定。唯《繡像小說》的編排方式，的確在當時的小說雜誌中獨樹一幟，它沒有替小說加上分類「標籤」，倒是應和〈編印緣起〉文中的說法，只強調「新編」二字。〈本館編印繡像小說緣起〉又談到中國的舊有小說，認爲中國的舊小說「非怪謬荒誕之言，即記污穢邪淫之事，求其稍裨於國、稍利於民者，幾幾乎百不獲一」。（註一四）對中國舊有小說採取否定態度，和梁啓超相同。但所謂「怪謬荒誕」、「污穢邪淫」，和梁氏「誨盜」、「誨淫」的說法，又同中有異。〈編印緣起〉一文中既否定舊有小說，雜誌內所載小說，如《文明小史》等，則標上「新編小說」之稱，這應當是呼應〈編印緣起〉一文的說法，特意欲與舊有小說有所分別。雜誌中繡像的安排，也是《新小說》和後來諸多小說雜誌所沒有的。由這些現象看來，《繡像小說》應是擁有自己的編輯理念，而未必一味追隨或仿繼《新小說》。但它出刊時間比《新小說》遲六個多月，小說論點與梁啓超夙昔所持者亦多相近，（註一五）很難說沒有受到《新小說》的刺激，不過它仍擁有自己的編輯理念和刊物風格，受《新小說》的影響比其他刊物少。

這批雜誌的誕生，對小說作者和讀者都是一種鼓勵。雜誌既然創刊，只要出刊不中斷，自然需要源源不絕的稿源，無形中有促使創作量增高的作用。吳沃堯從光緒二十九年（一九〇三）開始投稿小說作品，《新小說》第八號同時刊出他的《痛史》、《二十年目睹之怪現狀》和《電術奇談》三部作品。光緒三十年（一九〇四）又續投《九命奇冤》給《新小說》，並在《繡像小說》上刊出另一部作品《瞎騙奇聞》。光緒三十二年（一九〇六）起，吳氏主編《月月小說》，自光緒三十二年至三十四年（一九〇六—一九〇八）《月月小說》停刊爲止，先後刊出《兩晉演義》、《上海游驂錄》、《劫餘灰》、《發財秘訣》、《雲南野乘》以及短篇小說《慶祝立憲》等。光緒三十三年（一九〇七），又有《剖心記》刊於《競立社小說月報》。總計吳沃堯的作品，長篇小說十七篇，（註一六）其中一篇《白話西廂記》從未發表，而發表過的十六篇作品中，有十一篇都登載在小說雜誌上，短篇小說計十二篇，則全部由《月月小說》刊出。除吳沃堯的作品以外，當時不少重要的小說作品，都曾刊登在小說雜誌上，如《新小說》上有《黃繡球》，《繡像小說》上有《文明小史》、《老殘遊記》、《負曝閒談》、《鄰女語》，《小說林》上有《孽海花》等等，小說雜誌的重要性，可見一斑。而且，雜誌社的稿酬制度，（註一七）也是一項具體誘因。連夢青撰寫《鄰女語》，便是爲了菽水所需，（註一八）劉鶚撰寫《老殘遊記》，則是爲了幫助連夢青獲得更多收入，以維持生活。（註一九）稿源的需求和稿酬的設置，在某種機緣下，吸引一些有能力寫小說但可能原本無心從事寫作的人，也投入小說創作的行列，並因此創造出重要作品，這些應該也歸入「小說界革命」的成果。且這個成果不僅只是催導作品誕生，擴大作者群，同時也在無形中提升小說在中國文學中的地位，改變中國文學的重心。試著揣想，小說創作繁榮起來，當時所見的文學作品，極大數量皆屬小說；小說雜誌興盛起來，當時所刊行的文學雜誌，幾乎都以小說爲中心；再加上小說理論的鼓吹、提倡，時人所談、所見、所讀、所撰，小說都占有極重分量，自然而然，小說便不再是文學邊緣的游移分子，而搖身一變，成爲當代的文學重鎭了。

絕大部分的小說雜誌，採取小說分類的編排方式，對創作過程中題材的選取和思想、內容傾向，無形中也具有引導的作用，這種作用甚至影響到小說的理論和批評。吳沃堯就曾在「歷史小說」這一類上，貫注相當的心力。他撰寫〈歷史小說總序〉、〈兩晉演義序〉等，發揮其理論，又先後創作《兩晉演義》、《雲南野乘》，試圖實踐他的理論。當時的實際批評，特別是對傳統舊小說的批評，尤其喜歡加上分類的新「標籤」，如稱《鏡花緣》爲「科學小說」，（註二〇）《金瓶梅》爲「社會小說」，（註二一）《紅樓夢》爲「種族小說」，（註二二）《水滸傳》爲「社會主義之小說」。（註二三）從雜誌上的小說分類開始，到後來即使直接出版的單行本，也多標上類名，例如小說林社版的《閨中劍》標爲「家庭小說」，（註二四）改良小說社版的《黑籍冤魂》標爲「醒世小說」，（註二五）上海環球社版的《宦海》標爲「官場小說」，（註二六）廣智書局版的《恨海》標「寫情小說」，（註二七）科學會社版的《新孽鏡》標「社會小說」，（註二八）各種名目雜陳並出，形成小說界的另一股新風潮。這股小說分類的風潮，正如陳平原所指出的：

它起碼在三個方面起過很好的作用：對中國古代小說的重新詮釋，對小說創作規則的探討，以及對中國小說總體布局的改造。（註二九）

這三個方面的發展可能成效不一，陳平原認爲：

在建立規則以指導具體創作方面很難說有多大建樹；但在引進並提倡新類型，並因此改造中國小說的總體布局方面卻成績突出。（註三〇）

至於重新詮釋古代小說方面，「當時確實令人耳目一新」。（註三一）也就是說，對於分類所依據的規則理論，包括各類名的定義、各類小說的區分理論和創作理則，雖然有所探討，但整體說來，除了梁啓超曾熱衷於政治小說的闡發和鼓吹，吳沃堯曾努力探討歷史小說理論並實踐創作以外，其他各類小說的相關論述，顯得零散或隨意。不過在小說分類的幫忙下，時人發現了一些中國小說本來沒有的東西。在小說批評方面，他們獲得一種新的依據，用以批評當代或古代小說，特別是古代小說批評，他們憑藉這一新依據，採用新觀點、新角度，對古代小說重加詮釋，因而推翻了早期梁啓超等人，一再否定中國舊有小說的論點和態度，對《金瓶梅》、《紅樓夢》、《水滸傳》諸名作，重新予以肯定、讚揚。也許這些新的詮釋不無牽強比附之處，但它的確扭轉了看待舊有小說的偏頗態度。在小說作品方面，時人也發現有某些小說爲中國向來所無，因而積極提倡，並翻譯西方作品，如「政治小說」、「科學小說」、「探偵小說」等。（註三二）其中，因爲讀者和市場的因素，偵探作品成爲晚清翻譯小說大宗，「政治小說」和「科學小說」也陸續有所譯介。正如本章第二節論述過的，小說分類的根本目的，其實是追求新內容、新思想，以此革新中國小說，而新類小說的翻譯和提倡，也的確在某種程度上達到革新和改造的作用。不過筆者以爲，新類小說的翻譯雖多，創作卻不是很多。「政治小說」在梁啓超的鼓吹和示範之下，出現了一些創作，「科學小說」和「探偵小說」則幾乎都依賴譯品，稱不上確切落實到中國本土的創作。陳平原所謂「中國小說的總體布局」如果指的是中國本土的創作，那麼這方面的成績，也算不得「突出」了。不過陳平原所指的，如果只是中國境內的小說成品——不論創作或翻譯，那麼「總體布局」的改造，確實成績突出。此外，它開拓時人認識小說的新視野，促進理解所謂的新思想、新內容乃至新形式，對中國作家的寫作，仍有相當程度的刺激之功。有關小說寫作的轉變，請參考本書第五章，此不贅述。

小說原來就擁有廣大的讀者群，早期《國聞報》會選上小說作爲「使民開化」（註三三）的助力；後來梁啓超會疾呼以「新小說」爲「新民」的前提而高倡「小說界革命」，主要也是發現小說固有的影響力和讀者基礎。在此之前，小說的讀者群和影響力同樣受人注目，但注意到這種現象所採取的對待方式，是禁絕、遏止。在上位者一再下令禁絕，士大夫中所謂衛道之士，也以鄙視唾棄的態度，使它不能皇皇登入文學殿堂。

自道光二十年（一八四〇）至光緒二十六年（一九〇〇），清政府查禁小說的命令從未中止。據今所知，歷年查禁情形如下：

道光二十四年（一八四四），浙江紳士張鑒等陳情查禁淫詞小說。（註三四）

咸豐元年（一八五一），上諭嚴禁《水滸傳》。（註三五）

同治七年（一八六八），上諭嚴禁「邪說傳奇」。（註三六）

同治七年（一八六八）四月，江蘇巡撫丁日昌通飭查禁淫詞小說二百六十九種。（註三七）

同治十年（一八七一）六月，上諭嚴禁「坊本小說」。（註三八）

光緒十一年（一八八五），上諭申明對「造刻淫詞小說」者懲處絕不減輕。（註三九）

光緒十六年（一八九〇），同光緒十一年（一八八五）上諭申明事。（註四〇）

光緒十八年（一八九二）秋，上海縣受理書業董事管斯駿呈請飭查《倭袍》、《玉蒲團》、《紅樓夢》案。（註四一）

光緒二十六年（一九〇〇），同光緒十一年（一八八五）上諭申明事。（註四二）

可以看見，自中央朝廷至地方政府，自在朝官員至在野紳士，都曾對小說採取一致的禁絕態度，由這裏也可以了解，嚴復、夏曾佑、梁啓超諸人，一方面提倡小說，另一方面又對舊有小說深惡痛絕，實在也是歷來鄙視小說的傳統深入其心所致。但從反面看，小說禁令歷年不斷，正反映出小說的流傳難以禁絕，因爲流傳不絕而且影響民衆，中央和地方才須三令五申。光緒二十六年（一九〇〇）以後，查禁小說的令諭未再見到，而嚴、夏、梁等人提倡小說的言論，卻在甲午戰後一一出現，至光緒二十八年（一九〇二）「小說界革命」以後，終於掀起高潮。這數年間小說論述文字的發表情形如下：

光緒二十一年（一八九五）五月，傅蘭雅〈求著時新小說啓〉。（註四三）

光緒二十二年（一八九六）二月，傅蘭雅〈時新小說出案〉。（註四四）

光緒二十三年（一八九七）正月，梁啓超〈變法通議．論幼學〉，論「五日說部書」部分。（註四五）

光緒二十三年（一八九七）五月，康有爲《日本書目志》卷十〈教育門〉、卷十四〈小說門〉識語。（註四六）

光緒二十三年（一八九七）十月，梁啓超〈蒙學報演義報合敘〉。（註四七）

光緒二十三年（一八九七）十月—十一月，嚴復、夏曾佑〈本館附印說部緣起〉。（註四八）

光緒二十四年（一八九八）十一月，梁啓超〈譯印政治小說序〉。（註四九）

光緒二十五年（一八九九）八月，梁啓超〈自由書·傳播文明三利器〉。（註五〇）

光緒二十八年（一九〇二）十月，梁啓超〈論小說與群治之關係〉。（註五一）

這些篇章的影響力，有的大有的小，但它們逐步消解了長久以來的小說禁令。經由理論的鼓吹、提倡，改變朝野人士——尤其是士大夫階層心目中的小說觀感，促使小說脫去「地下讀物」的不名譽外衣，成爲公開閱讀、討論的對象。「小說界革命」大纛一揭，更促使小說的創作和印行，不但不是危害人心風俗的罪行，反而搖身一變，成爲救國新民的大業。觀感既經轉化，又有小說雜誌推波助瀾，創作量急劇升高，出版也迅速繁榮。根據《中國通俗小說總目提要》一書所收小說數量統計，有清一代出版小說計九九六種，其中光緒二十八年至宣統三年（一九〇二—一九一一），出版小說計五二〇種，光緒二十八年（一九〇二）以前出版的小說計四七六種，清代最後十年間所出小說，比前此二百五十餘年間出版的小說還要多出四四種。若以十年爲單位，西元一八九二年至一九〇一年出版小說計六八種，一九〇二年以後十年間出版數量爲一九〇二年以前十年間出版數量的七.六倍強。若根據日本清末小說研究會編《清末民初小說目錄》統計，西元一九〇二年至一九一一年出版小說更高達一〇〇一種，另有翻譯七九〇種。（註五二）小說出版之繁榮，數量之衆多，空前未有。此外由出版社名稱，也很容易感受到下述事實：這種急速變化的現象，其實是「小說界革命」打開的風氣所造成。當時的出版社有所謂「改良小說社」、「小說進步社」、「社會小說社」、「文明小說社」、「新新小說社」、「最新小說社」等，（註五三）不論是基於趕時髦的沽利心理，或確切有自覺的嚴肅使命，在在都足以說明「小說界革命」論點的影響實況。而創作和出版繁盛的事實，也加力推動小說觀念的轉型。

二、理論方面的影響

「小說界革命」打開創作和出版的風氣，同時也激起小說理論探討的巨浪。談到小說理論，〈論小說與群治之關係〉的帶頭作用，自然不可忽視。後起者的論評意見，不論是正、是反，是補充或修正，大半都針對或根據梁啓超的論點而發，或提出反駁，或進一步引申，即使別有見解，也將梁氏之文帶上一筆，可以很容易看到〈論小說與群治之關係〉普遍傳播與影響的情形。〈論小說與群治之關係〉這篇文章也是第一篇以專題論文的形式，探討小說理論的作品。專文探討小說理論，早在光緒二十三年（一八九七），便有《國聞報》的〈本館附印說部緣起〉。相應於小說雜誌的誕生，「緣起」、「發刊詞」等，也成爲晚清小說論文的特有形式之一。但訂定專題撰作成文，不得不推〈論小說與群治之關係〉影響最鉅。專題論文的形式本身，便帶有一種宣示作用，宣示小說理論可以是一項專門的、獨立的探討活動，不必依傍於作品——如序、跋、評點，或其他活動——如附印說部或創立雜誌而生，對理論探討的刺激，有其特定意義。再者，《新小說》上「論說」欄的設立，也爲小說理論專文確立發表園地，並以具在的發表空間，鼓勵小說理論探討。此外，創設「論說」欄，還有更積極的用意。〈中國唯一之文學報：新小說〉談到「論說」欄的宗旨云：

本報論說，專屬於小說之範圍，大指欲爲中國說部創一新境界。如論文學上小說之價値、社會上小說之勢力、東西各國小說學進化之歷史及小說家之功德、中國小說界革命之必要及其方法等，題尚夥多，不能豫定。（註五四）

由日後的發展來看，這個宗旨可以說大體達成了。從《新小說》開始，後起的小說雜誌，有的設置「論說」專欄，如《月月小說》、《小說林》、《中外小說林》（註五五）等；有的即使未設專欄，也刊登過小說專論，如《繡像小說》、《揚子江小說報》等。（註五六）這些篇章裏面，皆不乏重要的小說論點。此外，《新小說》又仿詩話、詞話體例，開闢〈小說叢話〉專欄，以小說話方式，發表小說理論或實際批評。此種「小說話」形式，仿繼者亦多。有刊於《月月小說》的〈說小說〉，刊於《新新小說》的〈小說叢話〉，刊於《小說林》的〈小說小話〉、〈觚葊漫筆〉、〈鐵甕燼餘〉；刊於《新小說叢》的〈新小說品〉、〈客雲盧小說話〉等。根據《中國近代期刊篇目彙錄》所收，十三種小說期刊裏面，登載過小說評論（包括實際批評和理論，下同）者計十二種，其中設「論說」專欄者計四種，曾載「小說話」者計七種。若以實際篇章爲計，十三種小說雜誌上，以專題論文形式發表的小說論文爲三二篇，以緣起、發刊詞、序、祝詞等形式發表的小說論文爲二七篇，「小說話」形式者爲一一種。其他發表於別種報刊的專題論文，或以序、跋、評乃至詩、詞等各種形式出現的篇章，更爲繁夥。發表密度之高，前所未有。根據阿英《晚清文學叢鈔．小說戲曲研究卷》所收，有關小說評論的篇章，包括專題論文、發刊詞、緣起、祝詞、序、跋、評、詩、詞、小說話等形式，總計有一九八篇，其中發表於一八七二年（同治十一年）至一九〇一年（光緒二十七年）之間者，僅得一二篇，發表於一九〇二年（光緒二十八年）至一九一一年（宣統三年）之間者，達一九八篇，也就是說，後十年的數量，爲前三十年數量的十五倍。據《二十世紀中國小說理論資料．第一卷》所收，一九〇二年至一九一一年有關小說理論和批評的篇章，更高達四七七篇，形成一股小說理論的探討熱潮。這一股熱潮，使晚清小說理論在中國小說理論史上綻放萬丈光芒，形成小說理論發展的高峰，並對小說觀念造成巨大衝擊，在理論意義和歷史意義上，都是非常值得重視的一個階段。而追本溯源，梁啓超和「小說界革命」之號召，功不可沒。

梁啓超和「小說界革命」的號召之功，不僅是激動風氣、增加論文數量而已，也引導理論探討的方向。如前文所引述，《新小說》「論說」欄的設計，曾預定數項論題。這些論題，透過〈論小說與群治之關係〉的示範與強力呼籲，後來絕大部分成爲小說評論者探討的課題。舉例來說，與「論文學上小說之價值」相關者，有：

楚卿〈論文學上小說之位置〉，《新小說》第三號，一九〇三年。

老棣〈文風之變遷與小說將來之位置〉，《中外小說林》第六期，一九〇七年。

與「東西各國小說學進化之歷史及小說家之功德」論題相關者，有：

〈英國小說家斯提逢孫傳〉（撰者不詳），《教育世界》第一四九至一五〇號，一九〇七年。

天僇生〈中國歷代小說史論〉，《月月小說》第十一號，一九〇七年。

〈中國小說大家施耐庵傳〉（撰者不詳），《新世界小說社報》第八期，一九〇七年。

天僇生〈中國三大家小說論贊〉，《月月小說》第十四號，一九〇八年。

起孟〈古希臘之小說〉，《紹興公報》，一九一〇年七月三一日至八月一日。

與「中國小說界革命之必要及其方法」論題相關者，有：

棣〈改良劇本與改良小說關係於社會之重輕〉，《中外小說林》第二年第二期，一九〇八年。

至於與「社會上小說之勢力」論題相關，尤其是響應〈論小說與群治之關係〉一文，談論小說與社會之關係，可以說是晚清小說理論的中心論題，這類文章出現得最多，如：

〈論小說與社會之關係〉（撰者不詳），《東方雜誌》第二年第八號，一九〇五年。

松岑〈論寫情小說於新社會之關係〉，《新小說》第十七號，一九〇五年。

亞蕘〈小說之功用比報紙之影響為更普及〉，《中外小說林》第十一期，一九〇七年。

陶祐曾〈論小說之勢力及其影響〉，《游戲世界》第十期，一九〇七年。

天僇生〈論小說與改良社會之關係〉，《月月小說》第九號，一九〇七年。

耀公〈小說與風俗之關係〉，《中外小說林》第二年第五期，一九〇八年。

專題論文而外，其他序、跋、評、詩、詞、緣起、小說話等各種形式的篇章裏面，涉及上述各項論題者，猶不遑計舉。顯示梁啓超和「小說界革命」的號召，不但帶動小說理論的熱潮，而且實質上主導了小說理論的論點傾向。

綜合以上所述，可以說「小說界革命」是憑藉小說本有的廣泛讀者群和影響力爲基礎，以載道思想爲動力，將小說提升到中國文學結構的中心，而對小說的勢力、價値、歷史發展、內容思想乃至藝術美感等相關問題，以新角度、新方法重加探索。它的理念內涵，透過上述出版、創作、理論等種種影響，傳播到各個角落，主導了晚清小說界的重要發展，它所塑造出的新觀念，也成爲晚清小說觀念的主流。

當然，「小說界革命」也有其負面影響。就小說雜誌的發行而言，《新小說》僅出刊三期，便發生嚴重脫期的現象。第四期的出刊延遲了五個月，第九期的出刊更延遲達十個月，此後仍未能按時出刊。此外，《新小說》上登載的作品，常常又未能完稿，梁啓超本人創作的《新中國未來記》，就只有五回稿本。雜誌脫期，可能由於經費不足、稿源不足或其他因素，不完全是主其事者不盡心力；作品中斷，可能也有事務繁忙、時間不足等外在原因。不過，雜誌脫期和作品中斷，都是一種不負責任的現象，以梁啓超和《新小說》當時的號召地位而言，這種現象絕不是好榜樣。晚清大部分小說雜誌，或多或少都出現過脫期現象，《中國近代期刊篇目彙錄》所收十三種小說雜誌裏面，曾經脫期者有八種，達六成以上。其餘五種，因爲資料不全，是否全數按期出刊，尙未可知。而影響力較大的四種主要期刊裏面，《新小說》、《月月小說》、《小說林》等三種都有脫期現象。當時發表於雜誌上，或單獨出版但未完成的小說作品，更是俯拾即得，這些未始不是梁啓超和《新小說》始作俑者的關係。這種情形也反應出當時的編輯和創作，可能是在條件還不很成熟或周詳的狀況下，便率爾從事，因此編輯和創作活動雖然可以維持一段時間，卻往往後繼乏力。這種做事態度和小說理論裏面論調誇張、熱情，思考卻不夠理性、深入的現象，似乎有相通的地方。梁啓超在〈論小說與群治之關係〉裏面，以雷霆萬鈞的氣勢，一下子將小說的影響能量提到頂點，他那「常帶感情」的筆鋒，固然鼓動了士子之心，激起小說界澎湃的熱情和風氣，但在無形中，也導引出一種激揚有餘、冷靜不足的時尚。這種時尚，致使部分小說論者，對論點思考不夠深入、論述不夠周延，以致所發表的理論和見解，客觀性和嚴謹性乃至正確性，都有可議之處。因爲相對於評論文字所表現出來的高昂情感，論點或見解的深度和廣度，就顯得偏低而不相稱。事實上，〈論小說與群治之關係〉裏面，情緒雖然高昂，論理倒也不失有深刻過人之處，但後起者也許才力不侔，就未必個個如是。種種現象，使後人對晚清小說界的諸多表現，難免生出熱鬧有餘，「漏洞太多」（註五七）的觀感。其中固然也有自覺之士，作了冷靜而深入的思考、反省，但時尚所趨，相形之下，他們的呼聲便不夠響亮了。

【附　註】

註　一　見樽本照雄〈日本における清末小說研究〉，頁三。

註　二　見《二十世紀中國小說史．第一卷》，頁六八—六九表五，如下：

一九〇二—一九一一年創刊的以「小說」命名的雜誌（報紙）

雜誌名稱	創刊時間	出版地	雜誌形式	編輯	期數
1. 新小說	一九〇二	日本橫濱(1)	月刊	梁啓超	二四
2. 繡像小說	一九〇三	上海	半月刊	李寶嘉	七二
3. 新新小說	一九〇四	上海	月刊	陳景韓	（一〇）
4. 小說世界日報	一九〇五	上海	日刊	（不詳）	（三〇〇）
5. 小說世界	一九〇五	上海	半月刊	（不詳）	（二）
6. 月月小說	一九〇六	上海	月刊	汪惟父、吳沃堯	二四
7. 新世界小說社報	一九〇六	上海	月刊	警僧	（九）
8. 小說七日報	一九〇六	上海	周刊	談小蓮	（五）
9. 小說林	一九〇七	上海	月刊	徐念慈	（一二）
10. 小說世界	一九〇七	香港	旬刊	（不詳）	（四）
11. 中外小說林	一九〇七	廣州	旬刊	黃伯耀、黃世仲	（三八）
12. 廣東戒烟新小說	一九〇七	廣州	周刊	李哲	（九）
13. 競立社小說月報	一九〇七	上海	月刊	彭俞	（二）
14. 新小說叢	一九〇八	香港	月刊	林紫虬	（三）
15. 白話小說	一九〇八	上海	月刊	姥下餘生	（二）
16. 揚子江小說報	一九〇九	漢口	月刊	胡石庵	（五）
17. 揚子江小說日報	一九〇九	漢口	日刊	胡石庵	（三〇）
18. 十日小說	一九〇九	上海	旬刊	環球社	（一二）
19. 小說時報	一九〇九	上海	月刊	冷血、天笑	三三
20. 小說月報	一九一〇	上海	月刊	惲鐵樵、王西神	一二六(2)
21. 小說畫報	一九一〇	（不詳）	月刊	（不詳）	六

(1)：第二年移至上海。

(2)：錄至一九二〇年。

註三　參阿英《晚清文藝報刊述略》，頁七一一三。晚清另有《四溟瑣記》、《寰宇瑣記》、《侯鯖新錄》等三種文學期刊，據阿英所述，此三種期刊均未見登載小說，故此處不計在內。

註四　見阿英〈清末小說雜誌略〉，收入張靜廬輯註《中國近代出版史料初編》，頁一〇四。

註五　參見註二。

註六　收入陳平原、夏曉虹編《二十世紀中國小說理論資料·第一卷》，頁一二四—一二五。此文撰者署「俠民」。

註七　見《中國近代期刊篇目彙錄》第三冊，頁二〇四一—二〇六一、二一二五—二一三一、二一七三—二一七七、二三〇五、二三〇六—二三〇七；第四冊，頁二三三一、二六五八—二六五九、二六九二—二六九三。

註八　見《月月小說》第一號。原文未署撰者名，但魏紹昌、陳平原等均認為乃吳沃堯之作，魏氏編《吳趼人研究資料》收此文於頁三一九—三二二；陳平原、夏曉虹編《二十世紀中國小說理論資料·第一卷》收錄此文時，亦加署撰者吳沃堯之名，見頁一六八。

註九　以上諸文均收入同註六，頁一八三—一八六、一九一—一九二、二三五—二三六、三五一—三五二。其中〈小說林緣起〉一文，又見於《小說林》第一期。

註一〇　見莊俞〈鮑咸昌先生事略〉，收入《商務印書館九十年》，頁六。

註一一　見曹冰嚴〈張元濟與商務印書館〉，收入同上，頁二二。

註一二　見阿英《晚清文藝報刊述略》，頁一七。

註一三　收入阿英編《晚清文學叢鈔·小說戲曲研究卷》，頁一四四；又收入同註六，頁五二。

註一四　同上。

註一五　參本書第二章第二節。

註一六　據魏紹昌編《吳趼人研究資料》統計。其中《四大金剛奇書》作者有疑議，又《活地獄》僅代撰一回，均不計在內。

註一七　參劉德隆〈晚清小說繁榮的兩個重要條件〉，《清末小說》第一三號，頁三六—三九；又參樽本照雄〈清末民初作家の原稿料〉，《清末小說から》第一五號，頁一—七，此文後收入樽本照雄《清末小說論集》，頁四一七—四二四。

註一八　參劉大紳〈關於老殘遊記〉，收入劉德隆、朱禧、劉德平編《劉鶚及老殘遊記資料》，頁三九二。

註一九　同上。

註二〇　見定一〈小說叢話〉，《新小說》第十五號。又，收入阿英編《晚清文學叢鈔·小說戲曲研究卷》，頁三四二；同註六，頁八一。

註二一　見平子〈小說叢話〉，《新小說》第八號。又，收入阿英編《晚清文學叢鈔·小說戲曲研究卷》，頁三一五；同註六，頁六八。

註二二　見天僇生〈論小說與改良社會之關係〉，《月月小說》第九號。又，收入阿英編《晚清文學叢鈔·小說戲曲研究卷》，頁三七；同註六，頁二六三。

註二三　見天僇生〈中國三大家小說論贊〉，《月月小說》第十四號。又，收入阿英編《晚清文學叢鈔・小說戲曲研究卷》，頁一〇一；同註六，頁三二四。

註二四　見《中國通俗小說總目提要》，頁九五五。

註二五　同上，頁一一二九。

註二六　同上，頁一一二七。

註二七　同上，頁九五七。

註二八　同上，頁九五三。

註二九　見〈論清末民初小說類型理論〉，《清末小說》第一三號，頁四。

註三〇　同上，頁七。

註三一　同上，頁五。

註三二　參同上，頁七。

註三三　見〈本館附印說部緣起〉，收入阿英編《晚清文學叢鈔・小說戲曲研究卷》，頁一二；又收入同註六，頁一二。

註三四　見阿英〈關於清代的查禁小說〉，收入《小說二談》，頁一四一；又收入《阿英文集》，頁三二五。

註三五　見安平秋、章培恒主編《中國禁書大觀》，頁一二七。

註三六　同上。

註三七　同註三四，收入《小說二談》，頁一三七；又收入《阿英文集》，頁三三二。

註三八　同註三五。

註三九　同註三五，頁一二八。

註四〇　同註三五，頁一二八。

註四一　見平夫、黎之編著《中國古代的禁書》，頁三三。

註四二　同註三五，頁一二八。

註四三　見《萬國公報》第七十八冊。

註四四　見《萬國公報》第八十六冊。

註四五　見《時務報》第十八冊。又，收入《飲冰室文集》之一，頁五四；同註六，頁一二—一三。

註四六　見《康南海先生遺著彙刊》第十一冊，頁四一五、七三四—七三五。又，收入同註六，頁一三—一四。

註四七　見《時務報》第四十四冊。又，收入《飲冰室文集》之二，頁五六—五七。

註四八　收入阿英編《晚清文學叢鈔・小說戲曲研究卷》，頁一—三；同註六，頁一—二。

註四九　見《清議報》第一冊。又，收入《飲冰室文集》之三，頁三四—三五；阿英編《晚清文學叢鈔・小說戲曲研究卷》，頁一三—一四；同註六，頁二一—二三。

註五〇　見《清議報》第二十六冊。又，收入《自由書》，《飲冰室專集》之二，頁四一—四二；同註六，頁二三。

註五一　見《新小說》第一號。又，收入《飲冰室文集》之十，頁六—一〇；阿英編《晚清文學叢鈔‧小說戲曲研究卷》，頁一四—一九；同註六，頁三三—三七。

註五二　以上所述統計數字，均參劉德隆〈晚清小說繁榮的兩個重要條件〉，《清末小說》第一三號，頁三一—三二表一、表二、表三。

註五三　見《中國通俗小說總目提要》，頁一一一〇、一一二一、一一一二、一一一三、一一九六、一一五〇。

註五四　見《新民叢報》第十四號。又，收入同註六，頁四二。

註五五　《中外小說林》專登小說論文的專欄，名稱爲「外書」。

註五六　以上刊物的論說專欄與小說論文目錄，分別見《中國近代期刊篇目彙錄》第三冊，頁二〇四—二〇六一、二二二五—二二三二、二二七三—二二七七；第二冊，一一〇三—一一一五；第四冊，二六五八—二六五九。

註五七　用陳平原語，見〈論清末民初小說類型理論〉，《清末小說》第一三號，頁八。又，參陳平原《二十世紀中國小說理論資料‧第一卷》〈前言〉，同註六，頁一—一三。

第四章　理論和實際批評中小說觀念之轉變

第一節　小說之社會性質論

本章嘗試將理論和實際批評畫分開來，章目所訂的「理論、批評」，便是指理論和實際批評二個層次。不過要在兩者之間劃出明確的一條界線卻很困難，這是文學研究區分上經常面臨的問題，它們各擁有不同的核心，在邊緣地帶卻有所交集而模糊不清，硬要在兩者中間畫線幾乎是不可能，或許也沒必要。就實際資料而言，一篇文章很可能重在探討理論，同時兼及批評作品；以批評爲主的文章，也可能暫時離開作品，談一談理論概念。但這並不表示理論和批評可以混爲一談，它們是兩個不同核心的產物，大致上的區分也並非不可能，而且區分它們有助於研究和論述的清晰、方便，所以，雖然在處理之時難免會碰上模稜兩可的情況，本章仍試著去做，並依據個人體會，試訂區分的準據。基本上，「理論」所談的論點是由多部小說綜合、歸納而來，其論述通常適用於多部小說甚至可達全部小說；「實際批評」的意見卻主要針對一部特定的具體作品而發，其論述通常僅適用於該部作品。例如〈論小說與群治之關係〉和〈小說原理〉二文所指的小說，並不是某一部特定的作品，文內談論的是適合於許多小說的共通性論見，應該是屬於理論層次的文章。平等閣主人的〈新中國未來記第三回總批〉、燕南尙生的〈新評水滸傳敘〉、〈新或問〉、〈命名釋義〉等，主要針對一部特定的作品，論述與該作品有關的各種意見，應該屬於實際批評。另外也有兼融理論與批評於一爐的論述，王國維的〈紅樓夢評論〉可爲代表。文中首先提出「人生及美術」的理論通則，據此檢視我國文學作品，而論斷《紅樓夢》爲「我國美術上之唯一大著述」，（註一）並對《紅樓夢》之精神、美學價值、倫理學價值等方面，予以探討論究，既有理論層次的論點，也有實際批評層次的意見，應該沒有必要硬把它專屬於理論，或專屬於實際批評。至於序、跋、緣起之類的文字，有些是談論某部特定作品的內容、意涵、寫作緣起等相關事項，則歸入實際批評一類；也有些不談作品而論述通則性理念，則列於理論一類。理論與批評二者界限雖無法涇渭分明，但將力求客觀、合乎事實。

小說社會性質論和文學本質論的區分，也有類似狀況，不易在兩者之間畫出清晰分明的邊界，只能掌握核心，做大體性的判別。這樣的判別雖不十分嚴明，卻比較容易凸顯晚清小說理論和小說觀的特色與系統。這種作法是對小說理論的論點予以整理、歸納、分類，但一篇文章很可能不只擁有一個論點，有些屬於社會性質論，有些屬於文學本質論，論者的主張也可能兼括二個範疇，所以大部分時候，本章的論述將突破文章或論者的樊籬，讓不同的論點各自獨立，分開論述，但必要的時候，會作整合性的討論，以便了解某篇文章或某位論者的觀點是否一致。

晚清小說理論的發展，大致上形成兩大體系。一是以改良社會論爲中心，並爲了配合改良社會的理想，而發展出新的創作觀、閱讀觀，乃至小說地位的新評價。這一系統側重小說的影響作用、社會功能，故歸之於小說社會性質論。另一系統從美學角度探討小說本質、藝術特色，並據此從事實際批評或探討寫作準則，因爲側重點在於小說的文學本質，故歸之於小說文學本質論。論者中有兼攝兩大範疇者，文內將會辨析說明。

就事實而論，小說成爲晚清末十年的文學重鎭，並非由於它的文學特色，而是由於它社會作用的特色，晚清小說理論的重心，也不在文學本質的探討，而大部分在社會性質的探討。但是社會作用的特色，實無意抹煞小說的文學本質，也不可能抹煞。雖然由於社會作用的極度強調，以致產生小說在理論方面忽略藝術探討，作品方面出現藝術粗糙的現象，然而社會作用的凸顯，卻幫助小說理論和作品取得生存空間，得以在文學界立足並繁榮興盛，這是小說及其理論能夠發展的前提，小說觀念的根本性變化，也由此產生。

社會性質論是晚清小說理論的主流，資料數量占有絕大部分，理論系統也比較完整。這方面的論者包括嚴復、夏曾佑、梁啓超、邱煒萲、狄葆賢、吳沃堯、王鍾麒、陶祐曾、黃伯耀以及《新小說》、《新世界小說社報》、《月月小說》、《中外小說林》上的其他論者，其他雜誌上也還有一些論者，人員數量和分布範圍，都相當可觀。社會性質論的理論系統，大體上可區分爲三個層次，一是改良社會論，主要在探討小說對社會的影響、功能，以追求小說的社會實效爲標的。二是善作善讀說，乃爲追求社會實效，而發展出來的創作論與閱讀論。三爲小說地位論，是當世對小說的新評價，此一評價則基於小說對社會的貢獻而重估。下文將分別論述。

一、改良社會論

最早提出這類主張，且以小說理論專文形式發表的，應推《國聞報》上的〈本館附印說部緣起〉，（註二）一般認為這篇文章是嚴復和夏曾佑合撰。（註三）但影響晚清小說界最大者，則是梁啟超及其〈論小說與群治之關係〉。〈論小說與群治之關係〉不但是專文形式，而且首闢專題形式。此文與梁氏論點，本書第三章已經詳述，此處要補充的，是嚴復和夏曾佑的論點。

嚴復、夏曾佑和梁啟超是朋友，同時也都是甲午戰後鼓吹維新變法的同志。他們發掘並宣揚小說的社會作用，出發點實是為了維新變法的需要。他們共同體認到「中國民智極塞」（註四）的事實，認為開啟民智是維新自強的本源，而小說是開啟民智的一把鑰匙，因為中國民眾的習性、智識，受小說影響極大。〈本館附印說部緣起〉的建樹在於運用進化論原理，（註五）證成人類有公性情二：「一曰英雄，一曰男女」，（註六）以此說明古人事蹟感動後人、流傳不歇的內在原理，據此進一步發展出書籍有「五易傳之故」與「五不易傳之故」，（註七）而以「五易傳之故」說明小說影響人心、左右風俗的原理，也肯定小說的教化力量，最後得出的結論——亦即該報附印小說的目的為：

> 而本原之地，宗旨所存，則在乎使民開化。（註八）

「使民開化」和「改良社會」，基本精神多少還是有些差距，前者顯得溫緩些，含蓄些；後者顯得激進些，明確些。嚴、夏可能還不那麼積極地想把小說當作一種宣傳武器，他們雖然肯定小說的教化作用，但對於文學究竟能發揮多大以及多快的社會功能，還是持比較保留的態度，特別是要追求比較具體，改變也相當劇烈的實際目標時。梁啓超則不然，後繼的論者尤其不然。他們將政治改革、社會改革、知識改革、道德改革，幾乎當時中國應當革新的所有事項，都寄望於小說之上，他們信服小說的影響力，信服小說社會功能的「速力」（註九）。這種信服是一種很堅強的力量，改良社會論得以發展出一套豐富而堪稱完整的理論系統，小說觀念得以在那短暫的十年之間產生劇烈的變化，實際上都有賴於它。

「改良社會」其實等於「改良群治」，（註一〇）梁啓超提出「改良群治」一詞，後來的小說界則習用「改良社會」一語。此處所謂改良社會論是一個代表名詞，包含以小說開化下民、輸入文明、灌輸知識、輔助道德、改良風俗、改良政治等各方面的內涵。當時的論者對改良社會的意涵，並沒有給予明確界定，每個人各憑己意抒論，改良的事物包羅萬象，也沒有嚴格的範限，具體如破除迷信，提倡女權；籠統如文明進步，國家發達等，皆兼容並包。

下文將自「小說界革命」之後，即光緒二十九年（一九〇三）起，至宣統三年（一九一一）止，逐年引述各家說法，以見改良社會論貫穿當時小說界及其發展之狀。

光緒二十九年（一九〇三）〈月界旅行辨言〉（註一一）談到小說的勢力時說：

故掇取學理，去莊而諧，使讀者觸目會心，不勞思索，則必能於不知不覺間，獲一斑之智識，

破遺傳之迷信，改良思想，補助文明，勢力之偉，有如此者！（註一二）

小說易於閱讀、吸收的特性，在當時已成爲小說論者的共識，這得歸功於梁啓超「二種德、四種力」（註一三）的大力倡說。這種特性，是改良社會的憑藉力量，透過它，小說才能進入讀者心中，並把知識、思想、文明種種事物帶進讀者心中，達到改良社會的目標。上引這段文字，提到了獲取智識、破除迷信、改良思想、補助文明等項目，嚴格地說，也許文明一語便足以作爲代表，不過當時的論者常常像這樣堆砌詞語，或許在氣勢上可以加強小說功能的偉大感。無論如何，這種敘述方式乃當時所習見。

光緒三十年（一九〇四）海天獨嘯子（註一四）〈女媧石凡例〉云：

近來改革之初，我國志士，皆以小說爲社會之藥石。（註一五）

以小說作爲改革社會的良方，是對小說看法的一種轉變，這句話傳達出時人對這種轉變的體認，「小說爲社會之藥石」這種主張，本身就是小說觀念的改革。

光緒三十一年（一九〇五）〈論小說與社會之關係〉（註一六）認爲小說和社會關係密切，而小說的社會功能，應提倡者有兩方面：

其一，當補助我社會智識上之缺乏。……其二，當矯正社會性質之偏缺。（註一七）

該文認爲當時所缺乏的社會智識，是「科學上之智識」、「物質上之智識」與「國家思想」，（註一八）前二者所指的大約是科學知識和科學的實證方法。（註一九）所缺乏的社會性質有四項，「深厚」、

「精細」、「復仇之風」、「尚俠之風」。(註二〇)深厚用以矯正當時社會「人只知有目前，而不顧日後；只知有一己，而不顧大局」(註二一)的淺薄習性。精細用以矯正做事草率不務實的「粗忽之性」(註二二)。復仇之風是爲號召同仇敵愾，共禦外侮的精神。尚俠之風目的在振奮積極精神，對於合理、合義等應爲之事，須奮身盡力爲之。這篇文章比較有條理，也比較具體提出應改良的事項。

光緒三十二年(一九〇六)陸紹明(註二三)〈月月小說發刊詞〉說：

今也……實爲小說改良社會、開通民智之時代也。本社集語怪之家，文寫花管；懷奇之客，語穿明珠，亦注意於改良社會、開通民智而已矣。此則本誌發刊之旨也。(註二四)

「文寫花管」，「語穿明珠」二語，表示並沒有抹煞小說是文學作品的一種，但論者所要強調的，還是「改良社會、開通民智」之類的社會功能，社會功能是晚清小說理論界注意的焦點。

光緒三十三年(一九〇七)陶祐曾(註二五)〈論小說之勢力及其影響〉引西人的說法以爲強調：

西哲有恒言曰：小說者，實學術進步之導火線也，社會文明之發光線也，個人衛生之新空氣也，國家發達之大基礎也。(註二六)

引西方看法，是當時小說論述中常見的論證法。西方小說地位「崇高」、創作發達，是當時小說界新認識到的事實，論者提倡小說固然因應時代需要而生，其中主要也抱有學習西方的心理，因此引述西人看法，便有訴諸權威的意味。「西哲有恒言」的「哲」「恒」更加強所引那段話的「經典」性，這種論證方式的說服力在當時幾乎是顛撲不破的。

光緒三十四年（一九〇八）燕南尙生（註二七）〈新評水滸傳敘〉云：

小說爲輸入文明利器之一，此五洲萬國所公認，無庸喋喋者也。（註二八）

把小說當作一種利器，是小說提倡者的根本心態，把小說的社會力量看得如此之大，則是前所未有的現象，小說的利用性可說提到了頂點，它因此變得很重要，同時也變成一種工具。

宣統元年（一九〇九）報癖（註二九）〈揚子江小說報發刊辭〉說：

莊言莫能推廣，小說因以萌芽。至若干寶《搜神》，《齊諧》志怪，李肇補史，鄒衍談天，輸美麗之潮流，含勸懲之目的，維持社會，鼓吹文明，猗歟盛矣！（註三〇）

文中所說「莊言莫能推廣」，是否果眞爲古代小說萌芽的原因，姑且不論。論者以此解釋古代小說產生之因，其實是當時小說盛起之因的一種投射。眞正感到「莊言莫能推廣」的，是當時的小說提倡者。嚴肅的經史典籍無法教育民衆、傳播思想，因爲經典的嚴肅性與文言寫作，根本使民衆拒之於閱讀之門外，而小說輕鬆淺白的文字，普受民衆喜愛，提倡者發現這是一個很好的教育管道與傳播途徑。大力鼓吹小說的理論與行動，也就因此產生。所以，「莊言莫能推廣」其實是晚淸此時盛行的看法，報癖用它來闡釋古代小說產生之因，可能有以今律古的嫌疑。不過根據此一投射，反過來可以看到當時論者的想法。「輸美麗之潮流」以下四句，也是當時人對小說作用的看法，有趣的是，這裏出現的是一種綜合性的看法。「維持社會，鼓吹文明」爲新小說論者的主張，「勸懲」屬於傳統以來的教化作用，「輸美麗之潮流」則兼顧到文學，可能還包括美學的特質。小說美學的提出分別在光緒三十年（一九〇四）、三十四年（一九〇八）之時，乃王國維、黃人、徐念慈等提出的主張，報癖寫作此文之時可能已接受美學的看法，所以有「美麗」一詞出現。以報癖對當時各種小說雜誌的熟悉程度，（註三一）即便未注意王氏之文，但至少看過黃、徐之文是很有可能的，然而他的整體傾向，還是比較偏重於勸懲、社會、文明，因爲該文最後重述「忝木爲鐸，聊當洪鐘」，「藉齊東語，醒亞東民」（註三二）爲辦報、刊載小說之宗旨。或許也可以把這篇文章看作一個實例，反映出當時小說理論的主流。

宣統二年（一九一〇）陸士諤（註三三）〈新上海自序〉文中設爲主客問答，談到小說作品應否滑稽詼諧的問題，「客」認爲既要振起小說，便不宜詼諧輕佻，陸士諤則認爲：

> 顧主文譎諫，旨在醒迷；涉筆詼諧，豈徒罵世；第求有當，何顧體裁。……況小說雖號開智覺民之利器，終爲茶餘酒後之助談，偶爾詼諧，又奚足怪？客默而退，士諤遂潑墨揮毫，草問答辭爲《新上海》序。（註三四）

這一段文字主要在替他的作品——《新上海》中詼諧的成分作辯解，重點在於表達滑稽詼諧並不妨礙譎諫醒迷的正道宗旨。「況小說」一句近於反諷，並且有點故意自貶身價，可說是一種以退爲進的辯解方式。意思並非指小說終究只是消閑談資，眞正的用意是要說滑稽詼諧並不妨礙開智覺民。不過由這裏也透露一些訊息，小說是茶餘酒後的談資，和小說可以譎諫醒迷、開智覺民，究竟哪一種看法合乎小說本色，可能是一個頗引人爭議的問題。兩者其實代表兩種小說觀念，兩者之間本來是衝突關係，這是文中陸士諤所以能駁倒「客」之問難的原因，他以茶餘談資的立場打敗了「客」反對詼諧的說法。

但開智覺民之說的興起，原本頗有矯正視小說爲茶餘助談的意味，此文卻似又透露，不論小說的社會功能如何正大，仍不脫茶餘談資的原有角色，只是論者也並不完全否認開智醒迷的社會功能。宣統三年（一九一一）〈創辦大聲小說社緣起〉（註三五）談到：

> 小說之力，足以左右風俗，鼓吹社會，敦進國民之品性，催促政治之改良，不僅茶餘酒後供人談笑已也。（註三六）

這一段再度顯示兩種小說觀的交戰狀態。不僅在茶餘酒後供人談笑便罷了，表示仍有人視小說爲談笑之資。事實上，改良社會論的聲勢在宣統改元之後，有急速萎縮的趨勢，政局變化對此一論點的確可能構成打擊，因爲改良社會論的終極關懷，在於國家維新改革，而光緒帝是晚清維新分子心目中的英主，光緒年間的維新運動聲勢也較壯大。不過，雖然茶餘談資的觀念仍舊存在，「左右風俗，鼓吹社會」的呼籲也未盡衰竭，「大聲小說社」取名「大聲」二字，便頗有振衰起弊之概。

縱觀晚清小說理論發展概況，梁啓超〈論小說與群治之關係〉爲一轉捩點，改良社會論經此號召，迅速風行小說界，論點探討的盛況，以光緒年間爲主，論文發表的數量，以光緒三十三年（一九〇六）至三十四年（一九〇八）之間爲最多。（註三七）改良社會論的主旨在於發揮小說的社會功能，作爲一種教育、傳播管道，將當代所需的新智識、思想、精神傳導給社會大衆。它的論點原本有打破舊日視小說爲遊戲消閑之資觀點的企圖，但結果它並未全然打破，終晚清之世，兩者乃以看似衝突，實際並存的方式持續進行交戰。基本上，光緒二十八年（一九〇二）以前屬於醞釀階段，嚴復、夏曾佑與梁啓超的早期論述，逐步醞釀出新的小說觀點，他們的言論雖未立即蔚成風氣，卻一點一滴、逐層逐級在扭轉舊有的小說態度和觀念。光緒二十八年（一九〇二）是一個轉捩點，梁啓超的理論成熟，破繭而出，且因言論地位崇高，號召迅速，小說理論界以相當快的速度，響應他的理論，並發展出更豐實的內涵，開拓出更多更深入的論點，而在光緒三十三、三十四年（一九〇七、一九〇八）間達到巔峰。盛況期間，改良社會論始終居於主流，舊有的小說觀念以一種沉潛姿態隱伏著，偶爾也會伏流出地，但大概一現即沒，保持潛伏態勢。宣統年間（一九〇九－一九一一）改良社會論聲勢較歇，舊有觀點復較爲顯現，但改良社會論固然未能完全打破舊有觀點，舊有觀點也無法重新取代新論，新舊雖然並存，而新的觀點已取得一片廣大天地。

改良社會論大體上以梁啓超的理論爲中心，超越舊有的教化觀，而追求更有效的手段以及更具體的理想，但也有不少論者以融合的姿態，將教化觀點包納其中，由於應該改良的社會現狀過於廣泛龐雜，論者也未將小說可能達及的範圍予以界定，因此，改良社會論主張改良的事項顯得漫無邊際，小說的社會功能也顯得無所不包，無所不能，以致予人過分誇大之感。不過，與其說它誇大，倒不如說它不明確也許更合乎實情。當日論者雖不斷強調小說的社會功能、實效目標，事實上憑藉小說的力量，可以達成多少社會改革事項或達到什麼程度，他們也無法明確把握。總之，社會改革是一個籠統的理想，因爲範疇過於龐雜而不易把握。但運用小說爲管道，卻是一個肯定的理念。由此掀起對小說的重視，也是一個不爭的事實。小說讀者廣大，深入民間，是一項長久以來被忽略，甚至故意掩抑的事實，現在，小說論者決定承認這個事實，並好好地運用它。

改良社會論裏面，有些論者值得提出特別討論，以便深入了解其中觀點。當時重要的小說論文——尤其是專題論文——幾乎全部發表在雜誌上面，發表的雜誌又以小說雜誌居絕大部分。其中將改良社會論發揮得最淋漓盡致者，當非《中外小說林》莫屬。《中外小說林》上面總計發表專題論文十九篇，是所有小說雜誌裏面，發表論文數量最多的。據此十九篇論文內容，可以歸納出一個理論核心，即灌輸知識論。

《中外小說林》上的論文皆未署撰者眞實姓名，所署筆名計有老棣、伯、老伯、耀、耀公、棣、光翟、棠、世、亞蕘、公、謦庵等，據《中國近代期刊篇目彙錄》所言，《中外小說林》編務「似均爲黃伯耀、黃世仲等所主持」，（註三八）假若此說無誤，那麼小說論文上署名伯、耀、耀公、光翟（拆「耀」字而成）者，可能皆黃伯耀（註三九）之作。至於棣、老棣的署名，也可能出自同一人。而署名老棣所撰的〈文風之變遷與小說將來之位置〉文中，有一段和署名耀的〈學校教育當以小說爲鑰智之利導〉一文裏面說法雷同，（註四〇）署名棣的〈小說種類之區別實足移易社會之靈魂〉和署名耀公的〈小說發達足以增長人群學問之進步〉二文內也有一段雷同的文字，（註四一）此外，署名耀公的〈普及鄉閭教化宜倡辦演講小說會〉和署名老棣的〈學堂宜推廣以小說爲教書〉二文裏面，也有一段論述採用相同的筆法，（註四二）再者，這些文章的用詞、行文風格，頗多相似之處，皆有怪澀文風。（註四三）種種跡象顯示，這些文章應該都出自同一人之手。此外，署名棠所撰的〈中國小說家向多托言鬼神最阻人群慧力之進步〉一文中，諸多用語與署名耀公的文章用語相同，如題目「慧力」一詞，亦見於耀公〈探險小說最足為中國現象社會增進勇敢之慧力〉之文題；文中「然則小說之支配於世界上，固不切且要耶？」一句，（註四四）與伯耀〈小說之支配於世界上純以情理之眞趣為觀感〉文中「即小說之支配於世界上，何莫不然哉！」一句，（註四五）用語、句法相近，而二篇文章中「小說之支配于世界上」一語凡三見。其他用語相同者尚有。又《詩經》〈小雅〉有〈常棣〉篇，「常」，今作「棠」；「常棣」即「棠棣」。故署名「棠」與署名「棣」、「老棣」者，可能即據〈常棣〉典故而拆用之。也就是說，署名伯、耀、耀公、光翟和署名棠、棣、老棣的文章，其實都是黃伯耀的作品。這樣一來，這些文章的論點有雷同、相通或可以繫連之處，便很容易理解了。

黃伯耀主張小說可以灌輸知識，他的論述可分為三個層次，一是知識可以救國，二是小說可以灌輸知識，三是所謂知識問題包含啓民智、壯民氣。〈文風之變遷與小說將來之位置〉云：

> 傳世者注重道德問題。顧在今日，則區區言道德不足以救國；且以今日為知識競爭時代，則必有注重道德問題，而尤注重夫知識問題者。合上、中、下三流社會於一爐而冶之，庶足以啓民智、壯民氣。如是，則舍小說其曷由哉？舍小說其曷由哉？（註四六）

這是一段很有代表性的話，將三個層次都囊括其中。文中「傳世者」指「傳世之文」，如「聖經賢傳」這一類「正論莊言」的文章、典籍。（註四七）這一類作品，就寫作方式來說，「用筆高冥，入理深刻，無以啓發下流社會」；（註四八）就寫作內容來說，注重道德問題，適合安定恒久的社會，而不適合當時劇變的時代。黃伯耀認爲當日屬於知識競爭時代，這個說法顯示他對時代變化相當有洞察力，而且是一位比較能夠因應情勢、接受改變的人，所以他的某些看法，在時人當中，算是比較進取、更新的。當時中國每和西方交手一次，就失敗一次，西方的科技、文明乃至思想、文化，藉一次又一次的軍事勝利築高其優越性。中國的傳統學術，不足以應「世變之亟」（註四九），輸入西方學術爲當前「救亡」（註五〇）根本之道，這是甲午戰後以來，中國知識界極力鼓吹的主張。黃伯耀認爲道德不足以救國，「道德」是「傳世之文」所注重的問題，「傳世之文」指的又是我國傳播「聖經賢傳」之文，所以黃氏「道德」和「知識」之分，背地裏其實是「中學」和「西學」之分。道德不足以救國，也應和了知識界西學救亡的主張。知識問題不但須注重，且須注重普及上、中、下三流社會，而「捷於開發上、中、下流社會者」（註五一），則非小說莫屬，所以黃氏斷然說道：

> 敢決自今以往，爲灌貫知識計，勢將敝屣群書，而小說於社會上之位置，其將爲文壇盟主哉！
>
> 蓋知識競爭之時代，凡風氣上之變遷，固有不得不然者也。（註五二）

〈小說發達足以增長人群學問之進步〉一文中也有相似的斷語，文云：

> 金人瑞之言曰：逆料二百年後，群書無可讀，且不必讀，而亦已廢盡，悉成爲小說世界已。噫！今何驗哉！吾敢一言蔽之曰：小說者，學問之渡海航也。（註五三）

「知識」和「學問」字面不同，詞義也不完全相等，但在黃氏文中，似無嚴格區別，上引二篇文章中所談的「知識」和「學問」，內容頗多交集，乃至與其他文章所用的「智慧」、「智識」，也有混爲一談的現象，這也可以解釋前引〈文風之變遷與小說將來之位置〉的一段文字中，「注重夫知識問題」和「庶足以啓民智、壯民氣」上下連文的道理。黃氏所謂「知識」，原來是一個籠統的指稱！所以他曾提到的交涉詞令、獨立思想、尊漢統、排竊據、痛罵世態炎涼、警惕驕奢淫佚、科學、地理、格致、哲學、心理學等，（註五四）以今日眼光看來，有的屬道德問題，有的屬於思想範圍，有的屬於知識範圍，但在黃氏的論述中，均可以包含在「知識」的範疇內。所以「啓民智」方面——知識水準提高的問題，與「壯民氣」方面——思想情操的培養問題，都由「灌貫知識」一舉囊括。可以看到，如同改良社會論的「社會」一樣，灌輸知識論的「知識」也是無所不包。不過黃伯耀特地將它和傳統的「道德」區分開來，意思表示它是適合新時代需要的，也可以說，重點是在新舊之分。

黃伯耀還分別細論小說灌輸知識的各種方式、範疇，他提到學校應將小說納入教材，（註五五）鄉閭間應舉辦演講小說會，（註五六）這是助成小說發揮功能的社會手段。他也提到小說分類的作法以及各類小說，可以因不同的內容而使民衆獲取不同角度的啓發，得到不同方面的社會實效，（註五七）如「讀政治小說，足生其改良政治之感情」，「讀偵探小說生其機警，讀科學小說生其慧力」。（註五八）他還探討了小說普及的影響力，迅捷深入的啓發力、感覺力等。（註五九）論述相當仔細，是當時探討課題比較細膩的論者。

新時代所需的新知識，可以借小說灌輸給社會大衆，主要是由於小說易於閱讀、吸收的特性。中國傳統典籍，「或與歲月而俱存，或與山河而並壽」，（註六〇）固然珍貴已極，「而普通社會，往往終日講解，而曾不一得」，（註六一）「是又烏足以灌鑰普通人之腦想哉！」（註六二）因此，足以擔負普及任務，達成「合上、中、下三流社會於一爐而冶之」（註六三）的理想，唯有讀者群廣大的小說而已。小說讀者群廣大，基本上是因爲它的文字淺白易曉，人物、事件等意象具體，（註六四）這種文學特色過去頗受忽視，淺顯的白話尤其遭到愛好典雅的正統文人之歧視。現在因爲時勢變遷，教育廣大的國民，成爲救國急務，小說的語言特性搖身一變，成爲枝上鳳凰。這裏，已經從文學語言的角度，對舊有文學觀造成衝擊。典雅深刻或許是舊日評價作品的一種讚辭，典雅深刻、含蓄蘊藉的作品，從前也可能居於上乘的文學地位，但是此時，淺白易曉才合乎時代需要，淺白的文類——小說——躍居「文壇盟主」，無形之中，舊有的文學評價體系已經動搖，文學觀也有所變革了。

支持改良社會論而續有發展的，還有《月月小說》和《新世界小說社報》上的論者。《月月小說》部分，可舉吳沃堯和王鍾麒爲代表。吳沃堯（註六五）在〈月月小說序〉裏面，補充梁啓超之說而提出小說另二種作用，文云：

小說之與群治之關係，時彥既言之詳矣。吾於群治之關係之外，復索得其特別之能力焉。一曰：足以補助記憶力也。……一曰：易輸入知識也。（註六六）

他又強調小說的「趣味」，小說憑藉「趣味」的文學特性，可以使人在不自覺的狀態中吸收到新知識，或記住書中事理，達到接受教育的效果。（註六七）「補助記憶力」和「易輸入知識」的作用，主要藉「趣味」來完成，在這裏他倒是兼顧了小說的文學性質。另外，在二種「特別之能力」的背後，吳氏注重的其實是道德問題。〈月月小說序〉最後總結說：

庶幾借小說之趣味之感情，爲德育之一助云爾。（註六八）

他所謂「記憶」，強調的是「記一善事焉」；所謂「知識」，則強調「得一善知識焉」，此外他發願將「遍撰譯歷史小說」是爲了表達「旌善懲惡」的道德獎懲，而對於其他種類的小說，「如社會小說，家庭小說，及科學、冒險等」，即使是當時曾受金松岑攻擊的「豔情小說」，（註六九）他也不排斥，但無論何種小說，最重要的原則，是「務使導之以入於道德範圍之內」。（註七〇）強烈的道德感，是吳氏主張的特色。在此特色之下，小說「易輸入知識」的「知識」，和黃伯耀灌輸知識論的所謂知識，內涵無疑大異其趣。吳沃堯是相當重視德育的論者，對晚清時代風尚之變遷，他頗有「道德淪亡」（註七一）之感慨，在長篇小說《二十年目睹之怪現狀》裏面，第一回便對上海的市面繁榮帶來民風「輕浮險詐」的後果，頗致譏刺和慨歎，（註七二）〈月月小說序〉裏面也說：

吾人丁此道德淪亡之時會，亦思所以挽此澆風耶？則當自小說始。（註七三）

他關注的重心在道德問題，對於知識，是以善、惡作爲衡量準繩，至於知識有關政治經濟與否，有關富國強兵與否，他置而不論，這是他的小說社會功能論的特色。黃伯耀則特別強調道德不足以救國，以二分法將知識和道德劃分開來，著重於「智育」之啓導、灌輸。黃氏文章發表在後，但文中從未提及吳沃堯其人其文，或作相關暗示，很難說黃氏有刻意反駁吳氏的用心，不過他們在論點上倒恰好針鋒相對，而兩人卻又同是小說改良社會論的支持者。可以說他們是在同一個理論總綱之下，分別發展出不同走向的脈絡，同時又是分別以不同的角度，證成由梁啓超提出的理論總綱領。

王鍾麒（註七四）筆名天僇生，在《月月小說》上發表過三篇小說專論，（註七五）論點獨到且頗成系統，算是有相當分量的小說論文。他在〈論小說與改良社會之關係〉裏面，有與吳沃堯看法相近的論點，即強調德育。唯他所主張的德育更爲具體，即特重「公德心」。文云：

> 夫小說者，不特爲改良社會、演進群治之基礎，抑亦輔德育之所不迨者也。吾國所最缺乏者，公德心耳。（註七六）

「改良社會、演進群治」是當時小說界時尚的論調，王鍾麒提出「德育」作爲補充，在「德育」裏面，又特別強調「公德心」，因爲他認爲那是當時國民最缺乏的。這種看法，實在也是有感而發。當時清廷在內政、外交上的種種挫敗，使有識者對朝廷失去信心，而社會上由於洋資投入，經濟結構發生變化，生活型態和舊有道德結構也隨之變化，舊有道德逐漸失去約制力量，新道德卻尚未醞釀成型，吳沃堯的感慨在此，（註七七）王鍾麒的感慨亦在此，而王氏的感慨裏面，又增添了一分憂國之心，所以他強調的「公德心」，不是一般日常生活行爲上的公德心，而是「有愛國心，有合群心，有保種心」，（註七八）是有益於國家民族的愛國公德。他對國家民族的熱愛精神，使得他的小說論含有強烈的民族感情，並在民族感情的驅動下，極力衛護舊有小說。他努力從事整理、分析、歸納的工作，藉著種種角度的探究，肯定舊有小說在社會上和文學上的價值。（註七九）這方面的努力，使他在晚清小說理論方面占有一席之位。

《新世界小說社報》創刊於光緒三十二年五月二十五日（一九〇六年七月一六日），警僧主編，係月刊形式。（註八〇）這分雜誌上面，有一篇發刊辭與四篇專題論文，（註八一）雖皆未署撰者姓名，論述的基本立場卻相當一致，表現出對梁啓超小說論極大的支持，文中的觀點也大都承繼梁氏說法且更爲鋪張揚厲。〈新世界小說社報發刊辭〉的結論說：

> 種種世界，無不可由小說造；種種世界，無不可以小說毀。過去之世界，以小說挽留之；現在之世界，以小說發表之；未來之世界，以小說喚起之。政治焉，社會焉，偵探焉，冒險焉，豔情焉，科學與理想焉，有新世界乃有新小說，有新小說乃有新世界。傳播文明之利器在是，企圖教育之普及在是，此《小說世界》（註八二）之所以作也。（註八三）

在此段論述中，小說儼然成爲操縱世界的主宰者，小說的社會功能被極度膨脹。假如拋開情緒因素，純粹以客觀事理來衡量，這樣的論點可能難以令人信服，不過也不能完全說是無稽之談。假如考慮當時論者的時代處境和心理感受，那麼這種大聲疾呼和極度誇張的論調，其實都可以看作是時人嘗試從各式各樣可能途徑追求自強救國目標的憂時心聲。該文舉證三種說法和二種關係來說明小說的作用力。三種說法中的第一種爲小說易於動人、入人，比聖賢經史更易使人了解事理並接受事理。小說也因爲這個緣故，在口耳流傳的歷程中，保留了許多金玉良言，經歷許多時光的自然沖刷而未消泯，所以只要「世界不毀，則其言亦不毀」（註八四）。這一點在說明小說與世界並存的關係。第二種說法乃舉出各項小說的影響實績——所謂實績，其實也是主觀的認定，不過這些主觀的認定，卻相當有力地支持著論者對小說作用力的信心。文云：

有釋奴小說之作，而後美洲大陸創開一新天地；有革命小說之作，而後歐洲政治特闢一新紀元。而以視吾國，北人之敢死喜亂，不啻活演一《水滸傳》；南人之醉生夢死，不啻實做一《石頭記》。小說勢力之偉大，幾幾乎能造成世界矣。此一說也。（註八五）

釋奴小說應當指林紓所譯的《黑奴籲天錄》（註八六），革命小說可能指《東歐女豪傑》、《洪水禍》、《蘇格蘭獨立記》之類，有關俄羅斯虛無黨、法國大革命和蘇格蘭獨立建國等事蹟的小說，這三部作品，均發表在《新小說》上，《新小說》初創時，有意藉此類小說鼓舞革命精神。（註八七）這些小說的譯介，對晚清小說界深有啓發，並在論者對時局及對小說的深切期盼中，逐漸衍生出小說開闢歐美新世界的印象。至於《水滸傳》和《紅樓夢》對我國民情的負面影響，也是當時一種流行的論調。在這裏，則正好一中一西、一正一反，證明了小說的偉大「勢力」。由這一點，可以證成「有新小說乃有新世界」的說法。至於第三種說法，主要認爲世界上各種千奇百怪的人情、世態，都是小說的寫作材料。這一點又可以證成「有新世界乃有新小說」的說法。接下來小說與世界的兩種關係，一指蘊蓄於內的心理關係，一指表現於外的歷史風俗關係，兩種關係在文中都以中國的情況作爲說明。心理關係指中國人的鬼神迷信、男女愛情與功名富貴等不正確的觀念，這些觀念大部分是由小說中得來，構成民間的普遍心理。歷史風俗關係則指描述興亡的小說，一方面在正史之外，保存部分歷史的眞相，另一方面又在無形中散播作亂的種子，激促歷史的興亡更替，其他社會上的世態世情，也都藉小說保存、流

傳。由反面說，小說也從民間心理、歷史興亡和世態世情裏面獲得創作題材。（註八八）

整體說來，〈新世界小說社報發刊辭〉觸及小說與世界之間的互動關係，根據此一互動關係，證成小說的社會功能。表面上看，它將小說改良社會論的「社會」，擴充而成「世界」。「世界」一詞，比「社會」的範圍擴大了許多。不過所謂「新世界」的重點仍在中國這一個世界，這個世界才是中國小說論者關注的焦點，而「社會」所指的也是中國這一個社會。用詞雖然不一樣，字面上看似乎範圍大小也有所不同，其實核心內容卻沒有多大變化。但倒是增加了擴展內容的可能性，行文氣勢更是明顯鋪張多了。論者的目標當然在於改造現在的中國，但卻把過去、現在和未來的世界，以及內在心理和外在現象的世界，全數囊括進來，較梁啓超之說以及一般盛行的說法，都膨脹了許多，這是它的特色之一。此外，它注意到小說和世界的互動關係，倒是修正了梁啓超與其他論者——如嚴復、夏曾佑、吳沃堯、王鍾麒等人——過於偏重小說影響社會這一面，而忽略社會影響小說那一面的偏頗態度。雖然就分量上來看，它談社會影響小說的部分仍比較少，論據也比較少，但在當時卻已稱得上是難能可貴。

綜合以上所述，〈新世界小說社報發刊詞〉（一九〇六年七月）將「新民」說擴充爲「新世界說」，核心不變，含括的事物則膨脹不少。《月月小說》上的吳沃堯和王鍾麒則強調輔助德育，論點比較明確化。《中外小說林》的黃伯耀則提倡灌輸知識論，而灌輸知識的意旨乃兼指民智、民氣。此外，黃氏又分別從各種領域深入論述小說的各種作用，論點較爲細膩，等於將改良社會論予以不同程度、不同範疇地精細化。不過以上所謂擴充、明確、精細等，都是比較之後的相對說法，假如做更嚴格的衡量，可能會感覺他們的論點其實都稍嫌籠統，然而，論者們或許也無意嚴格化，這是當時改良社會論的特色。籠統，不明確，就壞的一面講，顯得空泛、誇大；就好的一面講，因而有無限可能性，無限可能性帶來無窮希望和熱情，這種希望和熱情其實是小說界理論盛況的熱力來源。

灌輸知識也好，輔助德育也好，乃至輸入文明，締造新世界，終極的理想其實一樣，背後的觀念也是同體的。他們都認為小說可以承載「大道」，是一種可以背負經國濟世使命的文學作品，而一反小道、末技的固有看法。這與傳統小說觀有很大的差異，即便古代主張小說可以裨益風化的傳統教化觀，也與改良社會論的精神迥然不同。教化觀憑藉的手段是一種自然、緩慢的蔓衍、擴散過程；改良社會論的手段卻是一種刻意、帶有強制力的宣傳、灌輸手法。就目的來說，教化觀雖然認為小說有益世道人心，但很顯然並無具體實效為目標；改良社會論卻以改造社會、挽救國家為努力追求的理想，不但有具體目標，並且以一個重大的社會實效為目標。而負載救國救民這一類重大社會實效——也就是所謂「大道」，傳統上通常是經典一類著作的使命。至於小說，自《漢書・藝文志》以後，便是一種雖有可觀，卻「致遠恐泥」的「小道」。（註八九）小說的體製，古今變異很大，但「其於大達亦遠矣」（註九〇）的觀念，始終如影隨形跟住小說。直至改良社會論的呼聲響徹晚清小說界，「小說與經傳有互相補救之功用」，（註九一）小說「宜作史讀」，「宜作子讀」，「宜作志讀」，「宜作經讀」（註九二）等說法出現，小說才不再是「閭里小知者之所及」（註九三），只偶爾會出現一、兩句值得採納的「芻蕘狂夫之議」（註九四），而是「開發民智、挽救時弊、保存國粹之具」（註九五）。這一改變，使小說頓然擺脫「末流」的附庸性質和身分，人們可以把它當做一種嚴肅正經的作品而接受它；不是小道，而是康莊正途。如此一來，「小說」這個詞語中「小」字所含帶的貶意終於被消解，二千多年大同小異的小說觀念至此出現大轉向。不過觀念的轉變並不容易，絕大部分文人自幼便受到「小道」觀浸染，即使他們對小說有了新認識，除梁啓超曾比較徹底棄置小道觀念外，大部分論者都因處於新舊交替的過渡階段，很明顯帶有新舊混揉的駁雜色調。前述〈新世界小說社報發刊辭〉裏面便有這麼一句話：「要而言之，小道可觀……。」（註九六）吳沃堯也說過這樣的話：

夫小說雖小道，究亦同爲文字，同供流傳者……。（註九七）

他們的主張裏面，顯示小說是可以承載大道的上乘文學，但他們的觀念裏面，仍無法完全跳出「小道」的宿習。這種新舊駁雜的情狀，是過渡時期恒有的特色。小說觀逐步展現新貌，卻尚未盡脫舊殼；小說論發展出許多新穎、革命性的主張，字裏行間卻往往難掩舊論餘勢。不過舊的觀念未全然褪失，倒也不因此扼止新的腳步，且在新舊交雜輝映的情勢裏面，益發煥顯新觀念的采貌，這也是過渡時期的特色。本書的論述重在彰顯其轉向，而僅略略涉及其過渡特色，正是爲了凸顯新觀念，掌握當日的時代新貌。

二、善讀與善作論

改良社會論爲晚清小說理論的主流，以它爲總綱，並發展出一系列相關配合的創作與閱讀主張，最後更以改良社會論爲衡量準繩，重新評估小說的文學地位。也可以說，改良社會論宛如一個理想，如何達成理想是一重要問題，有關創作、閱讀的主張，便是當時小說界面對這一問題所提出的回答，有關這一系列的說法，追本溯源，仍得從嚴復、夏曾佑與梁啓超談起。

在改良社會論的主張裏，嚴、夏、梁都認爲小說對一般民衆的教化或影響，是無可否認的事實，不過他們又認爲，小說的教化力量雖強，對中國社會的影響卻是不良的，由此產生對舊有小說的指責。梁啓超說舊有小說「不出誨盜、誨淫兩端」，（註九八）爲「吾中國群治腐敗之總根原」，（註九九）嚴、夏則慨嘆「蓋天下不勝其說部之毒，而其益難言矣。」（註一〇〇）從他們開始，舊有小說毒害天下之說，宛然定論。梁氏認爲舊小說之所以爲害，主因在於「好學深思之士君子，吐棄不肯從事」，（註一〇一）以致作品內容腐敗；嚴、夏不認爲舊小說內容腐敗，而認爲具有「深隱難求」的「精微之旨」，但後人淺學，不善解讀。（註一〇二）梁氏全盤否定舊有小說的看法，後來引起小說論者反彈。最初提出異議的人，當是〈小說叢話〉裏的平子、曼殊（註一〇三）。平子的意見比較含蓄，雖有異說，卻不激烈反駁，（註一〇四）曼殊則直接駁斥否定舊小說的成見，他說：

小說者「今社會」之見本也。無論何種小說，其思想總不能出當時之範圍，此殆如形之於模，影之於物矣。……今之痛祖國社會之腐敗者，每歸罪於吾國無佳小說，其果今之惡社會爲劣小說之果乎？抑劣社會爲惡小說之因乎？（註一〇五）

末二句用疑問語氣，表達的方式比較婉轉，但其實他的意思是說：他認爲劣社會爲惡小說之因，非劣小說之果，因此反對責備中國沒有好小說的說法。曼殊算是比較客觀看待小說與社會之間的因果關係，也替舊小說說了公道話。不過他的論述點到爲止，觀點未深入發展。假如根據他的說法推衍下去，那麼改良社會論的主張，有可能被全盤推翻。他認爲劣社會爲惡小說之因，非惡小說之果，假如進一步論述，那麼社會即爲小說之因，非小說之果，於是唯有社會才能造就小說，小說不能造就社會；再進一步推衍，小說不能造就社會，也就等於不能改造社會、革新社會，而改良社會論的主張便是藉小說之力，造就一個新的、文明進步的社會。小說既沒有造就社會的能力，便不可能達到改良社會論的理想，這是一點。另外一點，他反對歸罪吾國無佳小說的說法，但是我國傳統有沒有佳小說，他並未論及。也就是說，他沒有正面肯定我國擁有優良的傳統小說，反而因爲他不否認祖國社會腐敗的事實，又認爲劣社會爲惡小說之因，間接有贊同我國有劣小說的意向。不過正如方才所談，他的論述點到爲止，觀點未深入發展，所以他一方面反對惡社會爲劣小說之果的說法，另一方面又支持良社會爲良小說之果的主張。在〈小說叢話〉的另外一則中，他主張應改造舊有小說中的部分人物典型，以達到轉移社會風潮的目的。他認爲中國小說裏面，描寫婦人眼中的美男子，大都以「面如冠玉，唇若塗脂」爲形容，反映出國民文弱之風，而他所見的德國小說裏面，婦人眼中的美男子是「鬚髮蒙茸，金鈕閃爍」，金鈕是軍人服式，於此可見其國民之尚武精神，（註一〇六）因此他的結語是：

寄語同胞中欲改良社會之有心人，苟能於婦人之愛憎處以轉移之，其力量之大，較於每日下一

明詔，且以富貴導其前，鼎鑊隨其後，殆尤過之。（註一〇七）

改良舊小說裏面的人物典型，等於認爲舊小說有不良成分，雖然沒有像梁啓超全盤否定舊小說那麼極端，卻也有否定的意思，但他主張改良小說以達改良社會的目標，又回歸到梁氏舊說。所以，他雖然反對歸罪舊小說的作法，但根本上，並未能替舊小說洗清罪名，也未能爲舊小說覓得一席肯定之位，反而仍有不滿、怪罪舊有小說之意。他雖然認爲小說不出當時社會思想範圍，卻又贊同藉由小說來改良社會。類似的矛盾，也存在於其他論者的觀點中，徐念慈（註一〇八）便有過這樣的說法：

昔冬烘頭腦，恆以鴆毒霉菌視小說，而不許讀書子弟，一嘗其鼎，是不免失之過嚴；近今譯籍稗販，所謂風俗改良，國民進化，咸惟小說是賴，又不免譽之失當。余爲平心論之，則小說固不足生社會，而惟有社會始成小說者也。（註一〇九）

他批評過去禁絕小說的態度，嚴格得過分，而當時鼓吹小說社會功能的說法，又張揚得過分。他認爲惟有社會才能造就小說，看法接近曼殊「劣社會爲惡小說之因」的說法，「小說固不足生社會」的語意，也大有推翻改良社會論之概，不過就在同一篇文章裏面，他又說小說可以「促社會之發展」，並極力提倡「盡國民之天職，窮水陸之險要，闡學術之精蘊，有裨於立身處世諸小說」，認爲這些小說若貧乏，社會前途便值得憂慮。（註一一〇）可見他依然肯定小說具有成就社會的能力，並非「惟有社會始成小說」。

這一類的矛盾，反映出一個事實，即改良社會論的主張已深入人心，即便對它的部分相關論點產生質疑，仍不致動搖它的根本立場。假如有人不贊同它的部分論點，便得在不違反根本理論的情形下，發展新的脈絡，才不致自相矛盾。接受改良社會論，而反對抹煞傳統小說的論者，在中國落後、民衆無知的事實之下，不願歸罪舊小說，又不願否認小說對民衆、社會的影響力，於是，嚴復、夏曾佑之說成爲別無選擇的路。嚴、夏認爲古人的小說各有「精微之旨」，但「深隱難求」，（註一一一）平子、王鍾麒、吳沃堯等人與〈讀新小說法〉、〈客雲廬小說話〉等文的看法，（註一一二）屬於這一個脈絡。他們認爲古代小說作者乃「窮愁著書」或「發憤著書」，（註一一三）中國社會受小說毒害，或誤以誨淫、誨盜看待舊有小說，都是不善讀之過。平子是今見最早提出這種說法的論者，而見解最具代表性的當推王鍾麒。他深入探求古人創作小說的用心與言外之旨，建立下述論點。〈論小說與改良社會之關係〉談到：

> 賢人君子，淪而在下，既無所表白，不得不托小說以寄其意。……著諸書者，其人皆深極哀苦，有不可告人之隱，乃以委曲譬喩出之。讀者不知古人用心之所在，而以誨淫與盜目諸書，此不善讀小說之過也。（註一一四）

認爲古代小說是窮而在下之賢人君子委曲寄托的作品。窮而在下，相當符合古代小說作者的社會身分；委曲寄托之說，則深化了作品內涵，破除舊小說誨淫、誨盜的批評，且反過來批評淫、盜之說乃不善讀的後果。這樣一來，舊有小說取得重新詮釋和評價的機會，得以洗刷不名譽罪名，並發展出大異於前人之說的全新內涵詮釋。王鍾麒〈中國歷代小說史論〉說：

吾謂吾國之作小說者，皆賢人君子，窮而在下，有所不能言、不敢言，而又不忍不言者，則姑婉篤詭譎以言之。即其言以求其意之所在，然後知古先哲人之所以作小說者，蓋有三因：一曰：憤政治之壓制。……二曰：痛社會之混濁。……三曰：哀婚姻之不自由。……（註一二五）

這段話重述窮厄寄托的創作說，並進而探究古代小說的「精微之旨」，認爲古人創作小說，基於三種動機。「憤政治之壓制」，主要指帝王專制的政體下，天下士子受到壓抑、摧殘，於是著爲小說，以抒其憤。此類作品，內容分爲「述已往之成迹」與「設爲悲歌慷慨之士，窮而爲寇爲盜」兩種。前者如《隋唐演義》、《東周列國志》等作品，藉歷史興亡的事蹟，使人君知所戒懼；後者如《水滸傳》、《七俠五義》等作品，藉在野俠士扶危濟急的義行，使淩虐下民的在上者知所愧疚。「痛社會之混濁」，指過去社會風俗頹敗，是非黑白不明，於是部分小說假托有仙佛導引，遠離塵世，表示污濁的現世不值得居留；另有部分小說，以刻毒筆法，描寫社會污濁貪淫諸怪狀，表示譏刺之意，如《金瓶梅》之寫淫、《儒林外史》之寫卑劣，都是這類作品。「哀婚姻之不自由」，指父母之命、媒妁之言的婚姻制度流弊無窮，有識者藉小說中的愛情故事，強調男女眞情，希望可以改善不良現狀。（註一二六）這三種對政治、社會、婚姻的哀憤，也許果眞是善讀作品而得到的古人寄托之意，不過，其實更可能是以今律古的附會之說。不滿政體專制、社會頹敗、婚姻不自由等等，都是晚清接觸西方之後產生的新思想。中西政治、社會制度不同，給予中國知識分子許多刺激，小說論者提倡以小說改良社會，所要藉小說傳播的新思想、新精神，也是受到西方刺激之後，希望改變古老中國的體質，而產生的新思想、精神。王鍾麒經過「即其言以求其意」的「善讀」方式所得知的古人創作思想，其實便是當時所提倡的新小說內容思想，也可以說，他將時人極力鼓吹的新小說創作觀，投射到古代小說創作觀上面，並認爲能夠讀出這種古人創作微旨，才是善於閱讀的讀者。所以他的「善讀」說，其實是以當時的新思想詮釋古代的舊作品。以今日眼光來看，這種「讀法」難免失之穿鑿；但在晚清當時，這種讀法可能相當振奮人心，給予傳統小說新的生命，並產生足夠的威勢，以掃除時人對舊小說的鄙視，而給予重新評價。所以，當時也有論者如吳沃堯，一方面客觀地看出這種讀法牽強附會之失當，另一方面自己卻又未能免俗。（註一一七）在王鍾麒而言，他更藉著這個說法，將小說與《春秋》、《詩經》繫連起來，小說的內涵與地位便顯得不可同日而語。〈中國歷代小說史論〉裏面說：

「王者之迹熄而《詩》亡，《詩》亡而後《春秋》作。」仲尼因百二十國寶書而作《春秋》，其旨隱，其詞微，其大要歸於懲惡而勸善。仲尼歿而微言絕，《春秋》之旨，不襮白於天下，才士憫焉憂之，而小說出。蓋小說者，所以濟《詩》與《春秋》之窮者也。（註一一八）

《詩》有風諫美刺之說，《春秋》有微言大意，王鍾麒所主張的小說有詭譎譬喻之旨，和它們有相通的地方。文中又稱小說作者爲「才士」，以與聖人相應。小說與《詩》、《春秋》的關係，經此繫連之後，產生前後紹繼的關係，小說成爲經典的繼承者，內涵隨之深化，價值因之珍貴，地位也繼而提升了。如此一來，讀者更不宜忽略古代小說內蘊的深微寓意，更須即言求意，所謂「善讀」說也就益加值得重視。

善讀說用於古代小說，主要在反駁對傳統小說的批評與鄙視，至於對當時被殷殷提倡的新小說，也出現了善讀說，這是重視社會功能的發展結果，與古代小說的善讀說來源不同，但部分論點可能受其啓發。由於意欲藉小說開啓民智，自嚴、夏、梁等人開始，便相當重視小說對讀者的影響情形，讀者閱讀過程中的種種心理感受、變化及作用、效應，是許多論者關注並討論的話題，梁啓超〈論小說與群治之關係〉、夏曾佑〈小說原理〉是這方面的代表作，其他論者更幾乎無一不涉及之。新小說既以達成社會功能爲最重要目標，因此小說不只是作者的小說，更重要的，它必須成爲讀者的小說，這樣，作品含帶的訊息才有可能傳抵讀者，在讀者身上發生作用。社會功能的發揮，便是作品對讀者發生了作用，使讀者的思想行爲產生變化，由一個讀者至多個讀者，乃至大量、普遍的讀者的思想行爲均產生變化，如此一來，改造社會的理想才算達成。因而，在改良社會論的總綱底下，讀者的角色占有極重要的地位，注意讀者的閱讀反應，也是極自然的事情。關於新小說的善讀論，便是重視閱讀反應，爲求確保閱讀良效而提出的。出發點相當現實，而現實，即小說之社會性質論這一體系的共同基因。

大部分的論者是零星談及讀者的閱讀心理反應、應具的閱讀態度等等，集中討論閱讀方法、情境與讀者素養種種相關問題的，可以〈讀新小說法〉一文爲代表。此文發表於《新世界小說社報》第六、七期，未署作者姓名。文中筆法略嫌誇張，觀點卻頗值得深究。首先，正文之前有一段緒言，提到新小說既以「新」稱呼之，便不可沒有一套新的讀法。文章開頭，從不知讀法之弊談起。認爲一般人閱讀小說，不識其中眞意；中國受小說毒害，根本原因都在於不知讀法。文中還有一大段文字，申述善讀與不善讀之異，並指責許多怪現象都是不善讀的後果。文章說：

善讀之，則雅鄭不異其聲，堇茶不異其味。微特《三國志》可讀，《桃花扇》可讀，即汚穢如《金瓶梅》，亦何嘗不可讀？微特《籲天錄》可讀，《美人手》可讀，即荒唐如《吾妻鏡》亦何嘗不可讀？

不善讀之，則指白可以作黑，看朱可以成碧。微特《金瓶梅》不可讀，即司馬子長之史、歐陽永叔之志，亦何嘗可讀？微特《吾妻鏡》不可讀，即孟德斯鳩之哲理、斯賓賽爾之學說，亦何嘗可讀？（註一一九）

只要讀者善讀，雅正優秀的作品和汙穢荒唐的作品，都一樣可讀；假若讀者不善讀，那麼不但荒唐的作品不可讀，雅正的作品一樣不可讀。照這段話看來，一部作品的好壞益弊，不決定於作者，也不決定於作品，而是決定於讀者。作品內容，須通過讀者的閱讀過程，才顯得出好或是不好。作者優秀與否，作品可讀與否，完全由讀者善讀與否來決定。整個文學活動裏面，讀者居於首腦地位，主導一切。這個見解，把讀者的重要性推到了極致，幾乎抹煞掉作者創作的神聖性和作品存在的獨立性，文學評價不再是一種趨於穩定、恆常的共識，因爲一旦遇上不善讀的讀者，原本被認爲優秀的文學作品立即沉淪於不復的地位。果眞這樣的話，這將是一個極大膽、破天荒的看法。不過，該文撰者的眞正看法可能並不這麼極端，由全文的筆法、語氣來看，該文極力強調讀者和讀法之重要性，是無可置疑的事實，而抹煞作者和作品的存在地位，可能是無意中由行文筆法造成的印象，因爲極力強調讀法的重要性所造成。但是，這種印象也不完全是假象。由於社會功能的提倡和追求，理論批評和創作活動都顯現出極爲強烈的讀者導向，相形之下，作者與作品的獨立性和價值，的確受到某種程度的忽視。

〈讀新小說法〉裏面有關讀法、「讀地」、「讀人」的探討，一方面展示了細膩的閱讀論，另一方面也反映新、舊小說內容與定位之差異。有關讀法，可分爲兩部分，一部分從智識吸收方面著眼，認爲新小說「宜作史讀」，「宜作子讀」，「宜作志讀」，「宜作經讀」，並且可當作醫書、兵書、殖民志、國際史……等各種書籍來讀，簡直是容納萬有的百科全書。另一部分從感發情性著眼。就修養心性而言，新小說可以令人敬，令人奮，令人正，令人淡，「作性理書讀，又何不可？」就悔情悟道而言，新小說可以令人笑，令人歎，令人羨，令人慘，令人歌哭笑叫而不知其所以然，「翻廣長舌，醒大衆生，則作《楞嚴經》讀，又何不可？」有關讀者素養問題，該文認爲不具備格致學、警察學、生理學、音律學、政治學、論理學（即邏輯學）等學科素養的讀者，不可以讀新小說，因爲新小說包含有這些學科的內涵，若沒有具備這些學科的知識，將會誤讀或根本讀不懂小說內容。有關「讀地」問題：「讀地」指閱讀地點，如戀愛小說「宜對月讀」，俠義小說「宜卓舟絕壁之下長嘯而讀」，社會小說「宜招同胞四萬萬人，登百尺臺而宣讀」等，各種不同內容的小說，應選擇各種相應的情境、所在來閱讀。有關「讀人」問題：「讀人」指不同身分、階層的讀者，如《官場現形記》可令官場讀，《老學究叩閽記》可令文人讀，《巴黎茶花女遺事》，「可令普天下善男子、善女子讀；而獨不許浪子讀，妒婦讀……」。「讀地」和「讀人」的講究，可以因爲情境烘托和身分切近等因素，使讀者更能深入體會小說裏面的義蘊和精神。同時，不同內容的小說，各自針對不同的對象而具有不同的社會功能，身分相應的讀者能更深入體會其中義蘊，有助社會功能之發揮，所以，浪子、妒婦等人不許讀《巴黎茶花女遺事》，實有避免反效果之意。綜合起來，善讀小說須具備多項條件，一是讀者本身的知識素養；二是相應的閱讀情境；三是切近的身分階層；而最重要的，可能是四、認眞的閱讀心態——把它當作經、史、子、集等可以增進智識、陶養情性的百科全書來讀。（註一二〇）根據這篇文章的論述，把新小說當成百科全書，一點也不嫌誇張，而就實際情形來看，當時新小說的內容包羅萬象，的確也較舊小說擴充許多。所以該文提到：

> 讀舊小說，須具二法眼藏，一作如是觀，一作如彼觀。……讀新小說，須具萬法眼藏，社會的作社會觀，國家的作國家觀，心理的作心理觀，世界的作世界觀。（註一二一）

新、舊小說的內容不同了，所負的使命尤其大不相同，讀法自然應大幅調整。這篇文章以大篇幅，費大精神，從多角度、多方向，細膩建構新小說的閱讀論，論述的內容與這項舉動本身，均具有極深的意義。在作者、作品與讀者三者的循環關係裏面，讀者受重視的程度獲得大幅提高，與往昔相比已全然不可同日而語。善讀論在此文，可謂發展至極致。

梁啓超鼓吹小說之時，提倡的是「新小說」，意欲配合時代需求，來創作符合新時代意義的作品，但新小說如何創作才能發揮社會功能，符合時代需要，有關這個問題，小說界討論得並不多。散見的論述雖也不太少，集中而深入的探討恐怕一篇也沒有。因此，和閱讀論比較起來，創作論顯得較不受重視。別士（註一二二）〈小說原理〉曾探討了小說創作的五易五難，可能是較為集中討論創作問題的文章。五易五難的前四項主旨在說，選取題材以作者熟知親歷的人物、事件為上，末一項指斥「以大段議論羼入敘事之中」的寫法，認為「以此習加之小說，尤為不宜」。（註一二三）前四項為寫作主張，無關改良社會的宏旨，後來論者便少有注意及此或續為弘揚的，不過它獨出時流，探究寫作題材與作者背景之間的相關，樹立特有的創作論，不能不謂為別具隻眼的見解。末一項反對以議論羼入敘事，應該是針對《新中國未來記》為首的寫作方式而言，俞佩蘭〈女獄花敘〉、海天獨嘯子〈女媧石凡例〉等文也提到這個問題，他們都是對初出之新小說的寫作缺點提出建言。（註一二四）

〈小說原理〉之外，以探討創作法則為重點的文章便很少了，散段的、兼及的論述則較多。俠人、浴血生在〈小說叢話〉裏面，都有這方面的論述，（註一二五）其他論者也還有相關意見，但多憑個人體會發言，分別觸及不同的層面，論述點到為止且不成系統，難以綜合介紹。倒是新小說問世漸多以後，論者注意到一個共同現象，有關創作問題的討論才比較集中。所謂共同現象，即指新小說作者創作草率的問題。吳沃堯〈月月小說序〉談到：

吾感夫飲冰子〈小說與群治之關係〉之說出，提倡改良小說，不數年而吾國之新著新譯之小說，幾於汗萬牛充萬棟，猶復日出不已而未有窮期也。求其所以然之故，曰：隨聲附和故。……今夫汗萬牛充萬棟之新著新譯之小說，其能體關係群治之意者，吾不敢謂必無；然而怪誕支離之著作，詰曲聱牙之譯本，吾蓋數見不鮮矣！凡如是者，他人讀之不知謂之何，以吾觀之，殊未足以動吾之感情也。於所謂群治之關係，杳乎其不相涉也。然而彼且囂囂然自鳴曰：「吾將改良社會也，吾將佐群治之進化也。」隨聲附和而自忘其眞，抑何可笑也。（註一二六）

由吳沃堯的話裏面，可以驗證梁啓超當日影響之迅速廣泛，同時道出新小說量多而質低的問題，這是一個重要問題。梁啓超的鼓吹，改良社會論所有論者的共同努力，都寄望在小說，而且他們的寄望不僅見之於理論，更試圖貫徹於創作實踐——這一點也是他們異於前人之處，創作的實際表現，攸關理想的實現可能，因此不但是創作者關切的問題，更是理論鼓吹者關切的問題。吳沃堯之所以會注意到當時新小說的弊端，也是基於這個緣故。同樣注意到這個弊端的，還有寅半生、天僇生等人，吳沃堯批評新小說是從作品表現——著作「怪誕支離」、譯本「詰曲聱牙」著眼，寅半生和天僇生則從作者的創作態度著眼。（註一二七）寅半生〈小說閒評序〉談到：

昔之爲小說者，抱才不遇，無所表現，借小說以自娛，息心靜氣，窮十年或數十年之力，以成一巨冊，幾經鍛鍊，幾經刪削，藏之名山，不敢遽出以問世，如《水滸》、《紅樓》等書是已。今則不然，朝脱稿而夕印行，一剎那間即已無人顧問。蓋操觚之始，視爲利藪，苟成一書，售諸書賈，可博數十金，於願已足，雖明知疵累百出，亦無暇修飾，甚有草創數回即印行，此後竟不復續成者，最爲可恨。雖共推文豪之飲冰室主人亦蹈此習，他何論焉。（註一二八）

古代小說未必每一本都和《紅樓》、《水滸》一樣，有個漫長的成書過程，而《紅樓》、《水滸》是否爲一人息心靜氣窮多年之功，也還有待考證，不過它們的鍛鍊刪削與藝術造詣，則是有目共睹的事實。寅半生以此二書的寫作造詣爲對照，指出晚清小說創作的幾種現象。一是寫作時間匆促，「朝脱稿而夕印行」，讀者也是三分鐘熱度，熱度過後便置諸腦後。文章在這裏最主要是以時間匆促，來說明創作態度和閱讀態度都有輕易草率的弊象。二是創作動機不正，這也就是天僇生所謂的「拜金主義」作祟。（註一二九）當時的小說作者未必沒有心存裨益社會而提筆者，但可能有很大一部分其實是投時所好，售稿沽利而已。當時偵探小說的盛行，可以視爲時好和沽利心理循環而成的結果。這種狀況，是新小說論者所始料未及，論者也爲這種違反初衷的後果擔憂，但它同時又造成小說創作的繁榮，形成晚清小說界的一項特色——「商品化傾向」。（註一三〇）不過，無論如何，沽利的動機與改良社會的宗旨恐怕不易並存，因爲作品題材與思想的取向多半分趨二途，吳沃堯、天僇生指責此類小說無益於社會改良，甚且有負面影響，不是沒有理由。三是創作成品粗糙，即吳沃堯所謂「怪誕支離」、「詰曲聱牙」者。這與寫作時間匆促、創作態度草率有密切關係，寅半生所說的「無暇修飾」是其中一種情形，「草創數回」「不復續成」又是一種情形，即便執小說界牛角的梁啓超，也不免產生如此不負責任的創作狀況。吳沃堯和寅半生所說的，是當時小說界常見的現象。新出小說雖然汗牛充棟，思想內容和藝術技巧均達到相當造詣的究竟有幾，其實際影響眞具有改良社會功效的，又究竟有幾，實在是一個值得考察與深思的問題。

面對新小說創作的種種弊端，論者不得不加以反思，吳沃堯因此提出趣味、感情之說，認爲小說之所以易入人心、發揮影響，主要是由於「趣味」的因素。他提到撰作歷史小說，除了注重材料正確可信之外，另一注重的對象即「沃以意味」，認爲結合正確材料和「沃以意味」兩項因素，可以「使從此而得一良小說焉」。（註一三一）從另外一個角度說，矯正當時新小說作品弊端的可行之道，即「沃以意味」，亦即趣味的講求。此外，有關感情的因素，他認爲動人感情是非常重要的一項前提，〈中國偵探案弁言〉裏面談到：

小說之足以改良社會，時彥既言之不一言矣。然其所以能改良社會者，以其能動人感情也。（註一三二）

認爲小說之所以具有社會功能，是因爲它具有動人感情的力量。由這一段話印證前引〈月月小說序〉上的那一段話，可以知道吳氏所說「以吾觀之，殊未足以動吾之感情也」和「於所謂群治之關係，杳乎其不相涉也」，兩者之間實存有因果關係。不足以動人感情的小說，和改良群治的理想之間，將不會產生任何關連，因爲動人感情的力量，是小說改良社會的動力源頭。由此也可以驗證〈月月小說序〉文末的一句話：

庶幾借小說之趣味之感情，爲德育之一助云爾。（註一三三）

這句話可以說是吳沃堯小說論的結語。而結合吳氏對新小說弊端的批評，對趣味與感情因素的注重，才知道這個結語含有多麼深重的意義。輔助德育是吳氏改良社會的核心論點，趣味和感情是小說之所以可能改良社會的力量泉源，吳沃堯的看法，便是要藉小說的感動力和文學特色之助來達成社會理想。反之，欲達成社會理想的小說，也必須具有這二種特色，否則便會與汗牛充棟的其他新小說一般，與改良社會之間的關係，其實杳不相涉，根本談不上佐助群治進化的社會效益。

吳沃堯的說法，提示了一個很好的創作原則，不但顧及社會理想，也兼顧文學特性。他本身兼有理論者和創作者的雙重身分，創作成績也相當出色，所以他比其他論者注重文學特性，自有其個人經驗與體會為背景。在當時一片群治關係、改良社會聲中，他能歸復小說文學本色，強調趣味和感情，算來是相當難得的。

吳沃堯所提示的，其實只是整體性原則，至於天僇生，則拈出具體項目，他在〈論小說與改良社會之關係〉裏面說：

宜確定宗旨，宜劃一程度，宜釐定體裁，宜選擇事實之於國事有關者，而譯之著之；凡一切淫治佻巧之言黜弗庸，一切支離怪誕之言黜弗庸，一切徒耗目力、無關宏旨之言黜弗庸。知是數者，然後可以作小說。（註一三四）

他的創作論完全依據改良社會的總綱領來建構。文中並未詳細說明各項內涵，但綜合查考他的文章，可以判斷：「確定宗旨」指秉持改良社會的動機進行創作，所以「無關宏旨」的文字不必寫。選擇有關國是的事實來寫，是為配合灌輸愛國思想以「救亡圖存」，（註一三五）此與改良社會的宗旨，其實是二而一的。「釐定體裁」指的是選訂「體裁之能適宜於國民之腦性者」，（註一三六）意當指當時民眾熟悉習慣的傳統小說章回體，有別於西方作品的分章段落格式。「劃一程度」，可能欲矯正當時「拜金主義」導致內容、文筆水準低落的現象，和下文黜斥淫冶佻巧、支離怪誕之言的說法，可以對照參看。

天僇生此說，乃針對「不善作」新小說的弊病而發，〈論小說與改良社會之關係〉謂：

近年以來，憂時之士，以為欲救中國，當以改良社會為起點；欲改良社會，當以新著小說為前驅。此風一開，而新小說之出現者，幾於汗牛充棟，而效果仍莫可一睹，此不善作小說之過也。（註一三七）

他和其他論者一樣，對當時新小說創作成效與改良社會理想之間的差距，相當憂心，指責那是「不善作小說之過」，因而提出他的創作論點，善作說即因此而生。若結合前文善讀說所論，可以發現天僇生是一位同時講究善讀和善作的理論者。他的看法，是針對新小說發展並盛行以來，理論與實際創作二方面的偏頗和弊象而提出，也是根據改良社會論的總綱領，發展衍生而提出。他的閱讀、創作論，觸及比較實際的問題，也對作者和讀者提出比較具體的建言。

同時注重善讀與善作的另一位代表論者為黃伯耀，他的觀點，簡單地說可以用一句話為代表，即〈學校教育當以小說為鑰智之利導〉中所說：

著小說者，形容其筆墨，以啓發人群；閱小說者，曲體其心思，以宏恢志願。（註一三八）

詳細地說，則可參考〈文風之變遷與小說將來之位置〉中所談：

然而著小說固難，閱小說亦殊不易。著者如何起，如何結，如建屋焉，間格貴精工，如繪事焉，點染求靈妙，皆貴慘澹經營；非借拾稗史一二事，得堆滿若干字爲一回，其淡如水，其直如線，便可以言著小說也。閱者亦知書中如何命意：讀《東周列國演義》者，當知其注意交涉詞令；讀《三國演義》者，當知其寓意尊漢統、排竊據；讀《水滸傳》者，當知其爲獨立喻言；讀《金瓶梅》者，當知其痛罵世態炎涼；讀《紅樓夢》者，當知其警惕驕奢淫佚。研究其命意之所在，而細玩其筆法之何如，如是而閱小說，庶乎可也！然吾知自今以往，著小說者與閱小說者，皆進而益精。（註一三九）

這一段話，其實是在主張藉小說灌輸知識的理論總綱之下，討論小說如何達到灌輸知識的標的。也就是說，黃伯耀認爲，小說的社會功能必須經由作者和讀者攜手合作才能達成。創作者應自出機杼，慘澹經營；讀者也須曲體作品的命意，細玩其筆法。古代有不少小說，在選取題材的時候大都缺乏自發性，有的掇拾野史裏面的人物事蹟，鋪張敷衍而成；有的襲用名著題材，以續、補名義成書，其實都是類似的材料不斷在重複、沿襲。這種現象，新小說論者頗感不滿，黃伯耀所談「借拾稗史」之事，指的便是這一類現象。由此推知，就寫作材料而言，黃氏主張開發、自創新題材；就寫作技巧而言，也相當注意藝術表現，「間格貴精工」指小說的章法、結構，「點染求靈妙」指小說的鋪敘、形容。不只重視材料、內容，也重視技巧、手法。所以黃氏也是能夠兼顧社會功能和文學藝術的論者。至於讀者如何體會書中命意，黃氏舉實例爲說明。他並沒有輕視傳統小說的態度，也沒有特別表示護衛傳統的用心，他舉傳統小說爲例，說明閱讀的正確方針，其實並沒有區分新舊小說的意圖，反而二者混而爲一，表示閱讀所有小說都應抱持相同態度。這種態度，使得當時部分人士輕視古代小說的偏頗看法自然不攻而破，而同時，講究新小說讀法以確保社會功能發揮的問題也同時兼顧，在看待新舊小說的態度方面，他是立場比較超然的。由他所舉的例子來看，閱讀小說之時，仔細體會書中命意，作法上恐怕不免有牽強附會的可能，尤其是在閱讀古代小說的時候。但這無形中也暗示讀者「再創造」的行爲是可允許的，與天僇生的善讀說一樣，都是根據讀者的需要來詮釋作品，與作者原來的命意，可能有某種程度的偏離。不過可貴的是，黃氏特別強調作者和讀者雙方的配合，由創作動機開始，透過作品，到閱讀效應，一體貫徹。就達成社會實效的要求而言，頗能切合實際；就理論體系的架構而言，系統也比較完整一貫，在當時的小說理論界，是相當值得稱許，也應當占有一席之位的。

善作論主張最周詳的，可能是《小說林》月刊上的徐念慈，他在〈余之小說觀〉一文裏面談到「小說今後之改良」說：

其道有五：一、形式；二、體裁；三、文字；四、旨趣；五、價值。舉要言之，務合於社會之心理而已。然頭緒千萬，更僕難悉，吾姑即社會人類而研究之。一、學生社會。……一、軍人社會。……一、實業社會。……一、女子社會。……（註一四〇）

根據該文所論，「形式」指紙張、印刷、版式等印製方面的設計；「體裁」指長篇章回、短篇或筆記等篇幅格式；「文字」指文言、白話或官話之別；「旨趣」指內容思想之積極或消極；「價值」指成書定價。「學生社會」、「軍人社會」、「實業社會」、「女子社會」等，乃就社會階層而分類，冀望作者根據讀者身分、階層之差異，分別創作適合於各階層閱讀的小說，比如以「學生社會」來說，徐念慈主張：

其形式，則華而近樸，冠以木刻套印之花面，面積較尋常者稍小。其體裁，則若筆記，或短篇小說；或記一事，或兼數事。其文字，則用淺近之官話，倘有難字，則加音釋，偶有艱語，則加意釋；全體不逾萬字，輔之以木刻之圖畫。其旨趣，則取積極的，毋取消極的，以足鼓舞兒童之興趣，啓發兒童之智識，培養兒童之德性為主。其價值，則極廉，數不逾角。（註一四一）

形式華而近樸，冠以花面，可能是為吸引觀瞻且又避免太過華麗，導致負面的教育效果。體裁偏重短小篇幅，是為適合學生的閱讀能力，避免太過冗長，既降低興趣又影響吸收。文字採淺近官話又視需要加上注釋、圖畫，也是為了配合學生的閱讀程度，並增進興趣。旨趣積極，是為了合乎教育精神。價格低廉，則以求符合購買能力，引起購買慾望。徐念慈本身負責《小說林》的編輯職務，實際工作經驗接觸所致，而對小說的版式、印刷、定價等問題特別注意，這是其他論者所未及的，文字與旨趣的講求，也頗符合教育之需。其他軍人、實業、女子等階層，也是各據其可能需要，而訂定符合要求的創作與出版條件。也就是說，創作要件的規劃、設計，完全以讀者的需要為準，亦即文中所謂「務合於社會之心理而已」。從這裏可以很明顯地看到創作論的讀者導向，作品的內涵與文字、寫作與出版，完全根據讀者的情況來設計。而前述的閱讀論也是讀者導向，讀者在閱讀過程中，根據時代及個人的需要來詮釋作品，而不是追索盡量合乎作者或作品原意的詮釋。讀者導向，成為此時創作與閱讀的核心精神。它對作者和作品也產生某種限制性。在讀者導向的基本精神之下，創作不僅是關乎作者個人的活動，更是關乎讀者、關乎教育的服務事業，因此創作得配合讀者的條件來設計、進行，被動的成分增多，作品的獨創性、自主性、藝術性被擱置一旁，作者也變得不再是靈感縱橫、無韁野馳的天馬，倒像是鞍轡韁繩俱全，規行矩步的馴駒。

根據以上所述，善讀與善作論皆以達成社會改良爲宗旨，是很顯明的。這些論點顯示，社會實效的追求，影響到創作觀和閱讀觀的更新，也帶動對讀者反應的重視，讀者導向的創作觀、閱讀觀之所以產生，實有其時代需求與理論結構等因素在。此處讀者並非指高階層或文學素養較深的讀者，而是以中下階層、文學素養與文字能力都不高的「最大多數之國民」（註一四二）爲主，或許也唯有在他們身上，小說才有可能「宜作史讀」，「宜作子讀」，「宜作經讀」（註一四三），儼然有取代經、史、子、集而領袖群書的姿態，因爲就他們的閱讀與吸收能力而言，小說可能確是最合適的。不過，強調社會實效的同時，又使小說面臨淪爲政治社會工具，逐步失去文學本色的危機。「開發民智、挽救時弊、保存國粹之具」，（註一四四）「小說爲輸入文明利器之一」（註一四五）等說法，已然流露出工具觀，讀者導向的創作、閱讀論，更顯現以小說爲工具的態度與作法。古代的教化論雖然不免也有工具觀的色彩，但並未果眞令小說淪爲教化工具，因爲一方面論者不是宣傳家，沒有提倡鼓吹的行動；再方面作者創作活動的歷程中，未必懷有輔翼教化的旨趣，教化理論雖然存在，絕大部分的作者仍根據個人處境與自由意志，選擇題材，進行創作。晚清此時的小說論者，卻具有以理論指導創作的意圖，並根據改良社會論，發展出一系列有意指導作者、引領創作方向的創作觀，以及教導讀者從小說中汲取時代新智識的閱讀觀。不少小說作者也接受當時理論的指引，著意撰寫可以灌輸思想、改良社會的作品。由理論宣傳，蔚成寫作風尚。即使不是所有的作者都信服理論，但幾乎所有的作者都感受風尚，所以，當時的小說多方觸及政治、社會問題，深具反映時代的特色，又普遍具有缺乏藝術鍛鍊的傾向，理論發展及其風尚影響，是一項重要因素。當時小說理論界的諸多觀點，不但導致小說觀念轉變，也實際影響到小說創作，而實際創作的變化更助成小說觀念的扭轉。

三、小說地位論

前述改良社會論與善讀善作論繼續發展，便導出了對小說價值、地位的重新評估，這項評估也由梁啓超首開風氣，至於結論則幾乎所有的論者都異口同聲，指小說爲「文學之最上乘」。楚卿〈論文學上小說之位置〉云：

小說者，實文學之最上乘也。世界而無文學則已耳，國民而無文學思想則已耳，苟其有之，則小說家之位置，顧可等閑視哉！

小說爲文學之最上乘，亦有說乎？曰：彼其二種德、四種力，足以支配人道左右群治者，時賢既言之矣；至以文學之眼觀察之，則其妙諦，猶不止此。凡文章常有兩種對待之性質，苟得其一而善用之，則皆可以成佳文。何謂對待之性質？一曰簡與繁對待，二曰古與今對待，三曰蓄與泄對待，四曰雅與俗對待，五曰實與虛對待。而兩者往往不可得兼。於前五端既用其一，則不可不兼用其餘四，於後五端亦然。而所謂良小說者，即稟後五端之菁英以鳴於文壇者也。故取天下古今種種文體而中分之，小說占其位置之一半，自餘諸種，僅合占其位置之一半。偉哉小說！（註一四六）

從文中看來，對小說之推崇可謂備至，儼然一副只要有文學作品，便有小說存在的態勢。他以什麼論據來證成小說的地位呢？文中所謂「時賢」已經談過的「二種德、四種力」，便是梁啓超在〈論小說與群治之關係〉一文中提出的，「導人游於他境界」和言人所不能言等二種使人嗜愛小說的緣故，以及小說「支配人道」的「熏」、「浸」、「刺」、「提」四種力，（註一四七）梁氏根據這些說法，將小說推上文學之最上乘，楚卿支持他的結論，而另闢蹊徑，從不同的角度——即「以文學之眼觀察之」來證成它。五種文章相對待的性質裏面，「繁簡」指文字敘述之詳略，精鍊簡略者「括十語爲一語」爲「簡」，鋪張敷衍者「衍十語爲千百語」爲「繁」。覺世之文，「與其簡也，毋寧其繁」，這正好是小說之「能事」。「古今」是題材的時間性，題材取自當代近時可見者爲「今」，取自過去、未來須魂游想像者以「古」概稱之。人之常情，大都喜好相近者，小說正是取人人共解之理、習聞之事撰作而成。「蓄泄」指描述手法之含蓄與否，含蓄內斂，味之不盡者爲「蓄」；淋漓盡致，發泄無遺者爲「泄」。小說猶如「社會之 x 光線」，洞悉社會之五臟癥結，在「泄」的方面最占優勢。「雅俗」指使用的語言，文言屬「雅」，白話屬「俗」。言文一致的作品爲文學進步之表徵，而俗語文學之代表即小說。「虛實」指作品的虛構性與眞實性，兼有二者之長的莫如小說。楚卿根據這五項理由，證成小說的地位實居於文學之最上乘。（註一四八）雖然他自稱從文學角度來證明，實際上仍擺脫不了社會功能的導引，認爲繁、今、泄、俗勝於簡、古、蓄、雅，其實便是配合覺世的目標，符合大多數國民的閱讀條件，以便達到普及要求與社會實效而作的評斷，假如另採不同的基準，譬如講求作品的藝術表現，所得的評價結果也就不會一樣。簡單地說，楚卿的說法仍是以社會功能與讀者導向爲文學評價準繩，所謂五種文學性質觀，其實是社會功能體系下的文學觀。

即便楚卿對小說文學特質的評價受到社會功能的宰制，至少還重視到小說的文學特色，其他大部分論者可就無視於小說文學性之存在，專論其社會功能而已。如陶祐曾〈論小說之勢力及其影響〉所談：

> 自小說之名詞出現，而膨脹東西劇烈之風潮，握攬古今利害之界線者，唯此小說；影響世界普通之好尚，變遷民族運動之方針者，亦唯此小說。小說，小說，誠文學界中之占最上乘者也。（註一四九）

黃伯耀〈文風之變遷與小說將來之位置〉也說：

> 然而一代文風之所趨，當視夫社會所宗尚。則猶今視昔，以驗將來，敢決自今以往，爲灌貫知識計，勢將敝屣群書，而小說於社會上之位置，其將爲文壇盟主哉！蓋知識競爭之時代，凡風氣上之變遷，固有不得不然者也。（註一五〇）

他們固然不否認小說是文學界中的一員，但小說在文學界之所以居最上乘的理據，他們卻孜孜於強調其社會功能與貢獻，而不是小說的文學表現、藝術特色。陶祐曾所說的膨脹風潮、握攬利害、影響好尚與民族運動，完全是小說在社會上的作用、對社會所生的影響，而不是小說的文學造詣或建樹，黃伯耀更直截地說「爲灌貫知識計」。這些說法背後無形的取捨，便指出其觀念傾向。對小說文學地位的評估，並非看重其文學藝術特色，而是看重其社會教育功能。換個角度說，他們是藉著推拱小說攀上「載道」文學的巔峰，來肯定小說的崇高地位，至於另一個文學高峰——「雅正」文學，以典雅莊嚴、含蓄蘊藉爲美的文學風格，小說難與相謀，於是強調通俗、貴今、淋漓、繁衍的文學特色，（註一五一）與之相抗，突破「雅」文學的矜持，消弭雅、俗文學之間的落差，以支持小說地位的新評價。這可以說是一種極端實用的文學觀，極端到令文學有淪爲工具的危機，但也唯有這樣，通俗文學才如此迅速地得到普遍的肯定，並立即登上文學最高位。在晚清此時看來，社會功用與文學藝術之間，似乎處於矛盾狀態，但這是過渡期的青澀。青澀階段裏面，有不少駁雜、衝突的暗潮，由種種暗潮，反足以看出每一條成長的路、每一道奮鬥的痕，所以，此時小說理論誇張、誤解之處容或有之，但不能因此抹煞其理論建構之意義與價值。小說地位的極度推崇，也許不無主觀誇張成分，但仍然影響到整個傳統的文學評價，扭轉了固有的小說觀與文學觀。

有趣的是，論者也不滿意於僅僅張揚社會功能便提升小說地位的作法，有一批人根據新的詮釋與研析，爲小說找到一脈顯赫的血統，平子、俠人（註一五二）、天僇生等是。平子認爲：

今日欲改良社會，必先改良歌曲；改良歌曲，必先改良小說，誠不易之論。蓋小說（傳奇等皆在內）與歌曲相輔而行者也。……然自周以來，其與小說、歌曲最相近者，則莫如三百之詩。……故孔子當日之刪《詩》，即是改良小說，即是改良歌曲，即是改良社會。然則以《詩》爲小說之祖可也，以孔子爲小說家之祖可也。（註一五三）

此處歌曲包括歌謠、樂府、詞、曲、戲劇等，將它們與小說聯繫起來，主要是由於它們都具有通俗性，反映風俗人情，也具有教化作用，此外，戲曲與小說的故事題材亦多有雷同相通之處。基於反映風俗人情及教化作用，平子也將三百之詩與小說、歌曲視爲同流，由這裏，不難看到此時社會作用導向力之強。詩與歌固然有其先天之關係，但平子的結論重心不在於詩與歌，而在於《詩經》與小說；立論的著眼點也不在於詩、歌、小說之間的文學性相關，而在於社會作用的相關，所以他將孔子刪《詩》之舉歸結爲「即是改良社會」，由此建立其結論：「以《詩》爲小說之祖可也，以孔子爲小說家之祖可也」。這個結論的作用之一，是提升小說的地位。上附經典與聖人，對傳統固有的「小說家者流，蓋出於稗官」（註一五四）的成說，是一項空前的挑戰。《漢書》〈藝文志〉裏面有關小說家的說法，千百年來主宰了中國的小說觀念，如今稱《詩經》爲小說之祖，孔子爲小說家之祖，小說的身分與地位便大爲改觀了。天僇生的說法類近於此，〈中國歷代小說史論〉內云：

「王者之迹熄而《詩》亡，《詩》亡而後《春秋》作。」……《春秋》之旨，不褖白於天下，才士惘焉憂之，而小說出。蓋小說者，所以濟《詩》與《春秋》之窮者也。（註一五五）

天僇生基於兩個因素將小說與《詩》、《春秋》繫連起來，一是旨隱詞微的特色，前文談過，另一是懲惡勸善的宗旨，這還是社會作用導向。稱小說家為「才士」，雖不若平子稱孔子為小說家之祖那樣具有革命性，對於「街談巷語，道聽塗說者之所造」的舊說，（註一五六）仍有摧廓之力。小說作者不再是「道聽塗說者」、「芻蕘狂夫」之流的人物，而是可與聖人相配的才士；小說也不再是「致遠恐泥」的「小道」，而是「濟《詩》與《春秋》之窮」，與經典同功的著作。這樣一來，小說居於文學之最上乘，立足點就更加堅實了。

不過，正如上一節所論，視小說為小道的舊觀點並未自此消失，觀念的扭轉不是一朝一夕之功，傳統觀念積千年之久，一旦之間完全抹除是不可能的，當時的論者雖張開新眼以視小說，但大部分文人學子，自幼受傳統文學觀薰陶，這對他們而言，是一項難以抹煞的經歷，他們的想法裏留有傳統觀念的積澱物，也是很自然的事情。梁啓超鄙視傳統小說，又極力推崇、張揚新小說，對小說分採如此兩極的態度，背後不免有傳統小說觀的積澱影響。天僇生以小說配附《詩經》、《春秋》，可謂推崇已極，卻仍有「吾嘗謂吾國小說，雖至鄙陋不足道」這樣的話脫筆而出。（註一五七）傳統猶如與生俱存的原質，在他們心目中烙有不可泯滅的痕印，這是當時小說觀念的矛盾之源，但卻是很自然的矛盾。

綜合理論界中有關小說之社會性質論的看法，可以看到，由改良社會論一脈下流，更新了舊有的創作觀與閱讀觀，也更新了固有的小說評價。傳統舊有的觀念雖保有某種程度的影響，但新式觀念正在佈開陣網。今天我們已理所當然視小說爲文學中之一類，甚至爲當今文學之重心，但在晚清之前，它是正統文學以外的小道文學，邱煒萲在光緒二十三年（一八九七）或可能更早，說過「詩文雖小道，小說蓋小之又小者也」這樣的話，（註一五八）此處分明劃開詩文和小說之間的等級。小說不入詩文之流，代表傳統固有的看法。但庚子事變以後，他又說：「夫小說有絕大隱力焉」，「欲謀開吾民之智慧，誠不可不於此加之意也。」（註一五九）他說這話的時候，梁啓超正在倡導政治小說，但還未發展到「小說界革命」，邱煒萲論「小說與民智關係」，也主張「多譯政治小說」。邱氏又與康有爲關係密切，戊戌政變後，康、梁流亡日本，康有爲於光緒二十六年（一九〇〇）轉至星加坡避難，即受邱煒萲贈金邀請，抵星後亦寓於邱氏客雲廬。（註一六〇）同年，康有爲有〈聞菽園居士欲爲政變說部，詩以速之〉一詩，（註一六一）顯示邱氏舊有的小說觀念已有所轉變，〈小說與民智之關係〉一文所論，便是小說觀扭轉之後的最佳代表。而他的改變也可以代表梁啓超扭轉小說觀念的努力所產生的影響。晚清的小說觀念就在前啓後繼的論者努力之下，出現大幅度的扭轉。小說是一種承載大道的上乘文學，與雖有可觀、致遠恐泥的小道文學舊說，觀感之懸殊稱得上判若雲泥，突破這種懸殊的差距，所需衝擊力之巨大，可想而知，因此，小說理論界的誇張論調，社會功能論的極度偏向，讀者導向的精神重心，在當日的現實情勢之中出現，應該都是不難理解的。可喜的是，小說界十餘年努力，確實建構出一套新的觀念體系，使小說擁有新的使命、新的內容、新的地位，這項功績値得稱許。

【附註】

註一　收入《靜安文集》，《王觀堂先生全集》第五冊，頁一六七一。又，收入阿英編《晚清文學叢鈔・小說戲曲研究卷》，頁二二四；陳平原、夏曉虹編《二十世紀中國小說理論資料・第一卷》，頁一一五。

註二　此文自光緒二十三年十月十六日起連載，至同年十一月十八日載畢（一八九七年一一月一〇日至一二月一一日），梁啓超〈變法通議・論幼學〉「五日說部書」部分，發表於光緒二十三年正月二十一日（一八九七年二月二三日），較此文爲早，但非以專文形式討論小說。

註三　據梁啓超說。見〈小說叢話〉，《新小說》第七號。又，收入阿英編《晚清文學叢鈔・小說戲曲研究卷》，頁三二〇；陳平原、夏曉虹編《二十世紀中國小說理論資料・第一卷》，頁六七。有關〈本館附印說部緣起〉作者問題，後人尙有爭議，參本書第二章第一節註八。

註四　見梁啓超〈與嚴幼陵先生書〉，《飲冰室文集》之一，頁一一〇。

註五　可參本書第二章第一節。

註六　見〈本館附印說部緣起〉，收入阿英編《晚清文學叢鈔・小說戲曲研究卷》，頁二；陳平原、夏曉虹編《二十世紀中國小說理論資料・第一卷》，頁二。

註七　同上，收入阿英編《晚清文學叢鈔・小說戲曲研究卷》，頁一〇一一二；陳平原、夏曉虹編《二十世紀中國小說理論資料・第一卷》，頁一〇一一一。

註八　同上，收入阿英編《晚清文學叢鈔・小說戲曲研究卷》，頁一二；陳平原、夏曉虹編《二十世紀中國小說理論資料．第一卷》，頁一二。

註　九　「速力」一詞見於伯〈義俠小說與豔情小說具輸灌社會感情之速力〉一文的文題，收入陳平原、夏曉虹編《二十世紀中國小說理論資料．第一卷》，頁二〇八。

註一〇　參本書第三章第三節。

註一一　未署撰者名，實爲周樹人撰。收入同註九，頁五〇。

註一二　收入同註九，頁五一。

註一三　見楚卿〈論文學上小說之位置〉，《新小說》第七號。又，收入阿英編《晚清文學叢鈔．小說戲曲研究卷》，頁二八；同註九，頁六一。

註一四　眞實姓名及生平待考。

註一五　收入同註九，頁一三一。

註一六　未署撰者名。

註一七　收入同註九，頁一五一、一五二。

註一八　收入同註九，頁一五一。

註一九　收入同註九，頁一五一。

註二〇　收入同註九，頁一五二—一五三。

註二一　收入同註九，頁一五二。

註二二　收入同註九，頁一五二。

註二三　生平待考。

註二四　見《月月小說》第三號。又，收入阿英編《晚清文學叢鈔．小說戲曲研究卷》，頁一四五；同註九，頁一七七。

註二五　陶祐曾，字蘭蓀，號薌林，別署報癖，又稱崇冷廬主。湖南安化人。曾編輯《揚子江小說報》，著有小說《新舞臺鴻雪記》等，另有小說戲曲論著多篇。參見黃霖、韓同文選注《中國歷代小說論著選》（下），頁三一九註一。

註二六　收入阿英編《晚清文學叢鈔．小說戲曲研究卷》，頁四〇；同註九，頁二二六－二二七。

註二七　眞實姓名及生平待考。

註二八　收入阿英編《晚清文學叢鈔．小說戲曲研究卷》，頁一二五；同註九，頁三三四。

註二九　陶祐曾筆名。參見註二五。

註三〇　收入同註九，頁三五一。

註三一　參〈揚子江小說報發刊辭〉一文，收入同註九，頁三五一。

註三二　收入同註九，頁三五二。

註三三　陸士諤（一八七七－一九四四），名守先（一云：字雲翔）。江蘇青浦（今屬上海）人。撰作小說甚富，主要作品有《新三國》、《新水滸》、《新孽海花》、《最近上海秘密史》等。參見《中國通俗小說總目提要》，頁一一三四；曉式〈新孽海花後記〉，《新孽海花》，頁一六一。

註三四　收入同註九，頁三六〇。

註三五　未署作者名。

註三六　收入同註九，頁三六八。

註三七　據陳平原、夏曉虹編《二十世紀中國小說理論資料・第一卷》頁五四九－五八一所收資料編目統計。

註三八　見《中國近代期刊篇目彙錄》第三冊，頁二二七三。

註三九　生平待考。

註四〇　老棣〈文風之變遷與小說將來之位置〉云：「讀《東周列國演義》者，當知其注意交涉詞令；讀《三國演義》者，當知其寓意尊漢統、排竊據；讀《水滸傳》者，當知其爲獨立喻言；讀《金瓶梅》者，當知其痛罵世態炎涼；讀《紅樓夢》者，當知其警惕驕奢淫佚。」（收入同註九，頁二〇七。）耀〈學校教育當以小說爲鑰智之利導〉則用反面的語氣說：「《東周列國》也，觀其戰陣，而不究其交涉之詞令；《三國演義》也，賞其人才，而不喻其尊漢之大義；讀《水滸傳》也，以爲誨盜，而寄喻獨立之思不知也；讀《紅樓夢》也，以爲誨淫，而警惕驕邪之意不悟也。痛夫！……」（收入同註九，頁二一二。）兩段文字的論述方式一正一反，但對於《東周列國志》等數部作品的意旨，卻持有相同的說法。

註四一　棣〈小說種類之區別實足移易社會之靈魂〉云：「在吾國地理、科學、哲學諸小說，自古爲稀，顧如《鏡花緣》之博，則地理、哲學與格致之影響也；《列國志》之精，中如陰符游說，則科學之濫觴也。心理學如《西遊記》，義俠社會如《綠牡丹》、《水滸傳》，豔情如《紅樓夢》，皆已無美不備矣。」（收入同註九，頁二二〇。）耀公〈小說發達足以增長人群學問之進步〉則云：「如《鏡花緣》之博，地理、哲學，即格致之影子也；《三國志》之詳，陰符、游說，即科學之流源也。闡心理之學，則《西遊記》得其恍惚焉；紀義俠之流，則《水滸傳》得其梗概焉。而豔情之作又如《西廂》也，《紅樓夢》也；……」（收入同註九，頁二九二。）

其中除《列國志》與《三國志》相異以外，其他各書以及關於地理、哲學、格致、科學、心理學、義俠、豔情等說，說法與用詞均相同。

註四二　老棣〈學堂宜推廣以小說為教書〉云：「讀政治小說者，足生其改良政治之感情；讀社會小說者，足生其改良社會之雄心；讀宗教小說者，足生其改良宗教之觀念；讀種族小說者，有以生其愛國獨立之精神。其餘讀偵探小說生其機警，讀科學小說生其慧力，有以使之然也。」（收入同註九，頁二九〇。）耀公〈普及鄉閭教化宜倡辦演講小說會〉云：「由此推之，演義俠小說，足以生人之奮往心；演豔情小說，足以生人之羨慕心；演探險小說，足以生人之冒險心；演民族小說，足以生人之種族心；即演一切政治、宗教等等小說，亦足以生人一切政治、宗教心。」（收入同註九，頁二二五。）

兩段文字所論小說類別雖不同，但所用句法：「讀（演）……小說，足以生……」卻是相同的。

註四三　舉例來說，這些文章裏面常出現許多怪澀詞語，如「鑰智」、「輸灌」、「慧力」等。

註四四　收入同註九，頁二九七。

註四五　收入同註九，頁二二二。

註四六　收入同註九，頁二〇五。

註四七　參見〈文風之變遷與小說將來之位置〉，收入同註九，頁二〇五。

註四八　同上。

註四九　見嚴復〈論世變之亟〉，王栻主編《嚴復集》第一冊，頁一。

註五〇　見嚴復〈救亡決論〉，同上，頁四〇。

註五一　見〈學校教育當以小說爲鑰智之利導〉，收入同註九，頁二一〇。

註五二　參見〈文風之變遷與小說將來之位置〉，收入同註九，頁二〇七。

註五三　收入同註九，頁二九三。

註五四　參見註四〇、註四一。

註五五　參見〈學校教育當以小說爲鑰智之利導〉、〈學堂宜推廣以小說爲教書〉，收入同註九，頁二一〇—二一三、二八八—二九一。

註五六　參見〈普及鄉閭教化宜倡辦演講小說會〉，收入同註九，頁二一三—二一五。

註五七　參見〈小說種類之區別實足移易社會之靈魂〉、〈義俠小說與豔情小說具輸灌社會感情之速力〉，收入同註九，頁二一八—二二一、二〇八—二一〇。

註五八　見〈學堂宜推廣以小說爲教書〉，收入同註九，頁二九〇。

註五九　散見於黃伯耀所撰各篇章中。

註六〇　見〈學校教育當以小說爲鑰智之利導〉，收入同註九，頁二一〇。

註六一　見〈小說發達足以增長人群學問之進步〉，收入同註九，頁二九一。

註六二　見〈學校教育當以小說爲鑰智之利導〉，收入同註九，頁二一〇。

註六三　見〈文風之變遷與小說將來之位置〉，收入同註九，頁二〇五。

註六四　散見於黃伯耀所撰各篇章中。

註六五　吳沃堯（一八六六—一九一〇），又名寶震，字小允，後改繭人，又改趼人。廣東南海人，居佛山鎮，故取筆名爲「我佛山人」。爲清末四大小說家之一，曾主編《月月小說》，著有《二十年目睹之怪現狀》、《痛史》、《九命奇冤》、《恨海》等。

註六六　《月月小說》第一號。又，收入阿英編《晚清文學叢鈔．小說戲曲研究卷》，頁一五三；同註九，頁一七〇。

註六七　同上。

註六八　《月月小說》第一號。又，收入阿英編《晚清文學叢鈔．小說戲曲研究卷》，頁一五四；同註九，頁一七一。

註六九　參見松岑〈論寫情小說於新社會之關係〉，《新小說》第十七號。又，收入阿英編《晚清文學叢鈔．小

說戲曲研究卷》，頁三一—三四；同註九，頁一五三—一五五

註七〇　以上所述，均參見同註六六、註六八。

註七一　同註六六。

註七二　收入《我佛山人文集》第一卷，頁一—二；又收入《晚清小說全集》第三三冊，頁一；《中國近代小說大系》本，頁一。

註七三　同註六六。

註七四　王鍾麒（一八八〇—一九一四），字毓仁，一字郁仁，號旡生，筆名天僇生、天僇、僇民、三函、一塵不染等。安徽歙縣人。曾撰小說、戲曲論文多篇，小說譯作有《玉環外史》、《軒亭復活記》等。

註七五　即第九號上的〈論小說與改良社會之關係〉、第十一號上的〈中國歷代小說史論〉、第十四號上的〈中國三大家小說論贊〉等三篇文章。

註七六　見《月月小說》第九號。又，收入阿英編《晚清文學叢鈔．小說戲曲研究卷》，頁三八；同註九，頁二六三。

註七七　見前文所述。

註七八　見〈論小說與改良社會之關係〉，同註七六。

註七九　參見〈中國歷代小說史論〉、〈中國三大家小說論贊〉二文，《月月小說》第十一、十四號。又，收入阿英編《晚清文學叢鈔．小說戲曲研究卷》，頁三四—三七、一〇〇—一〇三；同註九，頁二六四—二

六七、三三三－三三六。又可參本節後文所論。

註八〇　參阿英《晚清文藝報刊述略》，頁二三。

註八一　即〈新世界小說社報發刊辭〉、〈論科學之發達可以闢舊小說之荒謬思想〉、〈論小說之教育〉、〈讀新小說法〉、〈中國小說大家施耐庵傳〉等五篇文章，均收入同註九，頁一八三－一八六、一八八－一九一、一八六－一八八、二七三－二七九、二七九－二八四。

註八二　即指《新世界小說社報》此一刊物。

註八三　收入同註九，頁一八六。

註八四　見〈新世界小說社報發刊辭〉，收入同註九，頁一八三。

註八五　同上，頁一八四。

註八六　《黑奴籲天錄》，魏易口譯，林紓筆述，刊行於光緒二十七年（一九〇一），頗爲風行。

註八七　參見〈中國唯一之文學報：新小說〉，《新民叢報》第十四號。又，收入同註九，頁四一－四七。又可參本書第三章第一、二節。

註八八　以上所述，均據〈新世界小說社報發刊辭〉一文，收入同註九，頁一八三－一八六。

註八九　參本書第二章第三節。

註九〇　見《莊子》〈外物篇〉，《莊子集釋》，頁九二五。

註九一　見平子〈小說叢話〉，《新小說》第八號。又，收入阿英編《晚清文學叢鈔・小說戲曲研究卷》，頁三一五；同註九，頁六七。

註　九二　見〈讀新小說法〉，收入同註九，頁二七四—二七五。

註　九三　見《漢書》〈藝文志〉，頁一七四五。

註　九四　同上。

註　九五　見儒冠和尚〈讀閨中劍書後〉，收入同註九，頁一九九。

註　九六　收入同註九，頁一八四。

註　九七　見〈兩晉演義序〉，《月月小說》第一號。又，收入阿英編《晚清文學叢鈔・小說戲曲研究卷》，頁一八四；同註九，頁一七一—一七二。

註　九八　見〈譯印政治小說序〉，《清議報》第一冊。又，收入《飲冰室文集》之三，頁三四；阿英編《晚清文學叢鈔・小說戲曲研究卷》，頁一三；同註九，頁二一。

註　九九　見〈論小說與群治之關係〉，《新小說》第一號。又，收入《飲冰室文集》之十，頁九；阿英編《晚清文學叢鈔・小說戲曲研究卷》，頁一八；同註九，頁三六。

註一〇〇　見〈本館附印說部緣起〉，收入同註八。

註一〇一　見〈中國唯一之文學報：新小說〉，《新民叢報》第十四號。又，收入同註九，頁四一。

註一〇二　見〈本館附印說部緣起〉，收入同註八。

註一〇三　平子，原名狄葆賢，字楚青，一字楚卿，號平子，別號平等閣主人。江蘇溧陽人。一八七三年生。著有《平等閣筆記》、《平等閣詩話》裏，發表小說論文與小說話多則。曼殊，當時稱曼殊者有三人：蘇曼殊、麥仲華、梁啓勛。此處可能爲梁啓勛筆名。梁啓勛《曼殊室隨筆》曾提及發表於《新小說》之事。參見黃霖、韓同文選注《中國歷代小說論著選》（下），頁七四註一四、頁七六註三九與陳平原《中國小說敘事模式的轉變》，頁七四註一。

註一〇四　平子在〈小說叢話〉裏面說：「《金瓶梅》一書，……眞正一社會小說，不得以淫書目之。」又說：「《紅樓夢》一書，係憤滿人之作，作者眞有心人也。……今人無不讀此書，而均毫無感觸，而專以情書目之，不亦誤乎？」他以新角度詮釋《金瓶梅》、《紅樓夢》二作，並給予肯定的評價，反對一般的成說，但不斥責梁氏等人的說法。以上二段文字見《新小說》第八、九號。又，收入阿英編《晚清文學叢鈔．小說戲曲研究卷》，頁三一五、三一九—三二〇；同註九，頁六八、七〇。

註一〇五　見《新小說》第十三號。又，收入阿英編《晚清文學叢鈔．小說戲曲研究卷》，頁三三二—三三三；同註九，頁七九—八〇。

註一〇六　參見《新小說》第十三號。又，收入阿英編《晚清文學叢鈔．小說戲曲研究卷》，頁三三三；同註九，頁八〇。

註一〇七　同上。

註一〇八　徐念慈（一八七五—一九〇八），原名烝乂，字念慈，以字行。後又改字彥士，別號覺我、東海覺我。江蘇昭文人。曾主編《小說林》，譯有《黑行星》、《新舞臺》等小說，並評點小說多部，亦爲重要的小說論者。參見時萌〈周桂笙與徐念慈〉、〈徐念慈年譜〉，收入《中國近代文學論稿》，頁二三九—二三四、二四七—二六二。

註一〇九　見〈余之小說觀〉，《小說林》第九期。又，收入阿英編《晚清文學叢鈔·小說戲曲研究卷》，頁四二；同註九，頁三二〇。

註一一〇　參見〈余之小說觀〉，《小說林》第九期。又，收入阿英編《晚清文學叢鈔·小說戲曲研究卷》，頁四二—四六；同註九，頁三一〇—三一三。

註一一一　同註五。

註一一二　平子的看法參見〈小說叢話〉，《新小說》第八、九號。又，收入阿英編《晚清文學叢鈔·小說戲曲研究卷》，頁三一五—三一一；同註九，頁六七—七二。王鍾麒的說法參見下文。吳沃堯的說法參見〈說小說·雜說〉，《月月小說》第八號。又，收入阿英編《晚清文學叢鈔·小說戲曲研究卷》，頁四六五—四六六；同註九，頁二五八—二五九。〈讀新小說法〉，收入同註九，頁二七四。〈客雲廬小說話〉，收入阿英編《晚清文學叢鈔·小說戲曲研究卷》，頁四二一—四二三。

註一一三　見〈客雲廬小說話·窮愁著書〉二則，收入阿英編《晚清文學叢鈔·小說戲曲研究卷》，頁四二一—四二三。又，這種說法當然前有所承，李贄、金聖嘆、張竹坡等人皆曾提出相似論點，不贅述。

註一一四　《月月小說》第九號。又，收入同上，頁三七；同註九，頁二六三。

註一一五　《月月小說》第十一號。又，收入同註一一三，頁三五—三六；同註九，頁二六五—二六六。

註一一六　以上所述，均據〈中國歷代小說史論〉一文，出處同上。

註一一七　參見〈說小說・雜說〉，出處同註一一二。

註一一八　《月月小說》第十一號。又，收入同註一一三，頁三四；同註九，頁二六五。

註一一九　收入同註九，頁二七六。

註一二〇　以上所述，均據〈讀新小說法〉一文，收入同註九，頁二七三—二七九。

註一二一　收入同註九，頁二七八。

註一二二　別士，原名夏曾佑（一八六三—一九二四），字穗生，號穗卿，一作遂卿，又號碎佛，筆名別士。浙江杭州人。甲午戰後曾參加維新運動，先後與嚴復、梁啓超等編《國聞報》、《時務報》，倡導詩界革命與小說界革命。參見黃霖、韓同文選注《中國歷代小說論著選》（下），頁六註一。

註一二三　以上所述參見〈小說原理〉，《繡像小說》第三期。又，收入同註一一三，頁二四—二五；同註九，頁五八—五九。

註一二四　參見〈女獄花敘〉與〈女媧石凡例〉二文，均收入同註九，頁一二二、一三二—一三一。

註一二五　見《新小說》第八、十三號。收入同註一一三，頁三二九、三三〇—三三二；同註九，頁七〇、七七—七八。

註一二六　見《月月小說》第一號。又，收入同註一一三，頁一五二—一五三；同註九，頁一六九—一七〇。

註一二七　天僇生的說法見於〈論小說與改良社會之關係〉、〈中國歷代小說史論〉二文，《月月小說》第九、十一號。又，收入同註一一三，頁三七—三八、三六—三七；同註九，頁二六三—二六四、二六六—二六七。

註一二八　收入同註一一三，頁四六七—四六八；同註九，頁一八二。

註一二九　同註一二七。

註一三〇　參見陳平原《二十世紀中國小說史．第一卷》，頁八一—八九。

註一三一　見〈兩晉演義序〉，《月月小說》第一號。又，收入同註一一三，頁一八五；同註九，頁一七二。

註一三二　收入《我佛山人文集》第七卷，頁九〇；同註九，頁一九四。

註一三三　收入同註一一三，頁一五四；同註九，頁一七一。

註一三四　《月月小說》第九號。又，收入同註一一三，頁三八；同註九，頁二六四。

註一三五　同上。

註一三六　見〈中國歷代小說史論〉，《月月小說》第十一號。又，收入同註一一三，頁三七；同註九，頁二六七。

註一三七　《月月小說》第九號。又，收入同註一一三，頁三七—三八；同註九，頁二六三。

註一三八　收入同註九，頁二一三。

註一三九　收入同註九，頁二〇七。

註一四〇　《小說林》第九、十期。又，收入同註九，頁三一五—三一六。

註一四一　見〈余之小說觀〉，《小說林》第十期。又，收入同註九，頁三一五。

註一四二　見天僇生〈論小說與改良社會之關係〉，《月月小說》第九號。又，收入同註一一三，頁三九；同註九，頁二六四。

註一四三　見〈讀新小說法〉，收入同註九，頁二七四。

註一四四　見儒冠和尙〈讀閨中劍書後〉，收入同註九，頁一九九。

註一四五　見燕南尙生〈新評水滸傳敘〉，收入同註一一三，頁一二五；同註九，頁二三四。

註一四六　《新小說》第七號。又，收入同註一一三，頁二八；同註九，頁六一－六二。

註一四七　參見〈論小說與群治之關係〉，《新小說》第一號。又，收入《飲冰室文集》之十，頁六－八；同註一一三，頁一五－一七；同註九，頁三三－三五。

註一四八　以上所述，均據楚卿〈論文學上小說之位置〉一文，《新小說》第七號。又，收入同註一一三，頁二八－三一；同註九，頁六二－六四。

註一四九　收入同註一一三，頁三九；同註九，頁二二六。

註一五〇　收入同註九，頁二〇七。

註一五一　參前文所述楚卿的論點，同註一四八。

註一五二　眞實姓名及生平待考。

註一五三　見〈小說叢話〉，《新小說》第九號。又，，收入同註一一三，頁三二〇－三二一；同註九，頁七一一七二。

註一五四　見《漢書》〈藝文志〉，頁一七四五。

註一五五　同註一一八。又，此段原文已見前引，故此處只作部分節錄。

註一五六　同註一五四。

註一五七　見〈中國歷代小說史論〉，《月月小說》第十一號。又，收入同註一一三，頁三六；同註九，頁二六六。

註一五八　見《菽園贅談》〈梁山泊〉一則，收入同註一一三，頁三八一；同註九，頁一五。

註一五九　見《揮麈拾遺》〈小說與民智關係〉一則，收入同註一一三，頁四一一—四一二；同註九，頁三一。

註一六〇　參《南海康先生年譜續編》，頁三，收入《康南海先生遺著彙刊》第二十二冊。

註一六一　見《康南海先生詩集》卷五《大庇閣詩集》，頁三五—三七，收入《康南海先生遺著彙刊》第二十冊。

第二節　小說之文學本質論

晚清小說界討論小說之文學本質的文章，主要是從美學觀點立論，這是當時小說理論的另一體系，這一體系的論點，主要是援用西方學說或受西方學說影響而產生。此外另有一部分論者，根據個人體會，發抒有關小說文學本質的見解。這些見解與改良社會主流理論相異，也與美學觀點相異，而與傳統的小說理論倒頗有相近或相通之處。大體說來，重視小說之文學本質面的論者，在不同程度上，多有不滿改良社會論等過度偏重社會功能面的傾向。不過，除了小說美學方面的觀點大致上還有共通的出發點以外，其他有關文學本質的討論，便顯得相當零散而不成體系，唯深入追究的話，其核心精神又不無相通之處，爲了區別此類見解與美學觀點一系之間的差異，下文分別以是否曾受西方學說的影響爲標目，依序論述。

一、未受西方影響的小說本質論

偏重社會功能面的小說論者，也有一部分兼顧到小說的文學性質面，譬如吳沃堯強調過「趣味」和「感情」，（註一）黃伯耀強調過「情理之眞趣」，（註二）但他們雖然兼顧文學本質面，仍然以運用文學特質，達成社會功能爲指標，文學性猶如達成社會性的一種媒介甚至工具。此外也有部分論者，在某個地方談社會功能論，在另一個地方談文學本質論，而兩者之間似不相屬，因此不能指責他們視文學爲社會功能的工具。或許他們果眞無意視文學爲一種社會工具，也或許他們只是未在字面上將兩個繫連起關係而已。這一部分的論點通常偏向於形式技巧方面的探討，如〈小說叢話〉裏面，曼殊談到作小說回目和結構無懈筆的問題，（註三）又從小說中之人物、事件，比較中西小說之異同；（註四）俠人也從小說分類、篇幅、布局及人物、事件，比較中西小說之短長。（註五）〈觚庵漫筆〉裏面也談到人物、布局以及急讀、緩讀對小說結構、章法、字句等的體會。（註六）不論談作法、讀法或中西比較，所觸及的都是小說的文學本質，可惜的是，論者未將它們獨立出來，成爲單獨存在的論點或觀點，雖然也未將它們附屬於社會功能論，但它們仍附屬於其他觀點，而不是純粹就中國小說作品，歸納其所以成爲小說作品的文學特質。因此，有關小說文學本質的討論，呈現出極端零散而不成系統的狀態，而且在理論界，以專章探討小說之文學本質者，除美學論以外，數量微乎其微。有關某部小說之布局、結構、章法、字句或人物、事件等問題，實際批評裏面倒是經常涉及，而通過歸納、純化，提到理論層次來談的，終究還是少數。在這些少數而零星、分散的文學本質論裏面，比較直接、正面強調小說的藝術表現者，有公奴（註七）〈金陵賣書記〉裏的一段，文內提到：

> 小說之妙處，須含詞章之精神。所謂詞章者，非排偶四六之謂。中外之妙文，皆妙於形容之法；形容之法莫備於詞章，而需用此法最多者莫如小說。……故諸同志不欲爲小說則已，如欲爲之，勿薄詞章也。（註八）

基本上，公奴也支持以小說開民智，但他反對不講究詞章精神的小說，他說：

> 以小說開民智，巧術也，奇功也，要其筆墨絕不同尋常。（註九）

藉小說以開民智，他並未反對，但認爲這是一種以奇巧制勝的方式，重要關鍵在於作品本身須具有奇巧——「決不同尋常」的筆墨。「筆墨」的意思側重小說在文學上之表現，和前文所謂詞章精神，有相通之處。「詞章之精神」，公奴文內解釋爲形容之妙法，用今天的術語來講，接近於文學手法或藝術表現的意涵；不是指四六駢偶之類華辭麗藻的字面表現，而是更深一層——可能包括敘事、達情、寫人、傳神以及章法、結構等藝術手法之表現。他批評當時新出小說缺乏詞章筆墨說：

今之爲小說，俗語所謂開口便見喉嚨，又安能動人？（註一〇）

過於直率，不能曲折變幻，「令人得言外之意」（註一一）的作品，便不能稱爲好小說。可以說他之所以感到不滿的，是小說創作爲了社會功能之目的，過度強調普及、通俗，而產生的藝術粗糙現象——「開口便見喉嚨」是一種粗俗淺直的表現，（註一二）他用這句俗語比喻當時小說文學藝術經營不善的狀況，據現存的晚清小說作品配合參看，的確頗符合實情。魯迅也曾批評清末譴責小說「辭氣浮露，筆無藏鋒」（註一三），與公奴此說有異曲同工之旨。《金陵賣書記》一書刊行於光緒二十八年（一九〇二），恰與「小說界革命」同一年。從這裏也可以推測，晚清小說缺乏藝術鍛鍊的情形，早在「小說界革命」之前，小說界繁榮盛況產生以前，便已存在，改良社會論的醞釀期內已產生此種現象，唯其如此，它更易於隨「小說界革命」之推廣、風行，而成爲大多數作品的一種共同現象。《金陵賣書記》刊行之時，問世的新小說還不算多，（註一四）公奴便已察覺到這些作品的偏頗傾向，假如不是平日相當注重小說的藝術表現，也是觀察力相當敏銳的一位論者。又其書題名「賣書記」，文中也有一段談及小說書之暢銷與筆墨、趣味之間的關係，（註一五）可見他具有書商身分，賣書經驗可能也是促使他注意小說筆墨的外緣因素。無論如何，他是比較正面提醒創作界注意小說的文學精神與藝術表現的一位論者。

此外，從個人的創作經驗和感受出發，提供異於改良社會論之創作觀的說法者，有俠民和鴻都百鍊生等人。俠民（註一六）所提出的創作觀不妨稱之爲「消遣說」，他在〈中國興亡夢自敘〉一文的開頭談到：

世事一夢幻也，人生與憂患俱來。攘攘熙熙，營營擾擾，若者爲事業？若者爲名譽？要之不過作暫時之消遣計耳。（註一七）

這是俠民創作觀的前提。他認爲，人生的一切活動都只是一種消遣，事業、名譽爲消遣，創作也是消遣。尤其是「希望既絕之人」，因爲希望滅絕，百無聊賴，特別需要好的消遣，以免走入極端。世俗有許多消遣之法，但都不適合滿懷不平的人。至於之所以會滿懷不平，主要由於社會上存在有許多怪現狀——「有強權，無公理；有好惡，無是非；有私便宜，無公利益；有假聲譽，無眞價值。」這些不平、不公、不善、不眞的怪象，不僅令作者胸懷「種種不平」，且令作者感覺人生憂患與俱，一切事業、活動「不過作暫時之消遣計」而已。但從另一層次而言，「境隨心造，象以境變」，現實世界的苦樂，可以以心靈世界的苦樂化解消遣之，故而作者認爲「吾求消遣於吾靈魂世界足矣。」（註一八）那麼，做什麼樣的事情可以滿足靈魂世界之消遣，作者則認爲：

具此魔力，而發表之，舍小說其奚擇？舍著小說其又奚擇？（註一九）

因爲在小說裏面，可以「時而造一甘境」，「時而造一苦境」，「時而造一愛境」，「時而造一怒境」，「波譎雲詭，百變千奇」，（註二〇）所以可以滿足靈魂世界的消遣。小說是一個想像虛構的世界，可任心靈自由馳騁，喜怒哀樂隨心所造，的確稱得上具有消遣靈魂世界的「魔力」。由此處也可以知道，俠民相當肯定想像力在小說創作過程中的作用，並且肯定虛構性在小說作品內的分量與地位。此文最後的結論認爲：

吾國人之至今日，其不處於希望之絕境者，蓋亦幾希。吾之以爲樂也，必有與吾同其樂者；吾之以爲哀也，必有與吾同其哀者；吾之以爲戀、以爲憤也，必有與吾同其戀、同其憤者；吾之以爲痛快、爲勇敢、爲高興、爲頹唐也，必有與吾同其痛快、其勇敢、其高興、其頹唐者。吾以是爲消遣，又焉敢不舉而獻之吾同病者之前，而消遣其同病耶！世其有不發狂、不厭世者乎？則此編原狂夫之囈語也。若云商榷政見，或激發民氣，此乃近時新學家之門面語，著者蓋自等於優俳之流，敬謝不敏。（註二一）

俠民最後自稱屬於優俳之流，頗有表面自貶的意味，但其實也是一種嘲諷，嘲諷「商榷政見」、「激發民氣」之說，其實不過一「門面語」而已。就全文看來，俠民所論的「消遣」，主要爲感情或情緒的宣泄、排遣。至於感情或情緒，則是緣於不滿現實世界種種怪象而生的不平之情乃至無望之感。他主張小說是情感、情緒的宣泄、排遣，言下之意等於主張構成小說的質素，是情感、情緒的，而非議論、理智的——議論、理智即「新學家」，亦即改良社會論者，提倡「商榷政見」，「激發民氣」等說所造成的。此篇以自述筆調行文，旨在抒發個人懷抱，表明從事創作的不平之情，似無意於建構小說理論，但文中反映出他與時流相異的另一番創作觀點。雖然他的不平之情來自對社會之不滿、絕望，但他的創作論不以改革社會爲標竿，而以宣泄不平爲宗旨，也就是說，立足於情感本質——亦即文學之本質。或許他其實不無商榷政見、激發民氣之想，但是他的著眼處仍爲在靈魂世界中造境，消遣其絕望、不平之情懷，所以，基本上是創作者爲自遣其情而作，不是爲改造讀者、改造社會而作。這與他另一篇文章所述，有相通之旨。〈菲獵濱（註二二）外史自敘〉文中有云：

……余懷所欲陳者，又十倍於囊時。僨轅駑馬，觸境堪傷。失望之餘，而崇拜歆羨之心，因以轉熾。如癢在背，不搔不得；如鯁在喉，不吐不快。（註二三）

「余懷所欲陳者」指聽說菲律賓亡國之時國民奮勇血戰之事蹟後，頗有所感，很有欲助其一臂之力的想法。後經庚子事變的刺激，又再聽聞到菲國豪傑的軼事，所欲陳述的感懷遂增加至十倍。而對本國國是失望之餘，崇拜歆羨異國士民之心，也益加熾烈。最後，心裏的感懷形成強烈的創作衝動，不吐不快，於是在「夜闌不寐」之時，「以小說體逐晚記之」。（註二四）欲陳述所懷，且「不吐不快」的熾烈衝動，是產生創作的主要動因，所以創作的動機、宗旨，仍在陳其所懷，抒其崇拜歆羨之心，仍是爲自遣其情而作，而不是爲讀者、爲社會而作。也可以說，他視小說爲屬情之物，視創作爲情感衝動的產物。與時流名士視小說爲改革社會之具，視創作如爲讀者編教科書，實大異其趣。俠民之說，無疑比較歸復小說之文學本質。

鴻都百鍊生（註二五）的說法和俠民之說其實有相通之處，「消遣」是爲了讓不平之情有傾吐的管道，鴻都百鍊生在〈老殘遊記自敘〉一文中提出的「哭泣」之說，同樣也是宣泄感情的一種方式。〈老殘遊記自敘〉云：

蓋哭泣者，靈性之現象也，有一分靈性即有一分哭泣，而際遇之順逆不與焉。（註二六）

哭泣是靈性的現象一說，首先肯定哭泣的意義。哭泣行爲不必因個人際遇之順逆而生，亦即不必因現實因素而生，它是一種超乎現實的靈性行爲。這同樣也肯定了哭泣的意義，並提昇哭泣的層次。其後，又說明哭泣之由來及其種類云：

靈性生感情，感情生哭泣。哭泣計有兩類：一爲有力類，一爲無力類。痴兒騃女，失果則啼，遺簪亦泣，此爲無力類之哭泣。城崩杞婦之哭，竹染湘妃之淚，此爲有力類之哭泣也。而有力類之哭泣又分兩種：以哭泣爲哭泣者，其力尚弱；不以哭泣爲哭泣者，其力甚勁，其行乃彌遠也。《離騷》爲屈大夫之哭泣，《莊子》爲蒙叟之哭泣，《史記》爲太史公之哭泣……。吾人生今之時，有身世之感情，有家國之感情，有社會之感情，有種教之感情。其感情愈深者，其哭泣愈痛。此鴻都百鍊生所以有《老殘遊記》之作也。棋局已殘，吾人將老，欲不哭泣也得乎？吾知海內千芳，人間萬豔，必有與吾同哭同悲者焉！（註二七）

這一段話首句說明哭泣之所以產生。根據此句及後文分類實例，可以知道哭泣是一種感情宣泄的方式。凡人皆有靈性，皆有感情，因此也必定有哭泣。唯哭泣的緣由各有不同，其動人的力量亦各不相同，哭泣的感情強者動人的力量亦強，反之則弱。作者又據此分出哭泣的種類。爲小小失物而哭泣，僅是一時情緒失衡的現象，屬於無力類之哭泣。爲喪夫喪君而哭泣，是一種終生的傷痛，屬於有力類之哭泣。有力類之哭泣又分兩種，直接以淚水、聲音宣泄的哭泣，動人力量算是弱的；不以聲音、淚水直接宣泄，而轉化爲詩辭文章，亦即所謂長歌當哭者，動人力量才是強的。後一類的哭泣，將難以宣泄的強烈情感凝斂起來，寓賦於白紙黑字。表面上看，只見到白紙黑字；實質上，情感經過凝斂，猶如生鐵鍛鍊成硬鋼，力度、韌度都增強數倍，所以說「其力甚勁」。而蘊藏在白紙黑字之中的內斂的強烈感情，不但可以打動當代人，即使後代人也會受到感動。因爲後代人亦自有難以宣泄之情，需藉閱讀過程裏的共鳴之感來稍得慰藉，詩辭文章等也因此之故而能行之彌遠，流傳不絕。這種「不以哭泣爲哭泣者」才是不朽的哭泣。《老殘遊記》的撰作，便是一種「不以哭泣爲哭泣」的哭泣方式。至於它所要宣泄的感情，有身世、家國、社會、種教等各種感情，它不但爲作者個人的身世際遇而哭，更爲全國百姓、國家社會和民族前途而哭。「其感情愈深者，其哭泣愈痛」，作者正是一位深於情的人，所以他是以痛哭流涕之筆，撰作《老殘遊記》之文。最後兩句再次表明，作者的萬千感情與沉痛哭泣，既因個人而生，更因時局、國勢而生，而且作者相信，處於同一時局、國勢之中的百姓同胞，必定也有懷抱同樣感情與沉痛者，作者寄寓於書中的悲情，也必定可以獲得讀者共鳴。

這篇序文所提出的「哭泣」說，實質上是說明創作乃基於感情的宣泄，而且文學創作是宣泄感情一種最爲有力、最能行之久遠的方式。這種說法，和俠人的「消遣」說一樣，與古代小說論者李贄、金聖嘆、張竹坡等人提出的發憤著書或怨毒著書說（註二八）其實極爲相近。例如張竹坡曾說《金瓶梅》的作者是「滿肚皮猖狂之淚沒處灑落，故以《金瓶梅》爲大哭地也」，（註二九）與劉鶚之說可謂雷同；又說：「不作《金瓶梅》，又何以消遣哉？」（註三〇）亦與俠民之說相同。但不論其前有所承的淵源如何，俠民與劉鶚都認為，小說的創作，乃為宣泄感情而生，不為改造變局而有，即便其感情的生發與時代社會的變局有密不可分的關係，但小說創作的根本動因仍在於感情，而這個，便是與改良社會論根本性的分判所在。

以上是站在文學本質的立場，談小說、論創作的幾種觀點，他們有的著重外見的藝術手法，如公奴；有的著重內蘊的情感衝動，如俠民、鴻都百鍊生，此外也還有一些其他的論點或論者，譬如劉鶚〈老殘遊記二集自敘〉涉及到小說人物、事件的虛構性及其所傳達情感、意義的眞實性，也是很值得注意的一個論點。（註三一）不過，無論如何，他們都強調小說的文學本質，雖然他們觸及的討論點，與改良社會論一流相較，顯得比較單薄，有時候也不夠全面和周詳，但他們站在文學本位，討論小說創作的本義，構立合於小說本貌的論點，其建樹和價值，與體系較為完整的改良社會論一脈仍堪稱同侔。況且他們超乎時流而直指文學本心，其識見彌足珍視。

二、受西方影響的小說美學論

從美學觀點探討小說理論的，據今所見有王國維、黃人、徐念慈等三人，其中至少王、徐二氏曾在文中援引西方哲學家之說，可知他們的美學觀點確實曾受西哲影響。黃人（註三二）文中未言及西哲說法，但可能也受有影響，他在《中國文學史》〈總論〉中曾說：

人生有三大目的，曰眞，曰善，曰美，……而文學則屬於美之一部分，然三者皆互有關係。（

註三三）

基本上，以眞、善、美剖析人生宗旨，或以美看待文學，是受西方學說影響的看法，中國傳統文學理論，少有用「美」字立論，或以「美」學成說者。也就是說，小說美學論主要是受西方文學觀及哲學思想影響而產生。這一淵源對美學論的觀點體系可能也有不良影響，因爲與改良社會論一脈相較，美學論在體系上有架空的現象。論者從美的觀點探討小說本質，但相應的創作論、閱讀論，幾付闕如。在徐念慈的論述裏，架空現象尤其明顯。可能論者乍然接觸西方美學，未及深思融會即驟然移植，是產生這種現象的一個重要原因。同時，接觸與了解之人不多，不足以作各層面、各方向廣泛的探討，以致系統不夠完整，或也是一項不得已的因素。

王、黃、徐三人之中，王國維（註三四）的〈紅樓夢評論〉發表最早，論見也最精深，至今仍爲受世人盛譽的名著。此文以叔本華的哲學思想爲指導，寓理論於實際批評之中。雖然其中的美學思想，幾乎全是叔本華學說的套用或翻版，但文中的理論闡釋條理清晰，見解超俗，其理論精神又與傳統老、莊一脈超然物外之觀念，頗有相契之處，（註三五）且在當時國人對叔本華一無所知的情況下，他獨出新聲，猶如皋鳴九霄，對我國文學觀、美學觀的確有不同凡響的影響與建樹。全文分五章，從對人生的探討開始。它的美學觀即以人生觀爲基礎。第一章裏面，談到人類求生的活動及其相伴而生的痛苦，認爲：「憂患與勞苦之與生相對待也久矣。」人類爲了求生存，有衣食宮室之勞；爲了綿延生命，有家室育養之累。進而結群立國，分建秩序、制度。如此勤力憂勞，果眞獲得生存的滿足與否，是一項值得深思的問題。（註三六）文章由此探究生活的本質，並下斷語說：

生活（註三七）之本質何？「欲」而已矣。……故人生者如鐘表之擺，實往復於苦痛與倦厭之間者也。夫倦厭固可視爲苦痛之一種。……故「欲」與「生活」與「苦痛」，三者一而已矣。

（註三八）

將生活的本質定位於欲望，是此文觀點脈絡上的一個關鍵。由欲望導出痛苦，生活與痛苦如影隨形，這種人生觀是下述美學觀及悲劇理論的基礎。文中認爲，欲望之產生，起源於「不足」之感。「不足」——不滿足的狀態是一種痛苦，但欲望滿足之後，另一欲望隨之而起；十種欲望滿足之後，另外還有千百種欲望未滿足。即便所有欲望全數滿足，再沒有可欲的對象，這時「倦厭之情」又將「起而乘之」。人生不斷追求、不斷勞動，結果是在痛苦和厭倦之間來回徘徊，無法得到眞正的滿足和快樂。就算有意特別努力以去除痛苦和厭倦，但努力本身也是一種痛苦。即使努力之後果眞得到快樂，快樂之後，對痛苦的感覺反更加深刻難堪。人生的最大欲望是生存，但生存活動卻離不開痛苦，所以說欲望、生活、痛苦三者是合而爲一的。

根據上述論點，知識也是爲維護生活而產生，所以文中認爲：「吾人之知識，遂無往而不與生活之欲相關係，即與吾人之利害相關係」，亦即「與苦痛相關係」，因而一切理論與實踐行爲，都成爲苦痛之源。這個時候，假如：「有茲一物焉，使吾人超然於利害之外，而忘物與我之關係。此時也，吾人之心無希望，無恐怖」，猶如久霪而後天青，久航而後泊岸，如鳥出樊籠，魚脫網羅，心靈之自由快樂，將是人生最大的滿足。然而，是什麼事物可以使人類心靈獲得最大滿足呢？（註三九）王國維說道：

然物之能使吾人超然於利害之外者，必其物之於吾人無利害之關係而後可；易言以明之，必其物非實物而後可。然則，非美術何足以當之乎？……而美術中以詩歌、戲曲、小說為其頂點，以其目的在描寫人生故。吾人於是得一絕大著作曰《紅樓夢》。（註四〇）

以上所引在原文裏面是分開敘述的兩段文字。這兩段文字，顯示王氏由超乎利害推衍到美術再到小說傑作《紅樓夢》的過程。超乎利害又是由生活之欲推衍出來的，所以說，〈紅樓夢評論〉中的美學觀，其實是建立在人生觀的基礎之上。王氏認為人生處於各種利害關係形成的痛苦之中，必須超越利害關係，超越痛苦，才能獲得快樂。而人生的一切活動、一切知識、一切物品，幾乎都與維持生存、維護生命有關，也就與利害關係有關，只有美術，無關乎維持生存之活動，故能超越利害，使人獲得平和、快樂。而這個，也就是美術的目的。王氏曾說：

美術之務，在描寫人生之苦痛與其解脫之道，而使吾儕馮生之徒，於此桎梏之世界中，離此生活之欲之爭鬥，而得其暫時之平和，此一切美術之目的也。（註四一）

美術的目的，在使人遠離欲望，獲得平和，而且是透過對人生苦痛與解脫之道的描述，使人從中獲得平和。反過來說，描述人生與解脫的作品，才算達成美術的目的，才是上乘作品。以描寫人生為目的的詩歌、戲曲、小說成為美術之頂點，便是基於這項理由。《紅樓夢》的內容，王氏認為最符合「描

述人生之苦痛與其解脫之道」的要求，因而「足爲我國美術上之唯一大著述」。（註四二）

這裏面有許多觀念值得剖析。首先，此文將詩歌、戲曲、小說等歸於美術之中，反映出一種異乎時論乃至異於傳統的文學觀。同一時期的改良社會論強調小說的實用性，主張小說可以啓民智、養民德，對政治、社會發揮莫大功效；王國維卻將小說歸列於美，而與智、德乃至與政治、社會分離開來。他在〈論教育之宗旨〉一文裏面，將教育分爲體育（發達其身體）、心育（發達其精神）兩大部門，又將心育分爲智育、德育、美育三大部門，此三大部門分別以眞、善、美爲理想，三者俱備，方得成爲完全之人物。（註四三）這篇文章裏面，美育、智育、德育平等並列，眞、善、美也平行並存，三者缺一不可，顯示出「美」的獨立地位與價值，「美」並不從屬於任何實用性的目標之下，而自具獨立的宗旨與範疇。但在改良社會論的主張裏，小說藝術性卻從屬於政治、社會功能；借用眞、善、美的說法來說，美並不與眞、善平行並列，而是眞、善的附屬品。回過來看，在王氏的觀念裏，美是獨立自存的，文學也是超乎政治、社會乃至超乎人類生活而存在的獨立物，其神聖性可謂無與倫比，甚至政治、社會有時尚須俯首臣服——這個觀念稍後在〈論哲學家與美術家之天職〉一文裏面發展成熟，該文道：

> 夫哲學與美術之所志者，眞理也。眞理者，天下萬世之眞理，而非一時之眞理也。……唯其爲天下萬世之眞理，故不能盡與一時一國之利益合，且有時不能相容，此即其神聖之所存也。（註四四）

哲學和美術（文學即在其中，小說當然也在其中）追求的是萬世不易的眞理，政治、社會則不過是一時一國之利益，兩者有時不能盡合，甚至相與牴觸。但若汲汲欲以哲學、美術配合一時一國之用，便無異自行污蔑其獨立之位置與神聖之天職。這樣一來，哲學與美術的價値也將盡行流失，而無存在之必要。在這樣的觀念底下，王氏於是批評傳統文學裏「忠君愛國，勸善懲惡」的標榜，其實是對眞正文學的一種迫害，並且慨歎我國是一個哲學、美術不發達的國家，而以文學爲「道德、政治之手段者，正使其著作無價値者也。」（註四五）文章最後並祈望：「願今後之哲學、美術家，毋忘其天職而失其獨立之位置，則幸矣！」（註四六）王國維對《紅樓夢》、對小說的觀念，是建立在這一套哲學、美術的觀念裏面，所以，他雖然沒有談到對梁啓超或對當時盛行之改良社會論的意見，但他對梁氏等一類主張，無疑抱持著異斥態度。柯慶明先生認爲，梁啓超與王國維代表的是中國文學批評的兩種趨向和典範，（註四七）的確是精當之論。就小說觀念而言，他們也是代表兩種不同的趨向和典範，不過兩人對小說的貢獻則是相當的，梁啓超爲小說掙得超越傳統的地位，王國維又爲小說爭取超越政治、社會的地位，小說不但躋入文學之林，文學更躋身神聖著述之域。

在這一套超越而神聖的文學觀底下，對於小說的創作與閱讀、作品研究與藝術分析，自然呈現完全不同走向的見解。有關創作，王國維援用叔本華的理論，稱作者爲「天才」（註四八），認爲創作主要是一種秉自天賦的活動，經驗則是一種輔助。而作品所描寫的對象，「非個人之性質，而人類全體之性質也」（註四九）——簡言之，即具有共性、普遍性的人類特性，也就是〈論哲學家與美術家之天職〉一文裏面所標舉的「天下萬世之眞理，而非一時之眞理也。」（註五〇）雖然作品所要描寫的對象是普遍性的眞理，但作品的表現方式，卻「貴具體而不貴抽象」，（註五一）因而是把人類全體的普遍性特質，置之於一個個人的名字底下，換句話說，它是藉個體來表現共性，透過個體人物的個性、行爲、際遇及由此發展而出的情節、故事，來表現屬於人類全體的普遍眞理。至於閱讀，那是一種超乎生活利害關係，入於純粹快樂之域的過程。王國維曾引叔本華之說，分析觀美之狀態爲「二原質」，即：

㈠被觀之對象非特別之物，而此物之種類之形式；㈡觀者之意識，非特別之我，而純粹無欲之我也。（註五二）

閱讀小說的狀態與此同理。被觀之對象不是「特別之物」，亦即不是現實世界中與吾人生活利害息息相關的個殊事物，而是描述超越生活利害的普遍眞理的文學作品。作品既無關於一己之利害，讀者閱讀時，亦不知有一己之利害，所以是「純粹無欲之我」。閱讀活動是以無欲之我，觀無欲之物，「此時之境界，無希望，無恐怖，無內界之爭鬥，無利害，無人無我」，（註五三）「而入於高尙純潔之域，此最純粹之快樂也。」（註五四）閱讀活動最後所獲得的，是高尙純潔的純粹快樂，是對普遍性眞理的了悟，而不是生活知識或生存條件的增進。

王國維且進而將「美」區分爲「優美」與「壯美」，並區分悲劇爲三種類型。（註五五）根據他對《紅樓夢》的評價，他所推崇的美，應當是壯美勝於優美，所推崇的悲劇則是第三種悲劇。「優美」指和吾人沒有利害關係的美感對象，觀美時心靈產生寧靜狀態，稱爲「優美之情」。「壯美」指美感對象大不利於吾人，吾人的生活意志因之破裂、遁去，此時「知力」反而脫卸生活之欲的束縛，獨立發揮作用，深入觀察體會，因而產生「壯美之情」。三種悲劇裏面的第一種，是指由極惡之人極力造成的人爲悲劇；第二種是盲目的命運所造成的悲劇；第三種是既無萬惡之人，也無命運作弄，但因爲各人的不同立場及其中相對關係，在普通自然的情境下，就形成了無可脫逃的悲劇。第三種悲劇形同在表明，不幸是人生自然固有的事，眞正是「無所遁逃於天地之間」的，所以是最大的悲劇。（註五六）闡發悲劇精神，張揚壯美之情，這和傳統小說多以圓滿喜劇收場的審美觀確實是相左的，所以王氏也批評國人的精神是「世間的也，樂天的也」。（註五七）

根據以上說法，可以將王國維的小說論歸納爲下述幾點：

一、小說是一種超越現實，追求普遍眞理，而獨立於政治社會、時代國家之外的神聖作品。二、閱讀小說是爲了尋求跳脫欲望、感發情緒以洗滌精神，獲得高尚純粹之快樂。三、悲劇作品優於喜劇作品，因爲悲劇更能洗滌人的精神，達到純粹之快樂。這些論點除了顯示小說超越於時代、社會的獨立、神聖地位以外，同時也暗示了小說作品的恒常與不朽性。時代、社會都會因時空而變動，小說卻因描寫天下萬世眞理而具有不朽意義。這種恒常性與傳統經典所謂「經者，常也」的恒常性是不同的。經典的恒常性仍是落實於現實，以適合千秋萬世政治社會之用爲準繩；此處小說的恒常性卻跳脫現實，且超越人生欲望。也可以說，王國維在此處暗示了另一種恒常性的典範。就超越現實的精神來講，它或許近於傳統哲學裏面的道家思想，但道家思想在傳統學術裏不屬於「經」——也就是說，不是恒常性的道理；而屬於「子」——亦即僅是一家之言。所以此處的小說恒常性，隱約把一些在舊時代可能屬於「一家之言」的精神，提升到經典的地位，如此一來，恒常性就不是經典獨有的神聖性質。「文以載道」的文學觀，原本是因承載聖人之道（同於經典之道）而享有高尚地位，但此處提出的是追求解脫，承載超然物外之精神（也可說是另一種「道」）的文學作品，這種作品同樣可享有恒常性與高尚地位。這樣一來，「文以載道」的高尚性不再是唯一的最高標準。這種觀念，才眞正是對傳統小說觀與文學觀的徹底挑戰和解構。不僅如此，王國維偏重壯美與悲劇，認爲它們具有洗滌人類精神的價值，此與自孔子以來，所謂「溫柔敦厚，《詩》教也」，（註五八）或「治世之音安以樂」，「亂世之音怨以怒」，「亡國之音哀以思」（註五九）之類的傳統文學觀、審美觀，幾乎呈對立狀態。傳統觀念裏，怨怒哀思是不祥的、不美的，但王國維所主張的壯美、悲劇，卻很難說是溫厚、安樂的。這是文學評價的改觀，也是觀念結構的重組。雖然王氏引進的是西方學說，但其學說裏有些成分可與中國傳統思想相契，故而衝擊力量也更大，因爲其間不僅爲強勢對弱勢的挑戰，而且有滲透、轉化、重組的解構作用。可惜的是，王氏之說在晚清當時不像梁啓超之說那樣受重視，它的影響也不像梁氏之說那樣廣大普遍，因此，王國維雖然提出一個足以傲立千古的觀點，對晚清時期小說觀念的扭轉，所發揮的作用卻不算大。不過這不足以抹煞王氏論點的價值，他的說法在理論上的價值仍是卓絕群倫的。

黃人的小說美學論主要見於〈小說林發刊詞〉一文。文章在強調小說的美學特質之前，先對當時小說界的現象作了一番述評，文云：

……小說之風行於社會者如是。……小說之影響於社會者又如是。則雖謂吾國今日之文明，為小說之文明可也；則雖謂吾國異日政界、學界、教育界、實業界之文明，即今日小說之文明，亦無不可也。雖然，有一蔽焉：則以昔之視小說也太輕，而今之視小說又太重也。（註六〇）

文中對當時小說風行及影響社會之狀曾作充分描述，為了減省篇幅，此處並未引出，但可據以驗證梁啓超之影響與當日小說界之實況，並且可以了解黃人對於小說界的盛況也有充分認識。他認識到小說正處於一個與昔日迴異的態勢之中，興盛的狀態迴異於往昔，影響力、重要性與地位也迴異於往昔。今日之文明為小說之文明，異日之文明為今日小說界之文明，這個看法顯示黃人相當肯定小說的影響力與社會功能，不過他也認為時人對於小說的影響力與社會功能強調得太過分了，「一若國家之法典，宗教之聖經，學校之科本，家庭社會之標準方式，無一不僞於小說者。」（註六一）這是當時太過於強調小說的社會功能，把小說的影響力看得太重大，所形成的偏頗情形。與昔日輕視小說的光景相比，可以說是一種矯枉過正的現象。矯枉過正一方面有其現實上的不得不然，值得諒解，但另一面也因理論未盡完善，有待修正。黃人便是以修正的口吻提出其美學見解。

〈小說林發刊詞〉云：

然吾不問小說之效力，果足改頑固腦機而靈之，祛腐敗空氣而新之否也；亦不問作小說者之本心，果專為大群致公益，而非為小己謀私利，其小說之內容，果一一與標置者相讎否也；更不問評小說讀小說者，果公認此小說爲換骨丹，爲益智粽，爲金牛之憲章，爲所羅門之符咒否也；請一考小說之實質。小說者，文學之傾於美的方面之一種也。寶釵羅帶，非高蹈之口吻；碧雲黃花，豈後樂之襟期？微論小說，文學之有高格可循者，一屬於審美之情操，尚不暇求眞際而擇法語也。然不佞之意，亦非敢謂作小說者，但當極藻繪之工，盡纏綿之致，一任事理之乖瞬，風教之滅裂也。……一小說也，而號於人曰：吾不屑屑爲美，一秉立誠明善之宗旨，則不過一無價値之講義、不規則之格言而已。恐閱者不免如聽古樂，即作者亦未能歌舞其筆墨也。名相推崇，而實取厭薄，是吾國文明，僅於小說界稍有影響，而中道爲之安障也。此不佞所以甘冒不韙而不能已於一言也。（註六二）

前半部分「不問」數句，表示黃人對當時盛行之小說論調的反省。自梁啓超「小說有不可思議之力支配人道」之說出，時人盛倡小說具有莫大影響力足以改良社會之說，卻很少有人檢視此一系列理論的實際效力，即便有人不滿歸罪傳統小說的說法，如曼殊，或有小說不足生社會而惟社會始成小說的平心之論，如徐念慈，（註六三）但基本上，持論者對小說改良社會的效力仍未有根本性的懷疑，甚至黃人在此處以「不問」的方式置之，可能也還够不上深刻確切的反省，不過，他已經有某種程度的省思。簡單地說，正是因爲「問」過了，才能發現還是「不問」的好。況且他本身並未完全擺落小說社會功能論的看法，〈小說小話〉裏面，他認爲「《水滸》一書，純是社會主義」，中含平等、獨立思想，（註六四）又認爲我國歷史小說感化社會之力甚大，「幾成爲一種通俗史學」，（註六五）這些說法，都是肯定小說社會功能而產生。所以他雖然檢視並懷疑到當時小說理論與實踐狀況之間的差距，最後處理方式仍是以「不問」置之。

「請一考小說之實質」是黃人美學說的根本立足點。無論小說具有社會功能與否，小說之「實質」——猶今言本質，恒爲其不可抹滅的成分。假若改良社會論果眞屹立不搖，本質亦足以與之並存；不幸改良社會論出現漏洞，本質仍與小說長存。黃人此說的修正意義即在此——以美學說與改良論並立，避免改良論之偏頗。而黃人立論的永恒性也在此——美學說本身即具有獨立恒存的意義。「小說者，文學之傾於美的方面之一種也。」強調小說本質是傾向於美的方面。接著並強調，假若小說不以美爲意，也只不過成爲一種沒有價值的講義或不規則的格言罷了，完全失去文學作品的價值，並且失去教導大衆的力量——「閱者如聽古樂」便是暗示此一後果——而這個後果，完全與時流倡導小說的立意背道而馳，因此黃人說「名相推崇，實取厭薄」，「中道爲之安障」——本意欲推崇小說，倡導小說，但無意間反而厭棄小說，成爲小說發達的絆腳石。不過黃人的意思也並不是說，小說只須注重美的因素而已。「不屑屑爲美，一秉立誠明善之宗旨」，固然是一種不正確的偏頗態度；只談美感因素，不顧事理乖舛，風教滅裂，同樣是一種不正確的偏頗態度。所以根據黃人的反覆申說，可以歸納其美學說的主要綱領應該是：傾向於美，且不背離誠、善。誠、善、美三者之中，美當然居於首要地位，因爲小說是文學中傾向於美的一種作品，誠、善則居於輔助的次要地位，由於是輔助因素，所以不宜反賓爲主，以免令小說陷落爲「無價值之講義、不規則之格言」。這種看法和稍晚的《中國文學史》〈總論〉裏面，主張文學以美爲主，但眞、善、美三者互有關係的看法，（註六六）理念相當一致。

不過，因爲黃人此文的出發點偏向於修正、提醒，所以比較注重「不美」的後果，並分辨美與誠、善各有所適，以提醒時流注意弊端出現的問題，而對於「美」的內涵倒有不暇深求之勢。文中提到，「美」並非僅偏重藻繪之工、纏綿之致，這是以消極方式表示「美」具有深刻內涵，此外，歌舞其筆墨一句也暗示了「美」的創作精神，其他便談不上再有任何對「美」的積極闡釋或解說。換句話說，此文重在「破他」的部分，「立己」之論則稍有不足。它的貢獻與獨到之處，也在於矯正時論之弊，提出比較中肯的概念，但在理論架構上則不無缺憾，不過〈小說小話〉裏面有部分論述，倒可稍稍彌補這部分的不足。〈小說小話〉提到：

> 且作文最患其盡，小說兼文學美術兩性質，更不宜盡；而作者乃以盡之一字爲其唯一之妙訣，眞別有肺腸也。（註六七）

這是他提到小說的文學、美學本質時，同時談到的一種作品藝術表現。爲符合小說文學和美學的本質，作品的藝術表現切忌其「盡」。這一段話主要是批評《野叟曝言》蹈「盡」字之弊而發，但語意過簡，不易掌握其中眞正意涵。不過〈小說小話〉裏面另有一段論述，或許可以互爲參照，該段談到：

> 語云：「神龍見首不見尾。」龍非無尾，一使人見，則失其神矣。此作文之秘訣也。我國小說名家能通此旨者，如《水滸傳》（耐庵本書止於三打曾頭市，餘皆羅貫中所續，今通行本則金采割裂增減施、羅兩書首尾成之），如《石頭記》（《石頭記》原書，鈔行者終於林黛玉之死，後

編因觸忌太多，未敢流布。……），如《金瓶梅》（……書實不全，卷末建醮託生一回，荒率無致，大約即續《金瓶梅》者爲之。中間亦原缺二回。見《顧曲雜言》），如《儒林外史》（編末爲一傖牽連補綴而成，已見原書敍述中，茲不具論），如《兒女英雄傳》（原書終於安驥簡放烏里雅蘇臺大臣），皆不完全，非殘缺也，殘缺其章回，正以完全其精神也。即如王實甫之《會眞記傳奇》、孔雲亭之《桃花扇傳奇》，篇幅雖完，而意思未盡，亦深得此中三昧，是固非千篇一律之英雄封拜、兒女團圓者所能夢見也。（註六八）

文中主張《水滸傳》等書「皆不完全」，那些作品是否果眞「皆不完全」，是另外的問題，黃人主要是藉這些實例來說明「神龍見首不見尾」的精神。傳統小說大多存有版本不同、章回不一的現象，黃人對這種現象抱持的態度是：寧不見尾，勿失其神。所以他認爲章回殘缺，反而可以完全展露作品的精神。章回殘缺，經常會造成情節不完整或結局不圓滿，但由黃人所舉的實例以及所說「固非千篇一律之英雄封拜、兒女團圓者所能夢見」一語來看，他主要的著重點是結局問題。古代小說（戲曲亦然）有許多以圓滿喜劇收場的作品，即使不以喜劇收場，如《紅樓夢》、《金瓶梅》，最後仍舊達到另一種型態的圓滿。賈寶玉在獲取功名以後出世解脫，對現世界的父母妻兒還是有了功名爲「交代」，對於前世因緣——作品的神話結構，則以出世作爲完滿收場。《金瓶梅》寫盡俗情惡態，最後的建醮託生，仍不免有洗滌罪愆，復歸善緣的圓滿意圖。黃人認爲，無論是喜劇結局或不同型態的圓滿收場，反而都產生「失神」的負面作用。譬如《紅樓夢》是一個悲劇，在「苦絳珠魂歸離恨天」（註六九）之時，其精神已完全展現，至此打住，反而易於掌握作品的全副精神，留下令讀者低迴不已的無窮感受。不過，即使章節不殘缺，情節完整進行到最後的結局，但結局留下令讀者咀嚼回味的空間，也稱得上「深得此中三昧」的手法。他批評《野叟曝言》以「盡」一字為秘訣，至少是對它最後「英雄封拜、兒女團圓」的大喜劇收場感到不滿。就這一點來說，他的確是比較回歸小說的文學和美學本質，講究美感的掌握，講究作品的神采展現和意味無窮的效果。然而，「神龍見首不見尾」和「意思未盡」，其實也只是舉出一種抽象的境界和感受，至於創作如何達到這種境界，讀者又該如何領略這種感受，並未曾詳細論述，因此和美學論相繫連的創作論和閱讀論仍顯得不完整。他在〈小說小話〉裏面，雖然也談到作者素養、人物描寫的原則等有關創作的問題，但因為黃人的中心思想不純粹以美學論為主，他多少兼取了改良社會論的觀點，因而有關創作的見解，不宜逕視為美學思想體系的產物，這一點，和王國維完全以美學論為體系有極大的不同。

徐念慈的主張和黃人有相似情形。徐氏在〈小說林緣起〉一文中展示了美學觀點，在〈余之小說觀〉一文中又展示改良社會論的觀點，同時他在〈小說林緣起〉一文裏面也曾表示兼容並取的姿態。他說明《小說林》月報的刊行動機，「殆欲神其熏、浸、刺、提（說詳《新小說》一號）之用」，（註七〇）可見他相當贊同梁啓超之說，也不認為標榜小說的美學價值，將可能與改良社會的實用功能有所衝突。〈小說林緣起〉裏面，在探討小說美學之前，也和黃人相似，先探討了當代小說風行的現象。認為小說古時被「視為鴆毒，懸為厲禁」，當時卻一反積習，「無有文野智愚，咸歡迎之者」，這種變化是當時小說界「所宜研究之一問題也。」（註七一）至於他自己針對這一問題研究所得的結論，則如下文：

余不敏，嘗以臆見論斷之：則所謂小說者，殆合理想美學、感情美學，而居其最上乘者乎？（註七二）

他引「黑揃爾氏（Hegel 一七七一—一八三一）」（註七三）和「邱希孟氏（Kirchmann 一八〇二—一八八四）」（註七四）二人的美學主張來證成上述結論，但是他對於這二家美學主張的意蘊很可能有所誤解，不過，即使有所誤解，至少徐念慈的想法如此，所以此處暫不論誤解與否的問題，（註七五）而逕行考察徐念慈的觀點。

他首先引黑格爾的說法：「藝術之圓滿者，其第一義，爲醇化於自然。」（註七六）而他對於這個說法的理解則爲：

簡言之，即滿足吾人之美的欲望，而使無遺憾也。曲本中之團圓（《白兔記》、《荊釵記》）、封誥（《殺狗記》）、榮歸（《千金記》）、巧合（《紫簫記》）等目，觸處皆是。若演義中之《野叟曝言》，其卷末之躊躇滿志者，且不下數萬言。要之不外使圓滿，而合於理性之自然也。其徵一。（註七七）

很顯然，他將黑格爾的「藝術之圓滿」理解成情節發展至團圓美滿的結局。文中所說的「使無遺憾」，是主角人物歷經離合悲歡的際遇，到最後達成歡喜團聚的局面，心願得償而沒有缺憾。文中所說「美的欲望」其實是美滿無缺的欲望。他所舉《野叟曝言》的結尾和曲本中團圓、封誥等情節，正好是黃人所最爲厭棄的「千篇一律之英雄封拜、兒女團圓」，但是，徐念慈卻認爲這是合乎「理想美學、感情美學」的表徵。儘管他對黑格爾美學的理解有誤，但在他這種理解之下，大半以喜劇收場的我國小說作品卻符合他的理解，而被歸列於美學範疇——但已不是黑格爾的美學，而是徐念慈的美學。相同的狀況也發生在第二、第四、第五等說法上。（註七八）徐念慈引用黑格爾和「邱希孟氏」的說法計有五項，其中至少有四項產生誤解，這些誤解的最嚴重後果是，使得徐念慈的美學觀點零亂散漫，看不出一致的角度或傾向，並且產生理論架空的危機，和其他論點無法啣接、榫合，因此這一篇有關美學的理論文字，除了提出「美學」二字的概念，並引介了二位外國美學家的姓名以外，在理論建構和實際影響上，幾乎沒有多大的貢獻。也因此，這篇文字不認爲美學觀和社會功能觀可能有所衝突，在理論說明上便沒有多大意義。而徐念慈的另一篇文章〈余之小說觀〉，顯現出改良社會論傾向，也就不是一件特別奇怪或矛盾的事。簡單地說，他對於「美」只有很粗淺的概念，對於「美學」則談不上有眞正的了解。不過，即便只是很粗淺地認識「美」，這點粗淺的認識還是在徐氏的小說觀念裏面產生了些許作用。他在〈余之小說觀〉一文中談到：

小說者，文學中之以娛樂的，促社會之發展，深性情之刺戟者也。昔冬烘頭腦，恒以鴆毒霉菌視小說，而不許讀書子弟，一嘗其鼎，是不免失之過嚴；近今譯籍稗販，所謂風俗改良，國民進化，咸惟小說是賴，又不免譽之失當。余爲平心論之，則小說固不足生社會，而惟有社會始

成小說者也。（註七九）

改良社會論中過度膨脹小說影響力的說法，他頗覺不當，但基本上他仍是支持改良社會論的觀點，不過他雖然支持改良社會論的觀點，還是作了部分修正。他承認小說的娛樂作用，認爲娛樂作用可以輔助社會功能之達成，並且認爲小說不足生社會，這些看法，和其他改良社會論的提倡者相較，顯得持平多了。前文論及的圓滿而使人沒有缺憾，得到美滿欲望的滿足而獲得愉快之感，由喜劇結局而感染歡樂氣氛，這也可以說是屬於一種娛悅作用。所以，即便徐念慈對於美學有所誤解，至少他因爲接納「美」的概念，而稍事修正改良社會論的部分觀點。類似的情形也出現在黃人的論點中。〈小說小話〉裏面談到：

小說之影響於社會固矣，而社會風尚實先有構成小說性質之力，二者蓋互爲因果也。（註八〇）

他的說法比徐念慈圓融一些。徐氏雖強調「惟有社會始成小說」，但卻又認爲小說可以「促社會之發展」，尤其又主張小說改良之道是完全根據讀者的層次、需要來進行創作，明顯流露欲以小說改造社會的意圖，亦即有意以小說「生社會」，小說不但是社會之果，同時也有意以之爲社會之因，所以在說法上顯得有自相矛盾的地方。其實他的觀點可能和黃人相近──「二者蓋互爲因果也」，但說法不如黃人周全圓融。不過，兩人都同樣接受美的概念──唯徐氏零亂，黃氏清晰，也同樣修正有關小說影響力的論題。這一點，至少可以表明，美或美學概念多少中和了改良社會論的部分偏頗論點。

綜合以上所論，眞正在小說美學論方面有成就、有功績的論者，實際上僅王國維一人，黃人的理論體系較顯單薄，但論點還算清晰，徐念慈則僅有粗淺概念。無論如何，美學論的最大貢獻，在於發掘小說的文學本質，回歸文學本位，並且引介了一套異於傳統固有，也異於當代時流的審美觀與小說評價觀。也可以說，他們借重外國學說，開啓一個看待小說的新視角。一方面，這個新視角與當代風行的社會功能觀呈對峙狀態；另一方面，它也稍事修正社會功能觀的偏頗傾向。前者的意義尤爲深遠。因爲它的出發點在於歸復小說的文學本質，認定小說的本質是屬於文學，不是屬於社會。和改良社會論在表面上不斷提高小說的文學地位，實質上又不免令小說有淪爲工具之嫌比起來，美學論的立足點無疑更尊重小說的文學地位，且無條件地——不必攀引社會功能——承認小說的文學價值。由此一美學觀點發展出來的創作、閱讀理論雖然不夠豐富完善，但作品鑑賞的角度，有關故事情節的看法，都已萌生新機，跳脫舊有的品賞方式與範疇。這是小說觀念在質的方面的根本性變化，與改良社會論基本上仍以舊有的文學觀爲根據地，是完全相異的。

【附註】

註一　參見〈月月小說序〉，《月月小說》第一號。又，收入《我佛山人文集》第八卷，頁六二—六三；阿英編《晚清文學叢鈔・小說戲曲研究卷》，頁一五一—一五四；陳平原、夏曉虹編《二十世紀中國小說理論資料・第一卷》，頁一六八—一七一。又參本章第二節所論。

註二　參見伯耀〈小說之支配於世界上純以情理之眞趣爲觀感〉，收入陳平原、夏曉虹編《二十世紀中國小說理論資料・第一卷》，頁二二一—二二四。

註　三　見《新小說》第八號。又，收入阿英編《晚清文學叢鈔・小說戲曲研究卷》，頁三一七—三一八；同註二，頁六九—七〇。

註　四　見《新小說》第十一號。又，收入阿英編《晚清文學叢鈔・小說戲曲研究卷》，頁三二四；同註二，頁七二。

註　五　見《新小說》第十三號。又，收入阿英編《晚清文學叢鈔・小說戲曲研究卷》，頁三二八—三三〇；同註二，頁七五—七七。

註　六　見《小說林》第五期。又，收入阿英編《晚清文學叢鈔・小說戲曲研究卷》，頁四二九—四三〇；同註二，頁二四八—二四九。

註　七　眞實姓名及生平待考。

註　八　收入同註二，頁四八。

註　九　收入同註二，頁四八。

註一〇　收入同註二，頁四八。

註一一　收入同註二，頁四八。

註一二　公奴曾站在銷售和閱讀樂趣的立場，批評當時小說的缺失說：「小說書亦不銷者，於小說體裁多不合也。不失諸直，即失諸略；不失諸高，即失諸粗；筆墨不足副其宗旨，讀者不能得小說之樂趣也。」對於小說作品藝術粗略的現象提出批評。見〈金陵賣書記〉，收入同註二，頁四八。

註一三　見魯迅《中國小說史略》，頁二九九。

註一四　公奴在〈金陵賣書記〉一文中提到的小說有《黑奴籲天錄》、《十五小豪傑》、《經國美談》等。

註一五　見註一二。

註一六　眞實姓名及生平待考。

註一七　《新新小說》第一號。又，收入同註二，頁一二五。

註一八　以上所述，均據〈中國興亡夢自序〉，《新新小說》第一號。又，收入同註二，頁一二五。

註一九　同上。

註二〇　同上。

註二一　《新新小說》第一號。又，收入同註二，頁一二七。

註二二　今譯「菲律賓」，國名。

註二三　《新新小說》第一號。又，收入同註二，頁一二九。

註二四　同上。

註二五　鴻都百鍊生，即劉鶚（一八五七—一九〇九），原名孟鵬，後改名鶚，字鐵雲，筆名鴻都百鍊生。江蘇丹徒人。著有《老殘遊記》，另有關治河、金石、甲骨文之著作甚多。

註二六　案：此爲《老殘遊記》初集之序文。另《老殘遊記》二集亦有序一篇。此段引文收入《晚清小說全集》

第五冊，頁二五；阿英編《晚清文學叢鈔．小說戲曲研究卷》，頁一八七；同註二，頁二〇一。

註二七　收入《晚清小說全集》第五冊，頁二五—二六；阿英編《晚清文學叢鈔．小說戲曲研究卷》，頁一八七—一八八；同註二，頁二〇二。

註二八　參見李贄〈忠義水滸傳序〉，《李氏焚書》卷三，頁三六；金聖嘆《水滸傳》第十八回回評，《金聖嘆全集》第一冊，頁二八三；張竹坡〈竹坡閑話〉，《金瓶梅資料匯編》，頁九。

註二九　見〈批評第一奇書金瓶梅讀法〉，《金瓶梅資料匯編》，頁四六。

註三〇　見〈竹坡閑話〉，《金瓶梅資料匯編》，頁一一。

註三一　此點得自柯慶明先生提示。〈老殘遊記二集自敘〉收入《晚清小說全集》第五冊，頁二四二—二四三；阿英編《晚清文學叢鈔．小說戲曲研究卷》，頁一八八—一八九；同註二，頁二〇三—二〇四。

註三二　黃人（一八六六—一九一三），字摩西；原名振元，字慕庵。江蘇常熟人。曾參與小說林社和《小說林》月刊的創辦，並擔任編輯工作。發表有〈小說林發刊詞〉和〈小說小話〉等小說論評文字，並首著《中國文學史》。參《中國大百科全書．中國文學》（I），頁二八〇。

註三三　轉引自敏澤《中國美學思想史》第三卷，頁五三五。

註三四　王國維（一八七七—一九二七），初名國楨，後改國維，字靜安，亦字伯隅，號觀堂，又號永觀。浙江海寧人。著述甚富，有關小說論評，有〈紅樓夢評論〉一文，為晚清時期極重要之小說論著。

註三五　王國維認為文學的可貴是在使人獲得超脫現實的高尚純潔之快樂，他強調超脫現實人生的欲望和痛苦，與老莊一派學說追求超然物外的精神，有相通之處。

註三六　以上所述均據〈紅樓夢評論〉，收入《靜安文集》，《王觀堂先生全集》第五冊，頁一六二八—一六七一。又，收入阿英編《晚清文學叢鈔．小說戲曲研究卷》，頁一〇三—一二五；同註二，頁九六—一一五。

註三七　此處「生活」不僅指日常生活而已，也指維持與延續生命的各種生存活動，所以頗接近「生存」一詞的含義。

註三八　《靜安文集》，《王觀堂先生全集》第五冊，頁一六三〇—一六三一。又，收入阿英編《晚清文學叢鈔．小說戲曲研究卷》，頁一〇四；同註二，頁九六—九七。

註三九　同註三六。

註四〇　《靜安文集》，《王觀堂先生全集》第五冊，頁一六三三—一六三六。又，收入阿英編《晚清文學叢鈔．小說戲曲研究卷》，頁一〇五—一〇七；同註二，頁九八—九九。

註四一　《靜安文集》，《王觀堂先生全集》第五冊，頁一六四四。又，收入阿英編《晚清文學叢鈔．小說戲曲研究卷》，頁一一一；同註二，頁一〇三。

註四二　同註三六。

註四三　以上所述，均參見〈論教育之宗旨〉，收入《靜安文集》，《王觀堂先生全集》第五冊，頁一七六七—一七七〇。

註四四　《靜安文集》，《王觀堂先生全集》第五冊，頁一七四八—一七四九。

註四五　以上所述均據〈論哲學家與美術家之天職〉，收入同上，頁一七五〇—一七五三。

註四六　同上，頁一七五三。

註四七　參見《現代中國文學批評述論》，頁一六九—二七四。

註四八　見〈紅樓夢評論〉，收入《靜安文集》，《王觀堂先生全集》第五冊，頁一六三三。又，收入阿英編《晚清文學叢鈔．小說戲曲研究卷》，頁一〇六；同註二，頁九八。

註四九　見〈紅樓夢評論〉，收入《靜安文集》，《王觀堂先生全集》第五冊，頁一六六四。又，收入阿英編《晚清文學叢鈔．小說戲曲研究卷》，頁一二一；同註二，頁一一二。

註五〇　出處同註四三。

註五一　同註四八。

註五二　見〈孔子之美育主義〉，收入劉剛強編《王國維美論文選》，頁四。

註五三　以上所述均據同上，頁四—七。

註五四　見〈論教育之宗旨〉，同註四三，頁一七六九。

註五五　見〈紅樓夢評論〉，收入《靜安文集》，《王觀堂先生全集》第五冊，頁一六三四—一六三五、一六四八—一六四九。又，收入阿英編《晚清文學叢鈔．小說戲曲研究卷》，頁一〇六—一〇七；同註二，頁九八—九九、一〇五。

註五六　同註三六。

註五七　見〈紅樓夢評論〉，收入《靜安文集》，《王觀堂先生全集》第五冊，頁一六四五。又，收入阿英編《晚清文學叢鈔．小說戲曲研究卷》，頁一一二；同註二，頁一〇四。

註五八　見《禮記》〈經解〉，《十三經注疏》本，頁八四五。

註五九　見《詩經》〈毛詩序〉，《十三經注疏》本，頁一四。

註六〇　《小說林》第一期。又，收入阿英編《晚清文學叢鈔．小說戲曲研究卷》，頁一五九；同註二，頁二三三。

註六一　同上。

註六二　《小說林》第一期。又，收入阿英編《晚清文學叢鈔．小說戲曲研究卷》，頁一五九—一六〇；同註二，頁二三三—二三四。

註六三　參本書本章第一節。

註六四　《小說林》第一期。又，收入阿英編《晚清文學叢鈔．小說戲曲研究卷》，頁三五三；同註二，頁二三九。

註六五　《小說林》第三期。又，收入阿英編《晚清文學叢鈔．小說戲曲研究卷》，頁三六〇；同註二，頁二四三。

註六六　見本小節開頭所引述。

註六七　《小說林》第六期。又，收入阿英編《晚清文學叢鈔·小說戲曲研究卷》，頁三六六。

註六八　《小說林》第一期。又，收入同上，頁三五二—三五三；同註二，頁二三八—二三九。

註六九　見《紅樓夢》第九十八回。

註七〇　《小說林》第六期。收入同註六七，頁一五八；同註二，頁二三六。

註七一　以上所述均據〈小說林緣起〉，《小說林》第一期。又，收入同註六七，頁一五六—一五七；同註二，頁二三五。

註七二　見〈小說林緣起〉。又，收入同註六七，頁一五七；同註二，頁二三五。

註七三　今譯「黑格爾」。

註七四　大陸學者謂又譯「基爾希曼」。見黃霖、韓同文選注《中國歷代小說論著選》（下），頁二九一註五。

註七五　有關此一問題，可參看邱茂生碩士論文《晚清小說理論發展試論》，頁一六八—一七〇。

註七六　見〈小說林緣起〉，《小說林》第一期。又，收入同註六七，頁一五七；同註二，頁二三五。

註七七　同上。

註七八　同註七五。

註七九　《小說林》第九期。又，收入同註六七，頁四二；同註二，頁三一〇。

註八〇　《小說林》第九期。又，收入同註六七，頁三七四；同註二，頁二四五。

第三節　實際批評中之小說觀

晚清此時的實際批評，據數量來說，仍以傳統的序、跋或評點方式爲多；據表現成績來看，則以新出的「小說話」形式，或如〈紅樓夢評論〉之類的專文批評方式爲勝。新的批評方式，又以批評舊有小說的成果較爲突出。（註一）從這些舊小說的新批評裏面，可以看到小說理論所倡述的見解和理念，已貫徹到實際批評，也可以發現批評所採用的新角度所反映出的新閱讀觀和小說觀。所以本節探討的重心大半在此。根據批評者所用的理念，大體上可將此時的實際批評區分爲二大脈絡，一以燕南尙生《新評水滸傳》爲代表，另一則以王國維〈紅樓夢評論〉爲代表。〈紅樓夢評論〉以美學理念貫徹始終，《新評水滸傳》則殷殷以改革政治、促進社會爲理念，兩者分別爲美學理論和改良社會論的應用。與燕南尙生批評理念相近的，還有〈小說叢話〉裏的平子、俠人、定一諸君，以及黃伯耀、王鍾麒等人。這些論者的批評文字零星散佈，從光緒二十九年（一九〇三）開始，分別陸續發表。光緒三十四年（一九〇八）問世的《新評水滸傳》，可以說是這一類批評文字的集大成之作。

一、《新評水滸傳》及其他

燕南尙生（註二）《新評水滸傳》的相關文獻，據筆者所見，有〈新評水滸傳敘〉、〈新或問〉、

〈命名釋義〉等三篇文章，（註三）據阿英《晚清文學叢鈔．小說戲曲研究卷》中按語所說，三文原載《新評水滸傳》卷首。卷首之外，《水滸傳》內文是否另有眉批、回評之類的批語，阿英未曾言及，也未見其他論者提及。不過，就此載於卷首的三篇文章來看，理念已相當清晰，發揮也極充分，作爲探討燕南尙生批評理念的根據，該已具有相當分量與可信度。

以今日眼光看來，燕南尙生的批評頗多穿鑿附會之處，他自己可能也意識到這一點，但他不認爲這麼做有什麼不可以。〈新或問〉第一則談到：

> 或問：《水滸傳》一百八人果有之乎？抑憑空結撰乎？答曰：不知。又問：既不知其人之有無，憑何以批評之乎？曰：一百八人之或有或無，實難懸揣。借曰有之，則死將千年，骨以腐化，遑論其他？縱有其人，又安知果有其事乎？縱有其事，彼自作事而已，豈倩施耐庵作彼等之書記生耶？余又安肯爲施耐庵作無代價之奴隸乎？著述云者，或借前人往事，或假海市蜃樓，敘述一己之胸襟學問而已。批評云者，借現存之書，敘述一己之胸襟學問而已。若有若無，誰復問之。（註四）

不在乎一百零八位好漢其人其事的有無，認爲即便是有，也不必重視；即便是無，也不受妨礙。縱有其人，縱有其事，施耐庵也不是他們的書記生，能將他們的舉動事蹟如實紀錄下來。這些話語背後，其實已流露對於小說虛構性的肯定。小說中的人物、情節具有虛構性，沒有辨別眞僞的必要。作者創作的目的、評者批評的用心，也都不在辨別眞僞，而在假借作品爲媒介，以抒發個人的胸襟學問。「

借現存之書，敘述一己之胸襟學問」一語，說明燕南尙生批評的立足點，這同時也是他進行批評的根本理念。根據這樣的理念去批評，不但其人其事的有無不重要，甚至其中寄理寓意之果有果無，也不是重點。因爲重點在於批評者心目中是否有那些道理和意蘊，而不在於作者心目中的道理和意蘊如何。因此，即使燕南尙生自覺到他的批評有穿鑿附會的可能，但他的目的在敘述一己之胸襟學問，所以即便果眞穿鑿附會，在他的立場看，也不是嚴重的缺失。這樣的批評信念，倒是相當肯定「再創造」的精神。不過當時這種批評方式的重要意義並不在於「再創造」，而是發展出新的詮釋以寄托批評者的理想，這種寄托式的批評，是晚清小說批評的新蹊徑。

燕南尙生對《水滸傳》的新詮釋，主要從政治學的角度立言。他認爲就發揮「平權、自由」等學說來看，施耐庵的《水滸傳》與盧梭、孟德斯鳩乃至黃宗羲、查嗣庭等人的著述並無二致。（註五）〈新評水滸傳敘〉裏面談到：

> 噫！《水滸傳》果無可取乎？平權、自由，非歐洲方綻之花，世界競相採取者乎？盧梭、孟德斯鳩、拿破崙、華盛頓、克林威爾、西鄉隆盛、黃宗羲、查嗣庭，非海内外之大政治家、思想家乎？而施耐庵者，無師承、無依賴，獨能發絕妙政治學於諸賢聖豪傑之先。恐人之不易知也撰爲通俗之小說，而謂果無可取乎？（註六）

這一段透露燕南尙生將從政治學的立場來評論《水滸傳》。批評文學作品的角度很多，此處採取政治思想的角度，不僅僅代表燕南尙生個人的好尙，其實也反映那個時代的風尙，並且也是梁啓超等人改良社會論引導、貫串的結果，〈新評水滸傳敘〉起文第一句便揭示此意：

小說爲輸入文明利器之一，此五洲萬國所公認，無庸喋喋者也。（註七）

這是他的基本小說觀，顯示完全接受改良社會論一脈的主張。他把理論性的倡導落實到實際作品的批評裏面，認爲《水滸傳》便是施耐庵寄寓政治思想的一部傑作，且是發揚平等、自由等思想的著作。這種批評角度和改良社會論的見解一樣，一方面流露以小說承載大道的載道觀，另一方面也反映以小說爲「利器」的工具觀，（註八）而在晚清當時，卻正是憑藉著這種看法，大幅提升小說的價值和地位。站在批評的立場看也是一樣，這種說法一方面藉批評闡揚關繫國家社會的經濟「大道」，另一方面也無異以批評爲達成小說之社會功能的手段工具。

〈新或問〉第二則申述施耐庵的創作動機說：

問：《水滸傳》何爲而作乎？曰：施耐庵生於專制政府之下，痛世界之慘無人理，欲平反之，手無寸權，於是本其思想發爲著述，以待後之閱是書者，以待後之閱是書而傳播是書者，以待後之閱是書而應用是書實行是書之學說者。（註九）

「手無寸權」一語，與其說是寫照施耐庵，不如說是燕南尚生自己的寫照，並且也是當時不少小說界人士的寫照。面對晚清種種政治、社會方面的腐敗，理論者和批評者將滿腔的不平寄托在小說理論的提倡或實際批評的闡釋裏面。這一段談施耐庵的創作動機，其實燕南尚生的批評動機也包含在其中了。〈命名釋義・一、水滸〉重申此意道：

「水」合「誰」是相仿的聲音（諧聲），「滸」合「許」是相仿的樣子（像形）。施耐庵先生，生在專制國裏，俯仰社會情狀，抱一肚子不平之氣，想著發明公理，主張憲政，使全國統有施治權，統居於被治的一方面，平等自由，成一個永治無亂的國家，於是作了這一大部書。然而在專制國裏，可就算大逆不道了。他那命名的意思，說這部書是我的頭顱，這部書是我的心血，這部書是我的木鐸，我的警鐘，你們官威赫赫，民性蚩蚩，誰許我這學說，實行在世事上啊！

（註一〇）

這一段根據書的命名，將自由、平等、憲政等思想，嵌鑲在裏面。燕南尙生特從《水滸傳》一書裏面尋找證據，來證成施耐庵寄寓政治思想的說法。〈命名釋義〉總計闡釋了「水滸」書名以及史進、魯達、宋江、柴進、李逵、關勝、盧俊義、高俅、殷天錫等九位人物命名的含義，所用的方式不離「諧聲」、「像形」或同字異義等解釋方式，（註一一）這種批評方式固然失之穿鑿附會，當時的批評界卻很可能不以爲忤。因爲小說中人物命名具有諧聲隱射的意涵，是當時小說作品的習見現象，（註一二）而利用命名隱射去追索、解釋作品意蘊，更是「索隱派」小說批評家早就開啓的批評路子。無論這種批評方式得失如何，批評的重點乃在彰顯書中寄寓的政治思想。〈新或問〉第十則裏面有一段話，說得更爲直截了當：

問：《水滸傳》之外，尚有所謂《水滸後傳》、《結水滸傳》者，子盍取而並評點之？曰：《水滸》豈容有後？《水滸》又烏得而結乎？《水滸傳》者，痛政府之惡橫腐敗，欲組成一民主

> 共和政體，於是撰爲此書。迨至梁山泊無人敢犯，分班執事，則已成爲完全無缺之獨立國矣。後以何者爲後，以何者結之乎？彼羅貫中者，見有待朝廷招安之說，乃撰出《後水滸》平四寇之囈語。……（註一三）

不論從施耐庵的創作動機立說，或據作品的故事情節抒論，（註一四）燕南尙生都認定《水滸傳》是宣揚自由、平等和憲政思想的作品，《水滸傳》作者痛恨的是專制腐敗的政府，理想是組成民主共和政體，以成爲永治無亂、完整無缺的獨立國。所以梁山泊好漢後來接受朝廷招安，並受命平四寇，建功封神的情節，便被他指責爲羅貫中的「囈語」，而不承認是《水滸傳》原有的情節。以作品中的政治思想來說，燕南尙生認爲，一百零八位好漢共聚梁山泊的局面，猶如組織共和政府。反抗當時政府，征伐民賊，代抒民怨的舉動，猶如反抗專制，伸張民權。好漢們排定座次，先後有序；有關梁山泊內外大事，大家都有發表意見、參與決定的權利；梁山泊有事，各人亦皆能發揮所長，各適其任，而完成使命。種種情節均猶如以民主共和，完成一獨立自強、永治無亂的國家。這裏，不論燕南尙生的詮釋是否合乎作品原意，總之，他的確將當時新興的政治思想，嵌鑲進作品的故事情節裏面，也將他的政治理想、時局願望，投射在批評裏面。這種批評，其實正如康來新先生所指出的，與其說提供了有關小說的資訊，倒不如說透露了更多個人的政治主張。（註一五）若以燕南尙生「借現存之書，敘述一己之胸襟學問而已」（註一六）的話作爲參證，益發可見他其實不重在作品的文學批評，而重在藉批評寄寓個人的政治思想。

這樣的批評，既不盡然忠於作品原意，反而牽引作品來符合自己的想法，作品裏面也總有部分內容，無法盡如批評者所想所需，這時評者又不免補苴罅漏，委曲成說。燕南尚生〈新或問〉第十一則提到：

問：《水滸傳》亦有缺點乎？曰：有。如意不在於招安，而屢言招安是也。爾時共和立憲之說尚未暢行，施耐庵獨抒卓見，創爲是書，於此等處，未知有妥貼之名辭，於是以招安代之，究其實終欠恰當也。又如於功成之後，分撥執事，固井井有條，然未定自治之章程，自由之界說，是其短處。若能仿今日《新中國未來記》、《獅子吼》諸書，明訂各項章程，作爲國民的標本，則善之善者也。雖然，世界上之學問技藝，莫不由疏放而集約，又安可以今繩古耶！（註一七）

他認爲招安之說，是共和立憲的代詞，這種說法很明顯是爲了自圓其說。他前面說平四寇的情節是羅貫中所撰，非施耐庵原文，也反對接受招安情節的存在，但作品中屢屢出現的招安之詞，又該如何解釋，不得已，只好把它解釋成共和立憲的代用詞。從負面看，不免又是穿鑿附會，以補苴罅漏；從正面看，站在批評結構的立場，至少燕南尚生注意到維護整個批評體系的周全，故特意如此自圓其說。另外，這一段話也透露他對理想的政治小說的要求，並隱約見出梁啓超倡導政治小說的影響。他在〈新評水滸傳敘〉裏面曾說《水滸傳》是「祖國之第一小說」，因爲它兼攝社會小說、政治小說、軍事小說、偵探小說、倫理小說、冒險小說等性質於一身，（註一八）但據〈新或問〉此則所談，燕南尚生心目中理想的政治小說尚須超越《水滸傳》的表現，它還必須明訂各項章程，以便國民作爲模擬的範本。而在小說中明訂各項章程等，正是梁啓超《新中國未來記》的首創。嚴格來說，這種寫法未必是小說寫作的當行本色，這種評論對於小說之理解或小說批評本身，恐怕也沒有多少正面的建樹，只是，就燕南尚生個人的批評角度和主張而言，稱得上是理路一貫，首尾俱全，可以自成一家之言。

以上是根據燕南尚生所謂政治學角度，探討他對《水滸傳》政治思想方面的批評，這是燕南尚生批評《水滸傳》的一大重點，也是他小說批評的特色所在。此外，他還認爲《水滸傳》是社會小說、軍事小說、偵探小說、倫理小說、冒險小說等，其批評方式與政治學角度大同小異，故不具論。

持上述同類思想以詮釋《水滸傳》者，當時大有人在，光緒三十一年（一九〇五），《新小說》第十五號〈小說叢話〉裏面的定一（註一九），便是其中一位，燕南尚生很可能看過他的說法。（註二〇）定一談到：

> 或問於予曰：有說部書名《水滸》者，人以爲萑苻宵小傳奇之作，吾以爲此即獨立自強而倡民主、民權之萌芽也。（註二一）

他也認爲《水滸傳》是倡發民主、民權思想的作品。他引用梁山泊旗幟上書「替天行道」四字，以及聚集議事之處命名爲「忠義堂」爲證。他根據《尚書》「天聽自我民聽，天視自我民視」的說法，將「替天行道」的意思解釋成「替民行道」，又根據「替民行道」的意思，將「忠義堂」的「忠」解釋爲「忠其民」而非「忠其君」，並認爲「忠民」是「大同時代」的表徵，所以《水滸傳》是一部「獨倡民主、民權之萌芽」的作品。（註二二）這種特異的「說文解字」法（註二三），後來（註二四）燕南尙生也大量運用，其〈命名釋義〉十則解析《水滸傳》的思想意蘊，幾乎全採此法。

光緒三十三年（一九〇七）《小說林》第一期，黃人〈小說小話〉裏面，對於《水滸傳》也有平等一類的說法：

《水滸》一書，純是社會主義。其推重一百八人，可謂至矣。自有歷史以來，未有以百餘人組織政府，人人皆有平等之資格而不失其秩序，人人皆有獨立之才幹而不枉其委用者也。山泊一局，幾於烏托邦矣。……耐庵痛心疾首於數千年之專制政府，而又不敢斥言之，乃借宋、元以來相傳一百有八人之遺事，而一消其塊壘，而金采乃以孫復、胡安國之徽纆加之，豈不可怪哉！（註二五）

他認爲一百零八位好漢聚義梁山泊，是以一百零八人組成一平等共和政府的象徵。他所說平等而不失秩序云云，和燕南尙生所云「平等而不失汎濫，自由而各守範圍」之說（註二六）頗爲相近。兩人也都認爲，施耐庵撰作《水滸傳》，是爲了反抗專制政府，抒發不平之憤，寄托政治理想。對於金聖歎批改《水滸傳》的作法和說法，也都同表不滿。（註二七）同時，這一類的批評者，更力圖洗刷自梁啓超開始，斥言《水滸傳》爲誨盜之作的舊說。定一爲《水滸傳》洗滌惡名之意已見前引，燕南尙生駁斥「誨盜」之說的論述則可見於〈新評水滸傳敘〉。（註二八）駁斥舊說，或也可以看作時人新評《水滸傳》的另一動機，並且也是其他舊小說新詮釋之所以產生的刺激來源之一。這一類舊小說的新批評，一方面是批評者的政治、社會思想寄托之所在，另一方面也是改良社會理論貫串而下，與善讀

理論落實而來的成果。（註二九）

不獨《水滸傳》有新批評，時人對其他古代小說名著，也紛紛以新角度、新思想批評之。他們所用的方法，也多不外斷章取義，附會新說。斷章取義雖有不忠於原著之嫌，但評者的新思想、新詮釋卻正是在這些地方顯現。伴隨著附會新說的作法，評者又往往好以當時新起的小說分類，當作標籤安貼於舊小說之上。舉一則有關《紅樓夢》的批評為例，《新小說》第十二號〈小說叢話〉裏面，刊載俠人的說法道：

吾國之小說，莫奇於《紅樓夢》，可謂之政治小說，可謂之倫理小說，可謂之社會小說，可謂之哲學小說、道德小說。何謂之政治小說？於其敘元妃歸省也，則曰：「當初既把我送到那見不得人的去處。」於其敘元妃之疾也，則曰：「反不如尋常貧賤人家，娘兒兄妹可常在一塊兒。」而其歸省一回，題曰「天倫樂」，使人讀之，蕭然颯然，若淒風苦雨起於紙上，適與其標名三字反對。絕不及皇家一語，而隱然有一專制君主之威，在其言外，使人讀之而自喻。而其曲曰：「喜榮華正好，恨無常又到，眼睜睜把萬事全拋。蕩悠悠芳魂消耗，望家鄉路遠山高，故此向爹娘夢裏相尋告：兒命已入黃泉，天倫呵！須要退步抽身早。」大觀園全局之盛衰，實與元妃相終始。讀此曲，則咨嗟累欷於人事之不常，其意已隱然在外矣。此其關係於政治上者也。曰：「寶玉只好與姐姐妹妹在一處。」曰：「於父親伯叔都不過為聖賢教訓，不得已而敬之。」曰：「我又沒個親姐妹，雖有幾個，你難道不曉得我是隔母的？」（寶玉對黛玉語。）而書中兩陳綱常大義，一出於寶釵之口，一出於探春之口，言外皆有老大不然在。中國數千年來家族之制，與宗教密切相附，而一種不完全之倫理，乃爲鬼爲蜮於青天白日之間，日受其酷毒而莫敢道。凡此所陳，皆吾國士大夫所日受其神秘的刺衝，雖終身引而置之他一社會之中，遠離吾國社會種種名譽生命之禁網，而萬萬不敢道，且萬萬無此思想者也。而著者獨毅然而道之，此其關於倫理學上者也。……（註三〇）

前半部分解說「政治小說」，其中提及「專制君主」一詞。「專制」相對於「民主」、「立憲」而言，爲晚清輸入西方民主思想以後新起的觀念用詞。元妃所說的話，固然有埋怨宮廷生活之意，但與「宮怨詩」可能有異曲同工之妙，而很難說此中含有「專制」、「民主」之類的思想，「專制之威」亦恐非《紅樓夢》作者其時所能理解。倒是站在後代讀者立場，不妨藉此了解君主制度之下，宮廷規制和其中生活有多麼不合人情的一面。元妃之曲，嘆人事無常，富貴浮雲，也表達親情不能得償的幽怨，和「反不如尋常貧賤人家」一語有映照之趣，不過，其「隱然在外」之意，恐非評者所欲指涉的「專制」問題。詮釋倫理小說的部分，談到寶玉對父親伯叔都是「不得已而敬之」，寶玉的談話的確反映大家族制度和父權社會裏面，父子之間不易培養眞正親情，僅依賴禮法制度以維繫關係的問題，《紅樓夢》作者就情感的眞實體受來發言，毅然超越禮法的束縛，的確有其獨到的體會。但是否有意藉此抨擊家族制度的權威「爲鬼爲蜮」，是一種「酷毒」及「不完全之倫理」，恐怕大有商榷餘地。因爲事實上，大觀園裏面維繫整個大家族倫理的靈魂人物，恐怕是賈母而不是寶玉的父親伯叔。

「政治小說」、「倫理小說」、「社會小說」、「哲學小說」、「道德小說」等，都是當時盛起的小說分類名詞，自梁啓超首倡政治小說，《新小說》雜誌又以小說分類作編排，小說界便盛行以各式分類「標簽」安貼於新出小說之上，即使對舊有小說之批評，亦經常使用這種「標簽」，以新耳目。（註三一）俠人批評《紅樓夢》，燕南尙生批評《水滸傳》，都有這種情形。新興的小說分類，含有當時新起的思想，且代表一種新的理解方式和內容預期，但作品的實際內容本來就不易完全符合分類，舊小說的內容，尤其不易符合各類名所代表的思想和理解，因而委曲成說，附會新意，也是不得不然的作法。斷章取義，附會新說的作法，和小說分類標簽的安貼，都有不得已的情形，但它們使用新的詮釋，發展出獨具特色的批評成果，也不能說完全沒有貢獻。

持以上批評方式的，頗不乏其人，他們大體上共通的一點，在於評者多藉此發表個人的見解、主張，對當時政治、社會各方面的問題提出意見。即燕南尙生所說「借現存之書，敘述一己之胸襟學問而已」，（註三二）代表的是一種古來未有的新批評觀。批評者戮力從作品裏面，挖掘出合乎時代新思想、新目標或合於「政治小說」、「倫理小說」、「哲學小說」、「冒險小說」等分類標籤的思想內容，而不講究是否合乎作品或作者原意。這種批評法也反映出一種新的閱讀觀，因爲批評者其實也是讀者身分之中的一種。這種閱讀觀，容許讀者擁有相當充分的「再創造」自由。所以總括來說，讀者在閱讀活動中，享有極大的自由空間，作品在閱讀過程裏面，也呈現極不穩定的狀態。因爲讀者所抱的主張不同，所採的角度有異，對同一部作品便極可能產生多種相背而馳的不同詮釋。閱讀小說成爲一種可以如此自由發揮的活動，小說作品又成爲一種可以如此自由閱讀的讀物，這可能是前人舊有的小說觀念裏面，未曾出現過也未曾想像過的情形。

舊小說而外，新小說的批評也相當盛。它們多在出版或發表於雜誌的同時，便隨著作品附上批點，這是延續舊有評點學而來的批評方式，也是新小說實際批評的常見方式。此中批評手法，大多不出舊評點學範疇，並無多大建樹，唯其中藉回評發表時事議論的作法，可謂爲特出現象。吳沃堯《二十年目睹之怪現狀》第三十四回，「我」談起欲學習各地方言可以利用詩韻爲捷徑一事，回末評語即藉此抒論道：

> 我國語言不能齊一，最是憾事。時彥有提倡齊一語言之說者，謂言語不通則彼此愛情不得達，愛情不達，則團體不堅。自是不移之論。然此時語言未能齊一，則個人不得不廣學本國方言，以求達我之愛情。此回中學話求音之法，最是妥捷，願讀此者，據此以類推之。（註三四）

作品中敘述的是一段家庭裏面的怪現狀。「我」偕同友人尋訪世交的妻子，「我」因爲懂得廣東話，四處訪查、打聽之時，都由「我」出面、開口，其友人雖聽得懂廣東話，卻不會說，「我」便教他利用詩韻學說各地方言。懂得廣東話是整段故事裏面的一個小細節，運用詩韻學方言則利用對話之時，從「我」的口中談出來。回評所論的問題，固然不是作品情節的重點，也非故事的主旨所在，但顯見評者素日曾留心此事，在回評處則正好藉題發揮。魏紹昌編《吳趼人研究資料》一書裏面，提到《二十年目睹之怪現狀》評語的撰者問題時，說：

評者未署名，味其語意，當是作者本人所寫。（註三五）

果眞評者即是作者本人的話，那麼作品裏面利用詩韻學方言的談話，也可能是有意安插進去的。並因爲作品在演述情節之時，不便橫插一段議論，所以在評語處抒發議論，藉以補足作品中所不便言者，並揭露素日之主張。假若作者與評者並非同一人，評者的見解便可能與作者相同，也可能純粹自抒己見。不過，捨去人物、情節、章法等藝術表現的問題不談，而藉其中一小細節，發抒有關國家團結、語言統一等時事論題，倒是傳統評點中所少見。這種批評，一方面表現出時代特色，另一方面也寄寓了評者的時事主張。其寄托所在，和燕南尙生批評《水滸傳》的寄托之旨，其實並無二致。《新中國未來記》、《鄰女語》、《老殘遊記》以及其他多部作品的回評，都存有這種議論。這些評語並非牽強附會，而是根據作品，進一步闡述表白，或引申擴延，或藉題發揮，有的談國家體制，有的談社會現象，有的談施政得失，也有的談時弊改革。當時理論者呼籲改良社會，固已聲盈於耳，批評者也不忘在評語中發抒有關國家社會改良之主張，從這裏也可見改良社會論風行之深廣。

新小說的評點裏面，還有許多其他方面的意見，諸如描寫技巧、人物形象、章法結構、小說分類及創作問題等等，這是大部分小說批評裏面都會論及的問題，此處限於篇幅，不擬一一詳述，僅舉藉回評發議論一項，以見當代評點的特色所在。評點除具有詮釋作品的功能以外，對於讀者更有引導閱讀的作用，（註三六）回評中的時事議論，企圖使讀者在欣賞作品之外，注意當前國家社會的時弊問題，在閱讀過程裏面，引導讀者的思考方向，並且在新的思考方向裏面，無形中也導出新的閱讀觀，閱讀小說與關心時代兩者結合為一，讀者面對小說時，流越過腦中的意念，不僅是文學方面的問題，並且有國家社會的問題，他們閱讀中的小說，也不僅是屬於文學的，並且是屬於政治、社會各種時代問題的。

二、〈紅樓夢評論〉

上述方式的小說批評，其實已成為晚清面對時代變局，知識分子疾呼改革，種種意見交鋒的論場之一。而在各種傳統式的批評和新起的「時論型」批評之外，王國維對《紅樓夢》的批評，堪稱一枝獨秀。本章第二節討論過小說美學論，持美學論的小說理論者，有王國維、黃人、徐念慈等三人，但持美學論以批評小說者，則僅王國維一人而已。黃、徐二氏因兼持改良社會論，其實際批評亦有兩脈理論混為一談的情形，且又摻有傳統直觀式批評，只好暫時置而不論。

王國維本叔本華之說，認為人生是痛苦的，而「美術」（註三七）的目的，即在於描寫人生的痛苦和解脫之道。至於《紅樓夢》，正是這樣的一部作品。〈紅樓夢評論〉第二章論《紅樓夢》的精神時說：

> 而《紅樓夢》一書，實示此生活此苦痛之由於自造，又示其解脫之道不可不由自己求之者也。（註三八）

《紅樓夢》如何表示痛苦源於自造呢？王國維舉第一回與第一百十七回為例證，認為第一回所述青埂峰下頑石的神話，即代表人生的痛苦皆由於自造。青埂峰下的頑石經鍛鍊通靈之後，自去自來，可大可小，但因未能入選補天，「遂自怨自艾，日夜悲哀」。（註三九）王國維認為頑石既能自去自來，雖不見用，「則何不游於廣漠之野，無何有之鄉，以自適其適，而必欲入此憂患勞苦之世界？」（註四〇）但因為頑石一念之誤，於是托生為賈寶玉，「遂造出十九年之歷史，與百二十回之事實」。（註四一）由此可見，人類之墮生塵寰，是由於人自己的欲望，至於欲望本身，又是先於人生而存在，「而人生不過此欲之發現也」。（註四二）寶玉出生之時，口中所含的那塊玉，便是欲望的代表。至第一百十七回有還玉之說，也是因為領悟到紅塵的痛苦生活，原是由自己的欲望去要來的，所以拒絕人生的痛苦，也不能不由自己來拒絕。還玉即代表歸還欲望。歸還欲望，拒絕痛苦，於是獲得解脫。所以眞正攜頑石入紅塵的人，並不是茫茫大士、渺渺眞人二位，而是頑石自己所為；而引領寶玉重登彼岸的人，也不是彼二人之力，而是頑石自己的力量。王國維也強調，眞正的解脫在於出世，不在於自殺。因為自殺雖然結束了生命，卻往往沒有結束欲望，自殺者常因欲望不得償而死，卻非因沒有欲望而死。但假如一旦沒有欲望，自殺也未嘗不是一種解脫之道；而假如欲望尚存，則即使出世也不屬解脫。所以《紅樓夢》中金釧兒墮井、司棋觸牆、尤三姐與潘又安自刎，並非解脫，而柳湘蓮入道，其實近似潘又安，芳官出家又近似金釧兒，也都非解脫。全書之中，眞正獲得解脫者，僅寶玉、惜春、紫鵑三人而已。但惜春、紫鵑之解脫，是因為觀察了別人的痛苦，具有超越常人的洞識力；寶玉之解脫，則是經由親身閱歷，感覺到自己的痛苦，這才是一般常人的解脫歷程。《紅樓夢》的主角人物之所以是寶玉，而非惜春、紫鵑，正是因爲寶玉體現了一般凡常之人的解脫之道。王國維又舉歌德（註四三）的作品《浮士德》（註四四）爲比較，認爲浮士德的痛苦，是天才的痛苦，賈寶玉的痛苦，卻是人人都有的痛苦，這種痛苦，「其存於人之根柢者爲獨深，而其希救濟也爲尤切」。（註四五）作者能夠撰作出這樣一部偉大的作品，凡人我輩應當表示無限滿足感謝才對。（註四六）

〈紅樓夢評論〉第三章論《紅樓夢》的美學價值。王國維引叔本華的悲劇論，認爲《紅樓夢》是悲劇中的悲劇，其美學上的價值，即存在於此。叔本華區分悲劇爲三種：

> 第一種之悲劇，由極惡之人，極其所有之能力，以交構之者。第二種，由於盲目的運命者。第三種之悲劇，由於劇中之人物之位置及關係而不得不然者；非必有蛇蠍之性質，與意外之變故也，但由普通之人物，普通之境遇，逼之不得不如是；……此種悲劇，其感人賢於前二者遠甚。何則？彼示人生最大之不幸，非例外之事，而人生所固有故也。（註四七）

《紅樓夢》正屬於第三種悲劇。王國維舉寶玉和黛玉的事情作例證，認爲寶玉終究無法和黛玉結合，是很自然的。賈母喜歡寶釵性格婉孋，不喜黛玉之孤僻，又聽信「金玉良緣」的說法，想藉此沖喜，制壓寶玉的病；王夫人本來就和寶釵的母親親近；鳳姐因忌妒黛玉才高於己，有所不便；襲人也深恐黛玉不好相處，自己有及禍之虞。寶玉周圍的親人，上自祖母、母親，乃至當家的嫂子、貼身大丫鬟，都偏愛寶釵，這是一種自然而然的情勢。寶玉雖深愛黛玉，卻不能向祖母稟告心意，這也是當時最普通的道德矜持所致，所以兩人的深情無法成全、結合，也不過是極普通平常的人情、道德、境遇所造成，並非有「蛇蝎之人物，非常之變故」（註四八）從中阻撓，所以這部作品是悲劇中的悲劇，作品中「壯美」的部分多於「優美」的部分，至於「眩惑」的質素則幾乎完全不存在。（註四九）王國維復舉出書中最爲壯美的一個例子，即寶玉與黛玉最後相見的一節（註五〇），認爲似此極度動人的文字，在《紅樓夢》中隨處都有，所以凡稍有審美嗜好的人，一定能體驗出來並深深喜愛。

王國維又引亞里士多德（註五一）《詩學》（註五二）的說法，認爲悲劇是用來感發人的情緒而使之高尙，並由此一感發而洗滌人的精神，所以美學的目的與倫理學的目的相合，而《紅樓夢》美學上的價値也與倫理學上的價値相聯。（註五三）

〈紅樓夢評論〉第四章論《紅樓夢》的倫理學價値。這一章主要在討論解脫是否果眞爲倫理學上的最高理想，而對叔本華的學說略生質疑。不過最後的結論仍暫時認爲《紅樓夢》以解脫爲理想，是合乎倫理學價値的。文中解說寶玉的行爲合乎倫理學價値時認爲，假如寶玉在黛玉死後，「或感憤而自殺，或放廢以終其身」，（註五四）那麼這部作品便毫無價値可言。因爲經歷憂患，是爲了求得解脫，假如人處於憂患，卻沒有追求解脫的勇氣，則不但喪失天國，連地獄也隨同喪失，那時便處於陰雲蔽天，沮如彌望的世界，茫茫然無所獲。《紅樓夢》並非如此，因爲解脫是全書的精神所在，所以它是合於倫理學理想的。（註五五）

最後王國維並批駁「索隱派」紅學家的謬誤，認爲有關《紅樓夢》一書，唯一値得考證的題目是

作者姓名和著書年月，而不是「書中之主人公之爲誰」。（註五六）

綜觀王國維的批評，主要是將《紅樓夢》置於哲學與美學的觀照之下，拈出解脫和悲劇、壯美與優美等主要特色，而予以深密地分析、說明。他強調解脫，突破了歷代有關小說思想或精神的討論範疇；他推崇悲劇，指明了新的小說鑑賞類型；他讚揚壯美，也揭示了閱讀小說的新審美角度。歷代並非沒有其他符合悲劇或解脫精神的作品，但像王國維批評《紅樓夢》這般深入論析，並將這些特色理論化、結構化，成爲一套系統性的批評準則，可以說還沒有人做到，王國維的批評成就，也達到了歷來的小說評論者難以塵及的境地。對於《紅樓夢》一書而言，他開啓前所未有的批評角度，其成就在中國小說批評史上，堪置於頂峰而無愧色；對於小說批評而言，他創闢出一條既超越傳統，也超越時流，又深入小說文學本色的道路，樹立了一個卓越的批評典範。在他的批評之下，閱讀小說猶如追求美感與人生終極眞理的歷程，讀者非但不必掛意現實，更須主動跳脫，以進入「無希望、無恐怖」（註五七）的無「欲」狀態。就閱讀小說而言，這是一種全新的閱讀觀，在這種閱讀觀底下的小說，也呈現出全新的內涵與風貌，既非消閑遣興之作，也不是載道、教育的利器了。

【附　註】

註一　當時以新小說爲對象的實際批評，大體出現於兩種形式，一是評點，二是小說話。不少小說登載於報刊或出版爲單行本之時皆附有評點，但這些評點大多沿襲傳統批評理念與手法。至於小說話裏面的實際批評，又頗多印象式的籠統介紹，沒有顯著的好成績。有關新小說的實際批評，下文將會論及。

註　二　眞實姓名及生平待考。

註　三　三文均收錄於阿英編《晚清文學叢鈔．小說戲曲研究卷》頁一二五—一三八。

註　四　同上，頁一二七。

註　五　參〈新評水滸傳序〉，收入同註三，頁一二五。

註　六　收入同註三，頁一二五。

註　七　收入同註三，頁一二五。

註　八　參本書本章第一節。

註　九　收入同註三，頁一二七。

註一〇　收入同註三，頁一三三。

註一一　同字異義的解釋方式，如〈命名釋義．三、魯達〉說：「魯是魯國的魯，達是達人的達，魯國的達人，不是孔夫子是誰呢？……」收入同註三，頁一三五。

註一二　如《文明小史》第十四回以「賈子猷」隱射假自由；「賈平泉」隱射假平權；「賈葛民」隱射假革命等意。《孽海花》人名影射更達二百多位，參劉文昭〈孽海花人物索隱表〉，收入魏紹昌編《孽海花資料》頁三二三—三五三。

註一三　收入同註三，頁一三一。

註一四　《水滸傳》版本不同，故事結局也有差異，但據上引文意，燕南尚生顯然認爲接受招安和勦平四寇的部分爲羅貫中所加，非《水滸傳》原書所有，所以他所採信的《水滸傳》結局，乃止於梁山泊好漢齊集、排定座次。

註一五　參康來新先生《晚清小說理論研究》，頁一〇一。

註一六　收入同註三，頁一二七。又參本節前文所論。

註一七　收入同註三，頁一三二—一三三。

註一八　〈新評水滸傳敘〉云：「《水滸傳》者，祖國之第一小說也。施耐庵者，世界小說家之鼻祖也。不觀其所敘之事乎？述政界之貪酷，差役之惡橫，人心之叵測，世途之險阻，則社會小說也。平等而不失汎濫，自由而各守範圍，則政治小說也。石碣村之水戰，清風山之路戰，虛虛實實，實實虛虛，則軍事小說也。黃泥岡之金銀，江州城之法場，出入飄忽，吐屬畢肖，則偵探小說也。王進、李逵之於母，宋江之於父，魯達、柴進之於友，武松之於兄，推之一百八人之於兄、於弟、於父、於母、於師、於友，無一不合至德要道，則倫理小說也。一切人於一切事，勇往直前，絕無畏首畏尾氣象，則冒險小說也。」收入同註三，頁一二五—一二六。

註一九　眞實姓名及生平待考。

註二〇　〈新評水滸傳敘〉附註一提到：「《新小說》之〈小說叢話〉，有贊《水滸》者，只論文章，不足言贊《水滸》。《月月小說》有贊《水滸》者，又嫌其太於簡略，亦不足言贊《水滸》。」（收入同註三，頁一二七）可見燕南尙生看過〈小說叢話〉和《月月小說》上面有關《水滸傳》的評論。

註二一　《新小說》第十五號。又，收入同註三，頁三四二；陳平原、夏曉虹編《二十世紀中國小說理論資料・第一卷》，頁八二。

註二二　以上所述均據定一〈小說叢話〉，出處同上。

註二三　用康來新先生語。見《晚清小說理論研究》，頁一〇五。

註二四　定一評述《水滸傳》的說法發表於光緒三十一年三月（一九〇五年四月），在前；燕南尙生《新評水滸傳》第一冊出版於光緒三十四年（一九〇八），在後。

註二五　收入同註三，頁三五三—三五四；陳平原、夏曉虹編《二十世紀中國小說理論資料・第一卷》，頁二三九—二四〇。

註二六　見註一八。

註二七　黃人之不滿見〈小說小話〉前引文，燕南尙生之不滿見〈新評水滸傳敘〉，文云：「……而又横遭金人瑞小兒之厲劫，任意以文法之起承轉合、理弊功效批評之，致文人學士守唐宋八家之文，而不敢寓目，遂使純重民權，發揮公理，而且表揚最早，極易動人之學說，湮沒不彰，若存若亡，甘讓歐西諸國，蒔花而食果，金人瑞能辭其咎歟？」收入同註三，頁一二六。

註二八　文云：「……乃自譯本小說行，而人之蔑視祖國小說也益甚。甲曰：『中國無好小說。』乙曰：『中國無好小說。』曰：『如《紅樓夢》之誨淫，《水滸傳》之誨盜，吠影吠聲，千篇一律。』嗚呼！何其蔑視祖國之甚耶？近數年來，已有爲《紅樓夢》訟冤者，蔑視《水滸》如昨也。」（收入同註三，頁一二五）燕南尙生認爲《水滸傳》遭受蔑視，而他之《新評水滸傳》正有爲《水滸傳》訟冤之意。

註二九　可與本書本章第一節互參。

註三〇　《新小說》第十五號。又，收入同註三，頁三二四—三二五；陳平原、夏曉虹編《二十世紀中國小說理論資料·第一卷》，頁七三。

註三一　可參見本書第三章第二節。

註三二　見《新評水滸傳》〈新或問〉第一則，收入同註三，頁一一七。

註三三　「愛情」，此泛指人與人之間的感情。

註三四　收入《我佛山人文集》第一卷，頁二九三。又，收入《晚清小說全集》第三三冊，頁二九九；《中國近代小說大系》本，頁二七一。

註三五　見《吳趼人研究資料》，頁七八編者按語。

註三六　參單德興〈試論小說評點與美學反應理論〉，《中外文學》第二十卷第三期，頁七四。

註三七　王國維所謂「美術」，包括文學作品以及繪畫、雕塑等藝術作品。可見〈紅樓夢評論〉所論，並參本書第四章第二節。

註三八　《靜安文集》，《王觀堂先生全集》第五冊，頁一六四一。又，收入同註三，頁一一〇；陳平原、夏曉虹編《二十世紀中國小說理論資料·第一卷》，頁一〇二。

註三九　見《紅樓夢》第一回。

註四〇　《靜安文集》，《王觀堂先生全集》第五冊，頁一六三九—一六四〇。又，收入同註三，頁一〇九；陳平原、夏曉虹編《二十世紀中國小說理論資料·第一卷》，頁一〇一。

註四一　同上。

註四二　同上。

註四三　〈紅樓夢評論〉原譯「格代」。《靜安文集》，《王觀堂先生全集》第五冊，頁一六四四。又，收入同註三，頁一一一；陳平原、夏曉虹編《二十世紀中國小說理論資料·第一卷》，頁一〇三。

註四四　〈紅樓夢評論〉原譯《法斯德》。出處同上。

註四五　《靜安文集》，《王觀堂先生全集》第五冊，頁一六四五。又，收入同註三，頁一一四；陳平原、夏曉虹編《二十世紀中國小說理論資料·第一卷》，頁一〇三。

註四六　以上所述，均據〈紅樓夢評論〉第二章。收入《靜安文集》，《王觀堂先生全集》第五冊，頁一六三七—一六四五。又，收入同註三，頁一〇七—一一二；陳平原、夏曉虹編《二十世紀中國小說理論資料·第一卷》，頁一〇〇—一〇四。

註四七　《靜安文集》，《王觀堂先生全集》第五冊，頁一六四八—一六四九。又，收入同註三，頁一一四；陳平原、夏曉虹編《二十世紀中國小說理論資料·第一卷》，頁一〇五。

註四八　《靜安文集》，《王觀堂先生全集》第五冊，頁一六五〇。又，收入同註三，頁一一四；陳平原、夏曉虹編《二十世紀中國小說理論資料·第一卷》，頁一〇六。

註四九　王國維解釋「優美」、「壯美」和「眩惑」如下：「而美之爲物有二種：一曰優美，一曰壯美。苟一物焉，與吾人無利害之關係，而吾人之觀之也，不觀其關係，而但觀其物；或吾人之心中，無絲毫生活之欲存，而觀其物也，不視爲與我有關係之物，而但視爲外物，則今之所觀者，非昔之所觀者也。此時吾心寧靜之狀態，名之曰『優美之情』，而謂此物曰『優美』。若此物大不利於吾人，而吾人生活之意志爲之破裂，因之意志遁去，而知力得爲獨立之作用，以深觀其物，吾人謂此物曰『壯美』，而謂其感情曰『壯美之情』。……至美術中之與二者相反者，名之曰『眩惑』。夫優美與壯美，皆使吾人離生活之欲，而入於純粹之知識者。若美術中而有眩惑之原質乎，則又使吾人自純粹之知識出，而復歸於生活之欲。」見〈紅樓夢評論〉，收入《靜安文集》，《王觀堂先生全集》第五冊，頁一六三四—一六三六。又，收入同註三，頁一〇六—一〇七；陳平原、夏曉虹編《二十世紀中國小說理論資料·第一卷》，頁九八—九九。

註五〇　見《紅樓夢》第九六回，文長不錄。

註五一　〈紅樓夢評論〉原譯「雅里大德勒」。《靜安文集》，《王觀堂先生全集》第五冊，頁一六五二。又，收入同註三，頁一一六；陳平原、夏曉虹編《二十世紀中國小說理論資料·第一卷》，頁一〇七。

註五二　〈紅樓夢評論〉原譯《詩論》。出處同上。

註五三　以上所述均據〈紅樓夢評論〉第三章。收入《靜安文集》，《王觀堂先生全集》第五冊，頁一六四五—

一六五三。又，收入同註三，頁一一二—一一六；陳平原、夏曉虹編《二十世紀中國小說理論資料·第一卷》，頁一〇四—一〇八。

註五四　《靜安文集》，《王觀堂先生全集》第五冊，頁一六五三。又，收入同註三，頁一一六；陳平原、夏曉虹編《二十世紀中國小說理論資料·第一卷》，頁一〇八。

註五五　以上所述，均據〈紅樓夢評論〉第四章。收入《靜安文集》，《王觀堂先生全集》第五冊，頁一六五三—一六六三。又，收入同註三，頁一一六—一二一；陳平原、夏曉虹編《二十世紀中國小說理論資料·第一卷》，頁一〇八—一一二。

註五六　《靜安文集》，《王觀堂先生全集》第五冊，頁一六六四—一六六六。又，收入同註三，頁一二一—一二二；陳平原、夏曉虹編《二十世紀中國小說理論資料·第一卷》，頁一一二。

註五七　《靜安文集》，《王觀堂先生全集》第五冊，頁一六三三。又，收入同註三，頁一〇五；陳平原、夏曉虹編《二十世紀中國小說理論資料·第一卷》，頁九八。

第五章　創作活動中小說觀念之轉變

第一節　寫作題材之轉變

阿英《晚清小說史》曾說：「晚清小說，在中國小說史上，是一個最繁榮的時代。」（註一）由於歷代小說出版，始終沒有翔實資料記載，小說書目著錄，也經常掛一漏百，因此，現在很難證明「最」繁榮的小說時代是在晚清，不過阿英使用「最繁榮」一詞，也不是沒有根據，晚清的小說出版的確呈現極度繁榮的狀態。阿英說，當時成冊的小說，「至少在一千種上」，（註二）劉德隆〈晚清小說繁榮的兩個重要條件〉根據《清末民初小說目錄》（註三）統計，則得出小說一千八百多種。（註四）這些作品出版，主要都集中在晚清末十年，即光緒二十八年（一九〇二）至宣統三年（一九一一）之間。龐大的作品數量，超高的出版密度，確實很容易令人認爲，這是一個最繁榮的小說時代。

小說之所以繁榮，固然有諸多因素與條件，就繁榮的事實來看，大量人力、物力投入其中，此中且不乏屬於士大夫階層的知識分子，顯見得時人看待小說的態度有異往昔。詳細考察這個時期的小說內涵，更不難發現各方面的轉變及其中透露的小說新觀念。本章限於篇幅，僅舉其犖犖大者進行討論，姑且分別爲寫作題材、思想精神、形式手法等三大項目。假如能夠了解作者的際遇、身分和創作背景，也許更易準確解析作品內涵，然而，一方面當時作者喜用筆名，另一方面許多傳記資料沒有留存下來，以故眞實姓名不詳或生平不詳的作者極多，在這種情形下，只好直接就作品論作品。

晚清小說的寫作題材包羅繁複，由當時小說分類的名目，即可見一斑。所謂政治小說、歷史小說、社會小說、家庭小說、寫情小說、軍事小說、科學小說、偵探小說等等，主要是根據小說題材內容所作的劃分。（註五）雖然這些劃分通常都不太嚴謹，什麼樣的作品該標以什麼樣的類名，也不見得有一定的準則，但正如陳平原所指出的，它的意義在於間接體現了一代作家的藝術追求，並從一個獨特的角度呈示了當時小說的整體面貌。（註六）本章論述舉證之時，原則上將盡量兼顧各類內容的小說，以期能較爲全面考察出當時小說寫作題材的眞實情形。這麼做主要也是爲了避免自魯迅開始，以「譴責小說」（註七）一語涵蓋整個晚清小說而產生的偏頗。四大名作（註八）或四大名家（註九）的作品，固然是此時藝術成就較高的代表，但他們作品的題材、思想尙不足以囊括當時所有小說，作爲這一時期小說整體面貌的代表。

晚清此時小說寫作題材的總傾向，歸納起來，有二大特色，一是現實化，二是議論化。下文分別論述。

一、現實化

現實化是晚清小說的一大特徵，後人每謂晚清小說富有現實主義精神，或充分反映時代社會，即基於此項特色而來。所謂現實化，含義其實相當複雜，但在這裏是用來指由寫作題材表現出來的特色，簡單地說，是把現實存在過的人物、事件收攝入筆端，而小說本身，也往往易予人一種社會史料的印象。表現在作品裏面，則有幾種不同的情形：一是作品裏的人物乃隱射或明指眞實人物，至於相關事蹟，多半有所依據，或得諸野乘軼聞，或得諸正史記載，不過此中資料眞僞雜陳，作者未必加以檢別。二、作品中人物並未指涉眞實的特定人物，而是一般寫照，或純粹出於虛構，然而其相關事蹟確是當代的社會事件或傳聞。三、即便人物、事件均屬虛構，他們所代表的那種情況，也是事實存在的。四、也有的書中人物雖隱射或明指眞實人物，其相關事蹟卻大半違背史料記載；作者或有意虛構，或因看法不同以致事蹟記載產生歧異。在一部作品裏面，可能具有一種或一種以上的現實化表現，且同一部作品之中，囊括四種現實化表現的，也是很有可能。現實化的特徵，與當時國勢日蹙，社會變化迅速，以及小說禁令消解，文網鬆弛，乃至思想自由、言論自由等新思想的輸入，均大有關係，不過最重要的，還是作者的創作意念與實踐。這一點，只要略述當時較爲知名的作家或作品便可概見。

具有現實化特徵的作品，首先，可舉《孽海花》爲代表。《孽海花》最初構想者是筆名「愛自由者」的金松岑（註一〇），他曾撰第一、二回發表於《江蘇》雜誌第八期，由最初的寫作計劃（註一一）來看，這部作品的骨幹乃當代眞實的人物事蹟。以賽金花爲主角，寫清末中俄交涉的歷史性事件，「又含無數掌故、學理、軼事、遺聞」。（註一二）後來金松岑將原稿移交給曾樸（註一三）續寫，曾樸改變原有的構想，以賽金花爲全書線索，盡量容納「近三十年新舊社會之歷史」，（註一四）並且「避去正面，專把些有趣的瑣聞逸事，來烘托出大事的背景」，（註一五）寫作的題材和方式都有所改變，但仍以當代眞實的人物、事件爲題材依據。至於攝入筆下的人物，在作品裏面絕大部分是以隱射姓名的方式出現。譬如書中一對主要線索人物金均和傅彩雲，即隱射洪鈞和趙彩雲。書中人物金均，字雯青。其眞實姓名爲洪鈞，字文卿，江蘇吳縣人。洪鈞爲清同治七年（一八六八）一甲一名進士。曾任出使俄、德、奧、荷四國大臣，晉兵部左侍郎。使俄時，見俄人所訂「中俄界圖」紅線均與界約符合，乃譯成漢字。使成，攜之歸，奉旨在總理各國事務衙門行走。後因帕米爾爭界事起，言官謂洪鈞所譯地圖，誤將帕米爾部分邊界劃入俄國，致邊事日棘，痛劾之。洪鈞上書自白，上皆嘉納。事狀雖經辯白，傳論者仍言之紛紛。（註一六）這些事蹟，《孽海花》一書均曾述及，見於第二、八、十二、十三、十四、二十等回。小說的敘述與正史記載自然未盡吻合，但可能較近於當時言論界的傳聞。小說將中俄邊界的糾紛，歸罪於地圖之誤，而將洪鈞購圖、譯印一事，寫作昏瞶無知之舉，更將出使期間的洪鈞，描寫成一個渾然不懂外國國情，也不理會使臣公務，終日只知批校古籍，埋首於斷簡殘編中的書蠹。舉例來說，第十三回敘「畢葉先生」拿了一幅不知是眞是假的「中俄交界圖」，欲賣給金雯青，索價甚昂。正在討價還價之時，彩雲認爲「畢葉先生」「又來弄老爺的錢了！」（註一七）就搶著說道：

「不差，我正要問老爺，這幾張破爛紙，畫得糊糊塗塗的，有什麼好看，值得化多少金子去買他！老爺你別上了當！」雯青笑道：「彩雲，你儘管聰明，這事你可不懂了！我好容易託了這位先生，弄到了這幅中俄地圖。我得了這圖，一來可以整理整理國界，叫外人不能佔踞我國的寸土尺地，也不枉皇上差我出洋一番；二來我數十年心血做成的一部《元史補證》（註一八）從此都有了確實證據，成了千秋不刊之業，就是回京見了中國著名的西北地理學家黎石農（註一九），他必然也要佩服我了！這圖的好處，正多著哩。不過這先生定要一千鎊，那不免太貴了！」彩雲道：「老爺別吹滂，你一天到晚，抱了幾本破書，嘴裏咕唎咕嚕，說些不中不外的不知什麼話，又是對音哩，三合音哩，四合音哩，鬧得烟霧騰騰，叫人頭疼，倒把正經公事擱著，三天不管，四天不理，不要說國裏的寸土尺地，我看人家把你身體抬了去，你還摸不著頭腦哩！我不懂，你就算弄明白了元朝的地名，難道算替清朝開了疆拓了地嗎？依我說，還是省幾個錢，落得自己享用，這些不值一錢的破爛紙，惹我性起，一撕兩半，什麼一千鎊二千鎊呀！」（註二〇）

此處，彩雲的話貌似無知瞎鬧，其實恰是借彩雲之口，道出雯青平日行徑。「一天到晚，抱了幾本破書」，「倒把正經公事擱著，三天不管，四天不理」。身爲出使大臣的金雯青，只知抱殘守缺，於眼前的實際事物與應盡的責任義務，非但漫不經心，甚至可謂一無所知。彩雲口中的雯青，其實是一位不識時局，亦不知使臣任務的昏昧大臣。如此描述金雯青，恐怕也不僅僅用以指斥洪鈞，而是爲清廷一班當政當權的聾瞶大臣作寫照，並且反襯出清廷的腐敗無知。故事中的「畢葉先生」應是爲了配合購譯中俄地圖之事，虛構而來的人物。賣圖討價，可能也只是虛構的一個細節。但地圖一事，卻是傳聞有據，並正史亦有記載的當代實事。至於書中所述金雯青和傅彩雲之行止、形象，一方面固然是小說家筆法，虛虛實實，眞眞假假，不可輕易認眞；另一方面卻也可能言出有據，未必盡皆捕風捉影。因爲作品隱射對象洪鈞，實爲作者曾樸的父執長輩，有關他的遺聞軼事，曾樸可能知道得不少。民國二十三年（一九三四）上海申報通訊社記者崔萬秋（註二一）所撰〈東亞病夫訪問記〉報導裏面，提到曾樸的自述說：

洪字文卿，爲吾父之義兄，同時又爲余閣師之師，誼屬「太老師」，故余當時每稱賽金花爲「小太師母」。……余初識賽於北京，時余任內閣中書，常出入洪宅，故常相見。（註二二）

曾樸二十歲（一八九一）時考中舉人，次年（一八九二），其父斥資爲他捐了內閣中書，留京供職。常出入洪宅，便是這段期間內的事。（註二三）洪鈞既是曾樸之父的義兄，又是曾樸名義上的「太老師」，不但是長輩，且交往關係相當密切，並因爲這層關係，與賽金花亦常相見。有關洪鈞和賽金花的行止瑣事，他應該有很方便的管道可以獲得。其實不僅洪鈞一人，書中其他人物，也有不少是曾樸的父執輩。《孽海花》第三回提到：

原來雯青和曹以表號公坊的，是十年前患難之交，連著唐卿、珏齋，當時號稱「海天四友」。……後來到了京城，又合了幾個朋友，結了一個文社，名叫含英社，專作制藝工夫，逐月按期會課。（註二四）

其中「曹以表號公坊的」，隱射曾之撰，字君表，即曾樸的父親。「唐卿」為書中人物錢端敏的字，隱射汪鳴鑾，字柳門，浙江錢塘人。「珏齋」為書中人物何太眞的字，隱射吳大澂，字清卿，號意齋，江蘇吳縣人。（註二五）曾之撰曾與友人組成登瀛社，舊有登瀛社稿行世，所刊皆課藝制文，據說其中以曾之撰所作最多。（註二六）曾之撰早年又曾與張謇、文廷式、王懿容齊名，有「四大公車」之稱。（註二七）作品中「含英社」即據登瀛社而言，（註二八）「海天四友」很可能據「四大公車」舊譽，移花接木，重新配組而成。又曾樸嘗自述洪鈞為其父義兄，（註二九）也很可能曾之撰和洪鈞等人確有結義共號之事。無論如何，曾之撰和洪鈞、汪鳴鑾、吳大澂等人不但有友朋關係，後來更有親戚關係。曾樸的元配夫人汪珊圓（註三〇）即是汪鳴鑾之女，曾、汪聯姻，做媒之人即汪氏母舅吳大澂。也就是說，汪鳴鑾實為曾樸岳父，吳大澂實為曾樸內母舅。此外，還有許多人物，都是曾樸接觸過的。曾樸十九歲（一八九〇）在家鄉完婚之後，次年（一八九一）赴北京與父親同住，與京中名士李文田、文廷式、洪鈞等相周旋，諸前輩並引為小友。（註三一）甲午（一八九四）戰時，曾樸出入於翁同龢之門。（註三二）戊戌前一年（一八九七）曾樸旅居上海，與林旭、譚嗣同等人往來，暢談維新。（註三三）此外，清末名士李慈銘也是其父曾之撰的好友。（註三四）上述這些人都曾出現在《孽海花》裏面。李文田，字仲約，號芍農，即書中人物黎殿文，字石農；文廷式，字芸閣，即書中人物聞鼎儒，字韻高；翁同龢，字叔平，即書中人物龔平，字和甫；林旭，字暾谷，即書中人物林勛，字敦古；譚嗣同，字復生，即書中人物戴勝佛，字同時；李慈銘，字蓴客，即書中人物李治民，字純客。（註三五）可以說，《孽海花》書中許多人物，都是作者眞實生活中所認識的父執長輩或同輩友朋，與這些人相關的故事情節，也有很多是作者根據親見親聞的逸事瑣聞添枝減葉，變化改寫而成。其中也有不少人物，作者並未交接認識，但因爲大都是同時代的名人，作者想要得知他們的相關軼聞，也應非難事。據曾樸自述，《孽海花》第一冊寫成之後，被岳父沈晉祥（註三六）看到，「因內容俱係先輩及友人軼事」，恐怕梓行之後得罪親友，遂藏之不允出版，但曾樸不願心血結晶就此埋沒，「乃乘隙偷出印行」。（註三七）可見書中隱射之人物、事件，不獨作者自知，局中人觀之亦不難知曉，（註三八）才會有開罪親友之懼。有關書中人物、事件的眞實性問題，也成爲《孽海花》讀者向來關注並考索的焦點之一，（註三九）不過，題材雖可能是眞實的，對題材的詮釋卻更可能是作者自己所加，所以《孽海花》一書中的人物，其相關事件雖於史有據，其人物形象究果眞如作品所述與否，實難確考，因爲此中尚有個人主觀評價與創作想像在。（註四〇）然而，無論如何，此書網羅一代眞人實跡，令讀者覺得其中皆有實事可尋，（註四一）並樂於追索本事，這是現實化特徵所引起的閱讀趣味。

《孽海花》所敘時人時事，雖或有虛構，大體仍以眞實有據者居多。另有些作品，雖敘實人，其事蹟卻多虛構無稽者，此中可以《大馬扁》一書爲代表。

《大馬扁》主要在敘述康有爲一生的重要事蹟，書中人物，全用原來的眞實姓名，然而作者卻肆意醜詆，把康有爲描寫成一個招搖撞騙的無賴，一生全賴棍騙行爲博得虛名。譬如康有爲撰有《新學僞經考》一書，乃將變法理論紮根於儒家經典的重要思想著作，在當時曾產生深遠影響。（註四二）

但《大馬扁》一書，卻將康有爲寫成不學無術，自誇自大，因爲迎合公羊學風尚，特意結交繆寄萍，《新學僞經考》即是騙取繆寄萍所撰《新學僞經辨》原稿而來的作品。康有爲騙到書稿以後，將書名改動一字，付梓出版。而繆寄萍在書被騙走之後，不久因病棄世，此事遂無人追究，康有爲也樂得擁有這本著作。這段情節見於《大馬扁》第一、二回，故事荒誕無稽，純屬杜撰。《大馬扁》敘康有爲事蹟，大抵都和這段故事相類，以虛妄情節，扭曲本來事相。雖然事情最後的結果仍吻合眞實的記載，但其中的行爲過程，卻變得污穢、無賴、詐僞、無恥。康有爲一生的學行、政治事業，變成是一場巧取詐奪的大騙局。《大馬扁》一名《大馬騙》，（註四三）兩種書名的意思都是指大騙子，其實「馬扁」本來就是「騙」字拆形而成。書名所謂的大騙子，即指書中的主角康有爲。作者黃小配（註四四），廣東番禺人，十六歲曾從朱次琦受學。朱次琦也是康有爲的老師。黃、康兩人既有通家之誼，又有同門之雅，但兩人性情均極詭誕，不相融洽，常因細故發生鬥毆，後來更因政見不同，勢如水火。（註四五）《大馬扁》刊於光緒三十四年（一九〇八），當時康有爲是主張維新變法又擁護光緒皇帝的保皇黨之首，黃小配卻積極主張反清革命，早期就加入興中會的外圍組織「三和堂」，至宣統元年（一九〇九）正式加入同盟會。（註四六）他的小說頗多宣揚革命思想的內容。他在《大馬扁》裏面，將戊戌六君子之一的譚嗣同，寫得識見、學行都超越於康、梁及其他戊戌同難者之上，而書中譚嗣同與其他維新人士之所以相異，即在於抱持革命思想。《大馬扁》書中的譚嗣同，自始至終均以革命排滿爲目的，他入京參與康、梁行列，最後犧牲被難，完全是受了康有爲的騙。被難之前雖已知受騙上當，卻因病不及出都，終至牽累赴死。這些情節見於該書第十一至十五回。實際上譚嗣同在戊戌遇難之前，是一位相當積極的變法人士，他參與百日維新，也是自願而主動的行爲，他在〈致李閏〉的書信中，曾說過「朝廷毅然變法，國事大有可爲。我因此益加奮勉，不欲自暇自逸」的話，（註四七）透露積極參與的精神並充滿希望之情。他的《仁學》攻擊君權相當激烈，也有反滿理論，但他在當時仍是一位重要變法人物。作者將譚氏附會成革命人物，將他之參與變法，虛構成受騙上當，而在所有變法人士當中，又將他描繪得最爲磊落超群，種種虛構和描述的主要意義，都在於凸顯革命派人士之卓犖不凡，藉以表現革命思想之高超正大。也就是說，黃小配是有意宣揚自己的政治主張，而攻擊以康有爲爲首的變法人士。他選取康有爲與當代備受矚目的政治事件——戊戌變法爲題材，都是爲了這個目的。雖然故事最後的結局也都眞實有據，不過事件發展的過程卻被他刻意扭曲、醜化了。

無獨有偶，在小說裏面醜化康有爲的人，不僅黃小配一人而已。李寶嘉（註四八）《文明小史》第四十五、四十六回裏面，以「安紹山」隱射康有爲，也把他寫成是一個虛張聲勢卻膽小如鼠的人。其實晚清小說中，不獨譏詆維新人士者有之，即責刺革命黨人的作品亦有之。劉鶚《老殘遊記》第一回以夢境寓意，將革命黨人描寫成「只管自己斂錢叫別人流血的」；（註四九）吳沃堯《上海游驂錄》第七回也將所謂革命黨人寫得浮淺無知，投機胡鬧。（註五〇）這些描述裏面，作者未必隱射特定人物，卻是就社會現象觀察所得，並以自己的主張、評價灌注其中。因而這類描繪雖然於史無據，但也可以視作當時某部分人所持有的一種意見。

與上述《孽海花》、《大馬扁》取材方式相近的，又如大橋式羽（註五一）《胡雪巖外傳》以商界名人胡雪巖的生活軼事爲題材；黃小配《廿載繁華夢》取廣東富商周氏（註五二）興敗事蹟爲材料；即便以妓女生活爲主要內容的《九尾龜》（註五三），也是採晚清當時號稱「四大金剛」的名妓陸蘭芬、林黛玉、金小寶、張書玉等爲書中人物。這些，都是將當代實人實事納入筆端的作品。此外，還有《老殘遊記》第三至六回以「玉賢」（註五四）辦曹州府盜案的故事，隱射清末毓賢任職曹州時的情形；（註五五）李寶嘉《官場現形記》第二十八回剋扣軍餉被參的「舒軍門」隱射蘇元春，第四十六回痛恨洋人至極的欽差隱射徐桐；（註五六）吳沃堯《二十年目睹之怪現狀》第四十五與五十三回以「羅榮統」隱射光緒帝，以「羅魏氏」隱射慈禧太后，第五十五回以「祖武」隱射孫文，第六十三回以「古雨山」隱射胡雪巖（註五七）等等。這些作品裏面，至少有一部分內容，可以確考爲眞實的人事。

除了隱射特定、個別的實人實事以外，更多的是以當代的社會事件或一般的社會現象爲材料，而在作品裏面，構擬合適的人物以表述該事件，或構擬人物、事件以代表該現象。《老殘遊記》第十三、十四回敘「翠環」因官方治河不善，棄守民堰，導致家破人亡的故事即屬前者；李寶嘉《官場現形記》描寫種種官場怪象，大多屬於後者。前者至今或尚有史事可尋，後者則純是作者觀察當時社會實狀，或得諸親身經歷，或得諸道聽塗說而獲得的創作題材，寫出來的作品，本身就具有社會史料的意味。晚清小說裏面，這一類的作品特多，《官場現形記》以外，李寶嘉《文明小史》、《活地獄》、《中國現在記》，吳沃堯《二十年目睹之怪現狀》、《發財秘訣》、《上海游驂錄》、《近十年之怪現狀》（註五八），壯者（註五九）《掃迷帚》，佚名《苦社會》，吳蒙（註六〇）《學究新談》，（註六一）警夢癡仙（註六二）《海上繁華夢》（註六三）等等均是。這類作品裏面，以《官場現形記》問世最早，可謂開風氣之作。作品描繪官場百態，恣意暴露黑暗的一面，對於後起的同類小說，深具導向作用。當時以社會實況爲題材的小說，幾乎無一不以暴露社會弊端爲意旨。玆舉《官場現形記》第五十三回中片段爲例，以概見其餘。第五十三回敘有客來拜制臺，巡捕拿了客人的名片想稟報制臺，恰巧正值制臺吃飯時間，巡捕不敢上去通報，但是這位客人身分特殊，巡捕又不敢不立即通報，因而在房前廊下趑趄不前——

正在爲難的時候，文制臺早已瞧見了，忙問一聲：「什麼事？」巡捕見問，立即趨前一步，說了聲：「回大帥的話，有客來拜。」話言未了，只見拍的一聲響，那巡捕臉上早被大帥打了一個耳刮子。接著聽制臺罵道：「混帳忘八蛋！我當初怎麼吩咐的！凡是我吃著飯，無論什麼客來，不准上來回。你沒有耳朵，沒有聽見！」說著，舉起腿來又是一腳。那巡捕捱了這頓打罵，索性潑出膽子來，說道：「因爲這個客是要緊的，與別的客不同。」制臺道：「他要緊，我不要緊！你說他與別的客不同，隨你是誰，總不能蓋過我！」巡捕道：「回大帥，來的不是別人，是洋人。」那制臺一聽「洋人」二字，不知爲何，頓時氣焰矮了大半截，怔在那裏半天；後首想了一想，驀地起來，拍撻一聲響，舉起手來又打了巡捕一個耳刮子，接著罵道：「混帳忘八蛋！我當是誰！原來是洋人！洋人來了，為什麼不早回，叫他在外頭等了這半天？」巡捕道：「原本趕著上來回的，因見大帥吃飯，所以在廊下等了一回。」制臺聽完，舉起腿來又是一腳，說道：「別的客不准回，洋人來，是有外國公事的，怎麼好叫他在外頭老等？糊塗混帳！還不快請進來！」（註六四）

這是一段通報洋人求見制臺的情節。巡捕為難、動輒挨拳腳等情形，反映出官場裏面，上司凌壓下屬的狀況，甚且可以類推到官場外面，員吏凌壓百姓的狀況。制臺的兩頓拳腳前後照應，與態度之轉變相映成趣，將官吏懼怕洋人的情態描繪得淋漓盡致。第一次打罵，制臺還是一個架子十足的大員模樣。巡捕答話，說這位客人重要，制臺駁斥說「總不能蓋過我」，其態勢、氣焰正達到頂點。作者加意營造了這個官架高張的頂峰，接著「洋人」二字，便是一百八十度大轉折的鍵紐，制臺的氣勢由巔峰立時跌到谷底。此一跌，極富戲劇性效果。當時官吏畏懼洋人的情態，便在這一跌勢之中顯現。場面滑稽，卻又滿帶無奈；筆意諷刺，而其中實含辛酸。巡撫、制臺等人物，與打罵、對話等場面，是作者想像、虛構出來的，但他們所代表的那種情形，卻是現實存在的。作品中的人物、事狀雖非特指某一個別的人物、事件，確實是某些現象的具體寫照。

小說的題材變得這麼現實化——且大半是負面的、黑暗的現實，與作者視小說為眞實記錄，及其對時局失望有密切關係。「救世之情竭，而後厭世之念生」，（註六五）是當時許多作者的創作心聲；「以痛哭流涕之筆，寫嬉笑怒罵之文」，（註六六）是作者面對世局隳壞又無可如何的現實情況，所採取的宣泄方式。這也是小說內容充滿負面現實題材的緣故之一。此外還有一個可能原因，便是如《官場現形記》第六十回中所言：

上帝可憐中國貧弱到這步田地，一心要想救救中國。然而中國四萬萬多人，一時那能夠統通救得。因此便想到一個提綱挈領的法子，……原來這部教科書，前半部是專門指摘他們做官的壞處，好叫他們讀了知過必改；後半部方是教導他們做官的法子。如今把這後半部燒了，只剩得前半部。……（註六七）

《官場現形記》這部作品是文中所說「教科書」的「前半部」，專門指摘做官的壞處，目的是希望官場中人當作「醒世良言」（註六八）來讀，讀後能速謀「改過自新」，以求「挽回末路」。（註六九）作者自知這是一部揭發醜陋、黑暗的作品，但他卻說這是教科書的一部分，是教人知過必改的醒世書籍。把小說當作教科書，是晚清小說界新興的理論，（註七〇）由這個例子可以看見教科書的觀念已經由理論進入創作。

然而，以揭發醜態的作品作爲教科之用，似乎不是教科書的常態，此書結尾假稱後半部不愼被火燒毀，主要應是有加強作爲教科書的說服力。由這裏又可以得出一反面的揣測：也許《官場現形記》創作之初並沒有當作教科書的意圖。後來爲了讓它作爲教科書，才編出後半部被燒毀的故事。假如這個揣測不無可能的話，其中的觀念問題將更耐人尋味。作者何必如此刻意要讓他的小說成爲教科書？作者如此刻意，亦可以反證把小說當作教科書是創作者經過某種衡量之後，著意接受並引進的一種觀念。而這種情形，同樣可以看作教科書觀念由理論進入創作的一種落實表現。

視小說爲眞實記錄，與「史」的觀念有很深的淵源。我國古代小說與史傳文學之間，一直存在著不可分割的血緣關係，「史」的觀念也一直在影響小說的評論與創作。（註七一）在題材方面的主要影響之一，是「對歷史眞實性的重視」，「作者與讀者對小說裏的事實都比對小說本身更感興趣」。（註七二）曾樸撰《孽海花》的構想是要「容納歷史」；（註七三）劉鶚《老殘遊記》敘毓賢酷政，存著「將來可資正史採用」之意；（註七四）李寶嘉《文明小史》書名即表述作「史」之意；還有讀者樂於追索作品本事等等，都可以看作自古代小說以來，受「史」之觀念影響的表現。在這個觀念底下，小說被看作史料一般具有眞實性和可信度。不過，晚清當時的小說作者不僅重視題材的眞實性，而且重視「現代」性。《孽海花》所要容納的歷史，是「近三十年新舊社會之歷史」；（註七五）《老殘遊記》所敘的毓賢，是當代守舊大臣，在《老殘遊記》發表前二年（一九〇一）剛因義和團禍首之罪而遭正法；（註七六）《文明小史》所作的「史」，是「我們今日的世界，到了什麼時候」（註七七）的寫照，強調的是近年、「今日」的人事現象。吳沃堯標舉《二十年目睹之怪現狀》與其他作品差異之處，在於此書所寫，皆二十年來「所親見親聞者」。（註七八）「親見親聞」不但題材眞實，且時間上屬於當代。其他以社會實狀爲題材的同類作品，也多有此種特徵。作者的眼光緊緊盯住當代，作品的內容也抓緊當代，小說創作與時代脈動呈現一種空前密切的結合狀態。小說作者不再是蟄伏於陰暗角落的「小道」作家，他們現身於當代社會的面前；小說作品也不再隱藏或避諱它所要表現的時代，而肆意揮開解剖之刀，直陳當代政治、社會百態。狄葆賢〈論文學上小說之位置〉曾說：「小說者，社會之χ光線也。」（註七九）這一時期的小說，的確像「χ光線」一般，透視政治、社會的幕前幕後，發揮了前所未有的解剖與揭發功能。因此，假如說這是古來小說傳統中「史」的觀念影響的結果，那麼，這也是一種新史觀。與過去小說作品呈現出來的內容，以及作家選材視野作比較，已經有了新的發展。這項發展所含蘊的現實精神，作品密切貼合時代脈動的創作型態，是歷來小說所罕有的。

二、議論化

晚清小說的另一大特徵是議論化。追本溯源，這得從梁啓超《新中國未來記》說起。梁啓超創作《新中國未來記》，是爲了實踐自己所提倡的政治小說理想，他在此書〈緖言〉裏面也坦然說明：「茲編之作，專欲發表區區政見。」（註八〇）結果，寫出來的作品，成爲「似說部非說部，似稗史非稗史，似論著非論著，不知成何種文體」，「編中往往多載法律、章程、演說、論文等，連篇累牘，毫無趣味」。（註八一）作品裏面容納的主要材料，不是以人物、事件、情節等敍事文類常備的要素爲主，反而更多像政論文之類的論說性內容。尤其第三回「論時局兩名士舌戰」部分，「李去病」和「黃克強」二位書中人物，分別申述革命和非革命兩大主張，「駁來駁去，彼此往復到四十四次，合成一萬六千餘言」。（註八二）這一回的主要內容，便是政治見解的往復辯論。平等閣主人（註八三）在第三回回末總批裏面稱讚這段辯論說：「文章能事，至此而極」，「壁壘精嚴，筆墨酣舞」，「然僅恃文才，亦斷不能得此，蓋由字字根於學理，據於時局，胸中萬千海嶽，磅礴鬱積，奔赴筆下故也。文至此，觀止矣！」（註八四）小說中的議論化內容，不重在刻劃人物或推展情節，就敘事技巧上說，似無多大成績，但據文章而論，理義透闢，析論精嚴，且能切中學理，直指時局，的確是不可多得的辯論性佳作。或許正是因爲這段精彩文字鞭辟入裏，引動了後繼者的心思；或許作爲中國政治小說開山之作的這部小說，以這種題材產生了鮮明的示範作用；也或許作者救世之心太切，以致急於用很明顯的方式，令讀者很快地領略相關學理和主張。總之，《新中國未來記》的議論化題材，成爲後來許多作品摹仿、承襲的對象。這種現象曾引起部分論者批評，說它「議論多而事實少，不合小說體裁」，（註八五）黃遵憲也曾經批評《新中國未來記》缺乏「小說中之神釆之趣味」，（註八六）作者梁啓超亦自知他的作品「不知成何種文體」，因而「自顧良自失笑」，（註八七）但是梁氏終究無法更動自己的作品型態，只好把這種寫作方式解釋爲「既欲發表政見，商榷國計，則其體自不能不與尋常說部稍殊」。（註八八）不管這個理由成不成立，顯然它發揮了部分說服力，因此，即便有些論者不滿「議論多而事實少」的內容型態，但有許多表達政見、理想爲宗旨的小說，仍以這種型態出現，而不以表達政見、理想爲主的小說，也多多少少兼具些議論性的材料。

接下來，不妨舉頤瑣（註八九）《黃繡球》爲例。《黃繡球》最初發表於《新小說》雜誌上時，標的是「社會小說」，然而它與《官場現形記》、《二十年目睹之怪現狀》等社會小說的內容表現不同。它固然也描繪了當代社會的黑暗面，但主要的情節是在營造一個追求理想政治、社會的過程，與

「政治小說」《新中國未來記》的內容型態極爲接近。「黃繡球」爲書中女主角的名字，她有一位通達明理的丈夫名叫「黃通理」。黃繡球發願要改造落後腐敗的現狀，以他們所居的「自由村」爲發起地，先把村子「做得同錦繡一般」，最後的目標是普及全球，將地球繡成一個錦繡世界——這也是她取名「繡球」的寓意。黃繡球在丈夫的協助之下，從放小腳、求新知、涵養學識開始，以辦學校爲手段，開導風氣，使男女皆能平等接受教育。在歷經種種困難和曲折以後，最後「自由村」村民聯合起來，組織義勇隊和女軍，「黃繡球更就日夜的參酌時事，草議章程」，預備行地方獨立自治之權。（註九〇）這部作品裏面，固然具有人物、事件、情節等質素，但是議論、演說、講解等剖析政見、學理的論說性材料，也占去極多的篇幅，和《新中國未來記》〈緒言〉中所說「編中往往多載法律、章程、演說、論文等，連篇累牘」的情況，（註九一）大同小異。譬如第九回錄有一篇〈王安石論〉，藉王安石變法之事，申述守舊禍國之理；（註九二）又第十九回收載〈黃氏家塾規則〉一篇，藉表興學化民的理念。（註九三）此外，人物對話的內容，也多半在剖析主張、抒發見解。如第七回敘黃通理應科考，試題中有一篇經義，題目是「詩云不愆不忘義」，黃通理解釋「不愆不忘」之義與朱注舊說不同，並由此引出讀者不可拘文牽義等大段議論。黃通理道：

大凡讀書，原不可拘文牽義，泥煞章句。講法與書理相合，就是近人的，也多有可采；講法與書理不相合，不要說朱夫子，便連孔夫子，豈能信得？法國從前有一位文明初祖，名叫笛卡兒，其學以懷疑爲宗旨，謂於疑中求信，其信乃眞。此理釐然有當吾心，吾即取之；苟愸然不慊吾心，吾即棄之，雖古今中外之聖哲，同所稱述，皆疑而不信。我今講這句書，只是憑我見解，何須依傍古人？現在天下大勢，正坐依傍古人，不論古人說得是的，說得錯的，毫無抉擇，一味崇拜，所以見理不明，謬種流傳，達於腐敗極點。一二新進後生，略聞異說，確又把中國數千年來先生留傳的良法美意，偶因古人一兩處的誤會誤解，就牽連一概抹煞，囂然騰辨，漸漸的分出舊學新學、舊黨新黨的諸般名目。其實有舊學的，方能窺見新學；眞維新的，無不從舊學中考察折衷而來。譬如裁製一衣，料子換了新的，而做法一樣有領緣襟袖，不能出舊式範圍；建造一屋，木石換了新的，而造法一樣有門窗户壁，不能破舊時間架。只不過衣服的長短大小要合體，房屋的寬狹明暗要合宜，不可應該長大的，仍裁得短小；仍該寬廣明爽的，仍造得窄而且暗，這就叫做維新不守舊，也就叫做「不愆不忘，率由舊章」了。若故意做衣服做得不合體，造房子造得不合宜，以爲新鮮奇異，卻已忘記了衣服房子的不愆制度，不得爲之率由舊章。舊章既失，便新不成新，舊不成舊，一物一器，尚不適用，何況那政治上的事，關於民生國計的呢？我如今講了這半天，待我便將此意發出一篇講義來。至於那王安石的人物歷史，策論八股的優劣比較，(註九四)一時說給你們也來不及，索性也待我做他出來，再看再談。(註九五)

這一段是《黃繡球》一書中抒發議論的典型模式。先是根據眼前的事物，剖析一段道理、見解，再聯繫到時局大勢，發表一番有關維新改革的主張，其中並經常引用外國的學說、歷史，來作爲例證。就如此段文字，起始於對經義試題「不愆不忘」的解釋，黃通理自抒心得，認爲「凡先王之法，惟其不惩者，必宜遵守勿忘」，「若其已惩，又宜及時修改，使歸於不惩而後已」，（註九六）因此「不惩不忘」不僅強調遵守先王舊法，也同時強調修改不合時宜的舊法——這一段解說之中便隱含著作者的維新主張。黃通理因爲對經義的解說異於古人，便又藉此抒發一番讀書原理，並引用法國哲學家笛卡兒的懷疑精神爲佐證，強調讀書、解書追求的是「理」之眞否，而非墨守舊說——這段說法其實也暗指時流之弊，意圖破除當代守舊派人士的頑固心理。接著批評天下大勢正是壞在一味守舊的頑固心理，不肯接受新說，表面上恪遵古訓，實際上卻背離先人眞意，以致局勢每下愈況。黃通理又強調，講求新學、新說，並非完全廢棄舊理，而一味摒棄固有說法的新派人士，也有抹煞先人良法美意的偏頗之過。如此長篇大論出現在人物談話之中，實是晚清才有的現象。由這段議論也可以看出，作者是一位主張維新改革，卻反對採取激烈手段的人，雖不滿守舊之「謬種」，也反對一味追新立異的新說。所以文中藉黃通理之口，試圖調和新、舊之間的分野和爭辯，認爲「眞維新的，無不從舊學中考察折衷而來」，就像製衣、造屋，材料即便不斷更新，規模、式樣仍有一定的舊章成法。而像此段文字這樣，利用各種暗喻、明喻，把有關維新改革的見解化入其中的手法，是本書常見的寫作方式。作者一方面利用人物對話，抒發有關時局改革、建設的種種主張，另一方面又藉情節推展，逐步闡發各項細節及其實踐方式。「議論多而事實少」，（註九七）正是切合此作的最佳評語，然而這部作品的特色，也就在這一點上。

吳沃堯《新石頭記》（註九八）也是一部表達時論和理想的作品。全書四十回，以賈寶玉重入塵世爲線索，前半部寫寶玉遊歷上海、北京等地，眼見當時社會各種腐敗、浮薄現象；後半部寫寶玉無意中闖入「文明境界」，見識到眞正文明、進步的理想國度。前半部經常藉寶玉之口，談論各種社會現象的不當之處及改善之道，後半部則藉「文明境界」中的居民「老少年」，闡述理想國度的制度及相關學理。茲舉其中一段對話爲例。第八回敘寶玉和朋友「吳伯惠」談起不纏足會的事，寶玉主張要提倡不纏足，除了勸女子以外，也要兼勸男子——

伯惠道：「纏足是女子的事，如何勸起男子來？」寶玉道：「只從玩具兩字著想，自有勸法。你想，我們大脚的人，尚且要天天洗，或者事情忙了，三兩天不洗，那脚上就出些壞氣味。何況把它裹小了，緊緊的裹上了幾十層布，外面看著，雖是纖纖的，那裏面不知臭的怎麼似的呢。既然弄了個玩具來，卻是徒有其表，裏面是臭的，有什麼玩頭呢？這句話要說穿了，只怕大家也可以恍然大悟。譬如玩的一個翡翠鼻煙壺，壺裏面自然裝的是鼻煙，不然就是個空壺兒了，也還可以把玩；倘使裏面裝的是糞穢東西，別說是把玩，只怕看也沒人要看的了。千嬌百媚的女子，底下卻裹著一雙臭脚，與這個有甚分別！何況那裹脚的，非止是臭，裹的那個樣兒，一定是難看不堪的。就是它裝飾起來，穿了尖尖鞋子，我看得就同盤屈古樹一般，全無天趣。把這一番話去勸導男子，等男子信了，自然厭惡裹脚，他去求玩具時，自然又換了一副眼睛。那些女子裹脚，不過是甘爲玩具，取悅男子。今見男子不要了，他自然也就不裹了。此說出去，那殘忍行爲，可望慢慢的豁免起來。然後一面興辦女學，等那些女子有了學問，自然不教他，他也要要圖自立的了。此刻那殘忍之事，還沒有除去，忽然先就教他平權自立起來，譬如一個人，病倒床上，還不曾扶得他起來，卻先教他跑，怎麼辦得到呢？天下事，最怕是不辦，又怕是辦的太驟。」（註九九）

女權運動是晚清重要的社會運動，也可以說是一項熱門話題，不纏足可以說是女權運動第一階段的目標，《黃繡球》一書敘述「黃繡球」奮發、改革「自由村」的過程，也是從放小腳開始。在這一段長篇大論裏面，作者藉寶玉之口，以極淺顯的譬喻和文字，來說明勸導放足的方式和道理，與其他地方或其他作品比起來，議論的味道應該是淡了許多，這與作者吳沃堯注重「趣味」和「感情」的小說理論觀點，可能很有關係。他認為小說之所以能改良社會，主要是因為小說能動人感情，假如不能動人感情，便談不上改良社會。（註一〇〇）而吳氏又是一位相當劍及履及的論者，本身也兼具創作才能，他在這段不纏足的論說裏面，把事理說得這麼淺白，譬喻運用得這麼生動，實不妨看作是個人主張的具體實踐。其中有些說詞或許不夠含蓄，但對於一般的讀者大眾來說，很可能比《新中國未來記》那樣的議論，來得容易接受，讀起來也不致太枯燥。但即便讀起來顯得較為輕鬆有趣，終究不能否認，這種連篇累牘的議論性材料，還是造成議論多而事實少的現象。

《黃繡球》第一回評語（註一〇一）中提到：

論小說位置家之言曰：「小說者，覺世之文也，寧繁無簡。」又小說有熏、浸、刺、提四訣。作者本此意以述之，期乎不背其說。合全書觀之，當亦可以支配人道，使閱者豁目爽心。（註

一〇二）

作評之人身分爲何，是否果眞知曉作者本意，現有資料均不足以考查，但據作品本身的表現，可以驗證這段批語大致無誤，且就當時一般情況而言，小說批者和作者即使不是同一人，也多是關係密切，能知道作品創作旨意的人。所以由這段評語，可以推測作者「頤瑣」是一位深信小說新民論，也可說是梁啓超小說論的信服者與實踐者。《新石頭記》的作者吳沃堯也是一位支持梁啓超及其改良社會論的理論者與創作者。理念上的贊同與支持，不但促使他們本著覺世砭時的方針從事創作，甚且使他們分別在不同的程度上承襲了梁氏的作品模式。

藉小說表述時局評言或寄寓政治理想的作品頗多，有的作品營造了一個未來或虛構的世界，一切理想都在這個世界中實現，作爲一種具體化的模型、典範；有的作品覶縷細述現實界的腐敗實狀，以及追求改革維新的努力過程，貼近時代現況，傳達個人的見解主張。不論從何種方向著筆，重點之一總在表述各項有關政治、社會的改革意見，其中也都有或多或少的議論化題材。除前文已述的三部作品之外，還有旅生《痴人說夢記》、荒江釣叟《月球殖民地小說》、碧荷館主人《新紀元》、（註一〇三）春颿《未來世界》等總括整體社會者；吳蒙《學究新談》、悔學子《未來教育史》、賡叟《學界鏡》等針對學界問題者；（註一〇四）壯者《掃迷帚》（註一〇五）針對迷信陋俗；以及《生生袋》（註一〇六）傳述人體生理知識者等等。

此外，以暴露社會現狀爲主的作品，雖重在描繪實況而非申述見解，卻仍會在某種場合，針對某項問題抒發一些論見。作者似有一股掩不住的急切，想要直接貢獻己見，喚醒國民。如《老殘遊記》第三回，藉「老殘」與「宮保」的談論，發表有關治河的主張。第九回「璵姑」向「申子平」剖析儒、釋、道三教相通之理，並對儒家經典中的文字提出新的詮釋，駁斥舊儒之說。第十一回由「黃龍子」與「申子平」問答，申述對「北拳南革」的看法。從「三元甲子」說，談到「阿修羅王與上帝爭戰之事」，引出「勢力尊者」，再引出《易經》、「澤火革」卦象，描述「南革」之弊，最後奉勸「申子平」牢記秘訣，以免誤入「邪北拳南革的大劫數」。第十一回全文幾乎都是這些議論式的材料。（註一〇七）又如《二十年目睹之怪現狀》第二十五回「姊姊」發表了一番破除鬼神迷信的見解；第二十六回「吳老太太」和「姊姊」各自論到家庭間父子親情與婆媳相處的問題；第一〇一回王端甫倡說家庭兩代分居的好處。《文明小史》第四十六回「顏軼回」談到各國利用經濟侵略對中國進行「無形的瓜分」；第五十九回鄒紹衍論到日蝕原理等等均是。（註一〇八）《文明小史》第五十九回另有一大段有關「北拳南革」的議論，與《老殘遊記》第十一回所論雷同，由此引發一段文字公案。（註一〇九）姑不論盜用問題，由二位作者皆將大段議論納為作品內容來看，反倒可以看出他們對於議論性題材的共同傾向。

有趣的是，似乎作者與讀者最後都接受了這種議論化的內容，不但不說它「不合小說體裁」（註一一〇），反認為是「書中應有之義」（註一一一）。《文明小史》第五十九回中，議論占去大半篇幅，「自在山民」（註一一二）於回末評道：

此回暢發議論，亦書中應有之義。（註一一三）

《黃繡球》第七回亦以議論爲主，「二我」在回末評語裏面也說這些議論：

在本書是敷佐之文，亦是夾敘夾議之法。（註一一四）

「敷佐之文」一語表示小說的正體不應以議論爲主，但議論化的題材卻不妨以輔佐姿態出現在小說文內，並且可以成爲構成小說內容的一個質素，形成一種寫作手法。「夾敘夾議之法」便是融攝議論性題材，使之與敘事內容相容不悖的寫作方式。這種寫法已在某種程度上，成爲普遍化的共識。作者們逕行採用這種手法，讀者也認爲理所當然。

議論化的題材，大體不外對當時政治、社會各種問題提出意見，或申述事物、現象之相關原理與知識。簡言之，即以發表時論、灌輸知識爲主。在這裏，又可以隱約看到小說理論的影子。梁啓超提倡政治小說的本意，是爲了啓發政治思想，促進政界進步。高舉「小說界革命」大旗，也是爲了革新國民思想、行爲，促進國家、社會進步。（註一一五）後來改良社會論發展成爲晚清小說理論主流，儼然視小說爲教育國民、改良社會、復興國家的不二利器。（註一一六）而經由檢視實際創作的題材，發現充斥其中的政見、社論、知識、學理等議論性材料，看見作者宛然一副諄諄訓誨的教者姿態，便可以知道小說理論者殷殷提倡的教育國民、輸入文明之說，已經或隱或現貫串其中。事實上，當時的小說作者也的確有實踐以小說教民、救國理想的意圖。《新中國未來記》具有實踐理論的宗旨自不待言，吳沃堯的小說論點向來以德育爲重，（註一一七）希望「借小說之趣味之感情，爲德育之一助」，（

註一一八）他在作品《新石頭記》裏面所營造的理想國度「文明境界」，便是一個「德育普及，憲政可廢」的「文明專制」政體。（註一一九）他塑造這個德育力量發揮到極致的理想國，無疑是在實踐他自己所倡的理論，並企圖透過作品，把他的理念傳播給讀者大衆。不論小說是否果眞能達到教育民衆、拯救國家的實效，至少它的確成爲作者傳播政治、社會理念的管道，並且攜帶著教民、救國的希望，促生了與古來作品不同的內容。議論性題材，正是這種希望和觀念底下的產物。

此外，《黃繡球》第一回批語曾說作者本著「熏、浸、刺、提」與「覺世」之意以撰此書，（註一二〇）證以書中屢屢苦口婆心對各種見解和主張的剖析，不難看出作者的確具有傳播理念和教育民衆的意圖。《未來世界》題稱「未來」，實際上是用以引導現在。作品描述民智開通與閉塞斑駁雜揉的社會情狀，與其說是描摹未來世界，倒不如說是寫照當下社會。作者的用意正是要描寫由閉塞到開通、由野蠻到文明的過渡情形，以供當時處於新舊交替階段的國民取鑑、學習。第一回提到：

> 但願看官看了在下的這部小說，都把自己的人格，當作個立憲以後的國民，不要去學立憲以前的腐敗，這就是在下這部《未來世界》的緣起了。諸公聽著，欲圖變法自強，先在改良社會。
>
> （註一二一）

希望讀者大衆讀了小說之後，懂得自己人格、行爲的方向，這部小說等於被當作箴言、訓誨或如前文所言的教科書，而作者藉創作小說以教導民衆，拯救國家的意圖，亦昭然若揭。

由以上所述，也可以察覺，議論化的題材傾向，實有其時代因素。且正因爲其有時代因素在，適促使其成為小說創作之時代特徵。這一項特徵，反映了以小說教民、救國的觀念取向，並可視為改良社會等小說理論的實踐與落實。

【附註】

註一　見阿英《晚清小說史》，頁一。

註二　同上。

註三　日本・清末小說研究會編。

註四　見日本・清末小說研究會編《清末小說》第一三號，頁三二，表三。

註五　晚清小說分類名目及其簡易解說，下述三文可供參考：新小說報社〈中國唯一之文學報：新小說〉，載《新民叢報》第十四號；小說林社〈謹告小說林社最近之趣意〉，載一九〇五年小說林社版《車中美人》；陸紹明〈月月小說發刊詞〉，載《月月小說》第三號。以上三文又均收入陳平原、夏曉虹編《二十世紀中國小說理論資料・第一卷》頁四二—四六；一五六—一五七；一七六—一八一。

註六　參陳平原〈論清末民初小說類型理論〉，《清末小說》第一三號，頁八。

註七　見魯迅《中國小說史略》，頁二九八。

註八　指《官場現形記》、《二十年目睹之怪現狀》、《老殘遊記》、《孽海花》等四部作品。

註九　指李寶嘉、吳沃堯、劉鶚、曾樸等四位小說家。

註一〇　金松岑（一八七四—一九四七），即金一，又名天羽，號鶴舫，筆名麒麟、愛自由者、天放樓主人等。江蘇吳江人。著有《女界鐘》，譯有《自由血》、《三十三年落花夢》等小說。參見魏紹昌編《孽海花資料》，頁一三三註二。

註一一　光緒三十年（一九〇四）三月金松岑出版譯作《自由血》，書末附有廣告文，提到《孽海花》說：「此書述賽金花一生歷史，而內容包含中俄交涉、帕米爾界約事件、俄國虛無黨事件、東三省事件、最近上海革命事件、東京義勇隊事件、廣西事件、日俄交涉事件，以至今俄國復據東三省止，又含無數掌故、學理、軼事、遺聞。……」這段文字可謂金松岑《孽海花》的最初寫作計劃。參魏紹昌編《孽海花資料》，頁一三三—一三四註三引。

註一二　見上註。

註一三　曾樸（一八七二—一九三五），字孟樸，筆名東亞病夫。江蘇常熟人。有關其生平事蹟，可參時萌編〈曾樸生平繫年〉，《曾樸研究》，頁一—六〇。

註一四　見曾樸〈修改後要說的幾句話〉及小說林社版《孽海花》廣告文，收入魏紹昌編《孽海花資料》，頁一二八及頁一三四註三引。

註一五　見曾樸〈修改後要說的幾句話〉，收入同上，頁一二八—一二九。

註一六　見《清史稿》卷四四六，頁一二四八四—一二四八五。又參金松岑〈為賽金花墓碣事答高二適書〉，收入同上，頁一四八。

註一七 見《孽海花》第二一冊，頁一二〇。

註一八 隱射洪鈞著作《元史譯文證補》。

註一九 書中人物，名黎殿文，字石農。隱射眞實人物李文田，字仲約，號芍農。廣東順德人。參劉文昭〈孽海花人物索隱表〉，收入同註一四，頁三五〇。

註二〇 見《孽海花》第三回，《晚清小說全集》第二一冊，頁一二二—一二三。

註二一 原文未署撰者名，經查考係崔萬秋所撰。見魏紹昌編《孽海花資料》，頁一四三註一。

註二二 收入同註一四，頁一三九—一四〇。

註二三 見時萌編〈曾樸生平繫年〉，《曾樸研究》，頁一〇。

註二四 見《晚清小說全集》第二一冊，頁一八。案：此處有闕文，據世界書局版頁一八補。

註二五 參見劉文昭〈孽海花人物索隱表〉，收入同註一四，頁三三九、三五一、三二七。

註二六 參冒鶴亭〈孽海花閒話〉，收入同註一四，頁二五五。

註二七 同註二五，頁三三九。

註二八 同註二六。

註二九 參崔萬秋〈東亞病夫訪問記〉，收入同註一四，頁一三九。

註三〇 據曾虛白〈曾孟樸年譜（未定稿）〉，收入同註一四，頁一五三。一作汪圓珊，見同註二三，頁六。

註三一 參曾虛白〈曾孟樸年譜（未定稿）〉，收入同註一四，頁一五三—一五四。又見同註二三，頁六。

註三二 參曾虛白〈曾孟樸年譜（未定稿）〉，收入同註一四，頁一五七。又見同註三三，頁一一。

註三三 參同註三三，頁一六—一七。

註三四 參同註三三，頁二—三。

註三五 參劉文昭編〈孽海花人物索隱表〉，收入同註一四，頁三三三—三五三。

註三六 曾樸元配汪珊圓逝世，續娶繼室沈香生，沈晉祥即沈香生之父。

註三七 見崔萬秋〈東亞病夫訪問記〉，收入同註一四，頁一四二。

註三八 據包天笑說，曾樸曾經向他抱怨，說有許多《孽海花》書中的相關人士寫信來質問，連丈人汪鳴鑾（元配汪珊圓之父）都不滿於他。見包天笑〈關於孽海花〉，收入同註一四，頁二二四—二二五。可見讀者很容易看出其中的隱射。

註三九 魏紹昌編《孽海花資料》收有冒鶴亭〈孽海花閒話〉、紀果庵〈孽海花人物漫談〉、劉文昭〈孽海花人物索隱表〉等文，是探討《孽海花》隱射人物、事件所得的成果，可供參考。見該書頁二一八—三五三。

註四〇 《孽海花》書中所敘情節及人物描寫，曾被責為不合事實，曾樸也曾經答辯說：「小說家對於其所描寫之人物有自由想像之權利」，見崔萬秋〈東亞病夫訪問記〉，收入同註一四，頁一四一—一四五。

註四一 蔡元培〈追悼曾孟樸先生〉、紀果庵〈孽海花人物漫談〉都提到他們喜讀《孽海花》，是因為書中所指皆實人實事。鄭君平〈悼念孽海花的作者曾孟樸先生〉也引述曾樸長子曾虛白的話，說《孽海花》出版後能夠風行一時，完全是因為題材現實的緣故。以上各文分別收入同註一四，頁一九八、三〇三、二一一〇。

註四二　參湯志鈞《近代經學與政治》，頁一七一－一七八。

註四三　見楊世驥《文苑談往》，頁九五。

註四四　黃小配（一八七二－一九一二），又名世仲（一作字小配，亦字配工），筆名黃帝嫡裔，別號禺山世次郎，廣東番禺人。所作小說有《洪秀全演義》、《廿載繁華夢》（一名《粵東繁華夢》）、《宦海升沉錄》（又名《袁世凱》）、《大馬扁》等。參《中國大百科全書·中國文學I》，頁二八二－二八三；同上，頁九〇－九六；同註一，頁八三。

註四五　以上所述均參同註四三，頁九〇。

註四六　參同註四三，頁九〇。

註四七　見《譚嗣同全集（下）》，頁五三一。

註四八　李寶嘉（一八六七－一九〇六），又名寶凱，小名凱，字伯元，別號南亭亭長。可能還有別的筆名，尚待查考。江蘇武進人。曾主編《繡像小說》。著有小說《官場現形記》、《文明小史》、《活地獄》等多部。為晚清四大小說名家之一。參見魏紹昌編《李伯元研究資料》，頁二－九。

註四九　見《晚清小說全集》第五冊，頁三三。

註五〇　《我佛山人文集》第三卷，頁四九三－四九八。又，收入《晚清小說全集》第一四冊，頁三七－四二；《中國近代小說大系》本，頁五二三－五二六。

註五一　眞實姓名及生平待考。

註五二　見該書曼殊主人〈序〉，周氏似實有其人。

註五三　作者漱六山房，即張春帆（？—一九三五），名炎。江蘇常州人。另有小說作品《黑獄》、《宦海》等。參《中國通俗小說總目提要》，頁九八〇；陳平原〈說九尾龜〉，《中國古代、近代文學研究》一九八九年第三期，頁二六一。

註五四　原刊本作「毓賢」，直指其名。見《繡像小說》第十—十二期。又，林瑞明《晚清譴責小說的歷史意義》頁一七〇註三二亦指出此點。

註五五　見《繡像小說》第十—十二期；又參林瑞明《晚清譴責小說的歷史意義》，頁一五三—一五六。

註五六　參林瑞明《晚清譴責小說的歷史意義》，頁六八、九九—一〇〇。

註五七　參陳幸蕙《二十年目睹之怪現狀研究》，頁一二三—一四四。

註五八　一名《最近社會齷齪史》。

註五九　眞實姓名及生平待考。

註六〇　眞實姓名及生平待考。

註六一　以上各書均收入《晚清小說全集》。其中吳沃堯作品又收入《我佛山人文集》。

註六二　原名孫家振（一八六二—一九三七），字玉聲，別署海上漱石生、漱石氏、警夢癡仙、江南煙雨客、玉玲瓏館主。上海人。參見《中國通俗小說總目提要》，頁九〇〇。

註六三　收入《中國近代小說大系》。

註六四　收入《晚清小說全集》第七冊，頁八三〇；《中國近代小說大系》本，頁九七〇—九七一。

註六五　見李葭榮〈我佛山人傳〉，收入魏紹昌編《吳趼人研究資料》，頁一三。

註六六　見吳沃堯〈李伯元傳〉，《月月小說》第三號；又，收入魏紹昌編《李伯元研究資料》，頁一〇。

註六七　收入《晚清小說全集》第七冊，頁九五〇—九五一；《中國近代小說大系》本，頁一一一〇—一一一一。

註六八　見《官場現形記》第六〇回批注，《中國近代小說大系》本，頁一一一一。

註六九　見同上，頁一一一〇。

註七〇　梁啓超〈變法通義．論幼學〉是今見主張以小說作爲教科書的最早文章，後來《中外小說林》上〈學校教育當以小說爲鑰智之利導〉、〈學堂宜推廣以小說爲教書〉等文，亦繼續鼓吹此一主張。不過，自「小說界革命」口號一響，風氣傳揚開來以後，小說除了可作學校教科書之用外，大部分論者更把它當作一般社會上普遍民衆的教科書，小說的教育作用幾乎可遍及各領域、各階層。可參本書第三章第一節與第四章第一節所論。

註七一　參黃鈞〈中國古代小說起源和民族傳統〉、張稔穰與牛學恕〈史傳影響與中國古典小說民族特徵的宏觀考察〉、邵明珍〈中國古代小說批評的史學意識〉等文。

註七二　見黃鈞〈中國古代小說起源和民族傳統〉，《中國古代、近代文學研究》一九八八年第一期，頁九一。

註七三　曾樸語原作「盡量容納近三十年來的歷史」。見〈修改後要說的幾句話〉，收入同註一四，頁一二八。

註七四　同註四九，頁六七。

註七五　見小說林社版《孽海花》廣告文，收入同註一四，頁一三四註三。

註七六　見郭廷以《近代中國史事日誌》，頁一一二四。

註七七　見《文明小史．楔子》，收入《晚清小說全集》第一七冊，頁二；《中國近代小說大系》本，頁一。

註七八　見〈近十年之怪現狀自序〉，收入魏紹昌編《吳趼人研究資料》，頁一九五。

註七九　見《新小說》第七號；又，收入阿英編《晚清文學叢鈔．小說戲曲研究卷》，頁三〇；同註五，頁六三。

註八〇　見《晚清小說全集》第二七冊，頁一；又，收入同註五，頁三七。

註八一　見《晚清小說全集》第二七冊，頁二；又，收入同註五，頁三八。

註八二　見平等閣主人〈新中國未來記第三回總批〉，收入《晚清小說全集》第二七冊，頁四四；又，收入同註五，頁三八。

註八三　即狄葆賢（一八七三—？），字楚青，一字楚卿，號平子，別號平等閣主人，江蘇溧陽人。撰有〈論文學上小說之位置〉、〈小說叢話〉、〈小說新語〉等小說理論文字。參黃霖、韓同文選注《中國歷代小說論著選（下）》，頁七四註一四。

註八四　收入《晚清小說全集》第二七冊，《新中國未來記》頁四四—四五；又，收入同註五，頁三八—三九。

註八五　見俞佩蘭〈女獄花敘〉、海天獨嘯子〈女媧石凡例〉，均收入同註五，頁一二一、一三一—一三二。

註八六　見布袋和尚〈致飲冰主人手札〉，收入黃霖、韓同文選注《中國歷代小說論著選（下）》，頁九四。又，丁文江編《梁任公先生年譜長編初稿》，頁一六七亦引。

註八七　見《新中國未來記》〈緒言〉，收入同註八一。

註八八　同上。

註八九　眞實姓名及生平待考。

註九〇　以上所述均據《黃繡球》，收入《晚淸小說全集》第二〇冊；又收入《中國近代小說大系》。

註九一　同註八七。

註九二　收入《晚淸小說全集》第二〇冊，頁七〇—七二；《中國近代小說大系》本，頁二四五—二四七。

註九三　收入《晚淸小說全集》第二〇冊，頁一五一—一五三；《中國近代小說大系》本，頁三三一—三三三。

註九四　故事中科考試題爲經義一篇，論題二篇，題目分別爲「詩云不愆不忘義」、「王安石論」、「策論八股優劣論」。此處所言，即指後二篇論題題目。

註九五　收入《晚淸小說全集》第二〇冊，頁五二—五三；《中國近代小說大系》本，頁二二六—二二七。

註九六　見《黃繡球》第七回，收入《晚淸小說全集》第二〇冊，頁五一；《中國近代小說大系》本，頁二二五。

註九七　同註八五。

註九八　阿英《晚淸小說史》頁一七六—一七八對此作評價不高，認爲它是「擬舊小說」，代表晚淸譴責小說的沒落，筆者不以爲如此。此書乃借用舊小說人物，以展現對當代社會冷眼旁觀式的觀察與剖析，並表達作者對理想國之追求，與晚淸政治小說之前驅《百年一覺》的創作手法有相似之處，亦屬於梁啓超亟欲提倡之政治小說類型，雖借用舊小說人物爲主人公，卻絕非「擬舊小說」。

註　九九　見《新石頭記》第八回，收入《我佛山人文集》第四卷，頁二七五—二七六；又，收入《中國近代小說大系》本，頁一九六—一九七。

註一〇〇　有關吳沃堯的這個觀點，可參本書第四章第一節。

註一〇一　署「二我評」，二我眞實姓名及生平待考。

註一〇二　見《中國近代小說大系》本，頁一七七；又，收入同註五，頁一三三。

註一〇三　上述作品均收入《中國近代小說大系》，其中《痴人說夢記》、《月球殖民地小說》又收入《晚清小說全集》第一五、一六冊。

註一〇四　上述作品均收入《晚清小說全集》第二八冊。

註一〇五　收入同上，第一一冊。

註一〇六　收入同上，第一六冊。

註一〇七　收入同上，第五冊，頁五三—五四、一一五—一一八、一三六—一四六。

註一〇八　上述作品均收入《晚清小說全集》第三三、三四、一七冊；又收入《中國近代小說大系》。

註一〇九　參魏紹昌〈李伯元與劉鐵雲的一段文字案〉，收入魏紹昌編《李伯元研究資料》，頁一八〇—一八一。又，樽本照雄對此一問題亦曾詳論，參《清末小說論集》，頁一四—二二、三一—三四、四六—五一、五六—七五。

註一一〇　見俞佩蘭〈女獄花敘〉，收入同註五，頁一一一。

註一一一　見《文明小史》第五十九回回末評語，《繡像小說》第五十五期。又。《中國近代小說大系》本，頁四八二。

註一一二　眞實姓名及生平待考。

註一一三　同註一一一。

註一一四　見《中國近代小說大系》本，頁二三二。

註一一五　參本書第三章第一、二節。

註一一六　參本書第四章第一節。

註一一七　同上。

註一一八　見吳沃堯〈月月小說序〉，《月月小說》第一號。又，收入阿英編《晚清文學叢鈔．小說戲曲研究卷》，頁一五四；同註五，頁一七一。

註一一九　見《新石頭記》第二十六回，收入《我佛山人文集》第四卷，頁四〇八—四〇九；又《中國近代小說大系》本，頁三〇八—三〇九。

註一二〇　見《中國近代小說大系》本，頁一七七。

註一二一　見《晚清小說全集》第二七冊，頁五。

第二節 思想、精神之轉變

晚清是一個新思潮充斥的時代，晚清小說也是時代思潮洋溢的一群作品。當時新興的思想學說，無論政治、社會、經濟、科技、教育等，或多或少都投射到小說作品裏面，使這一時期的小說，在思想內涵方面，閃出特異的光芒。此外，晚清處於中國三千年來未有之變局，清廷又應變無方，小說作者憂國憂時之念，轉而爲憤慨激切之情，小說的寫作筆調也出現前所未有的轉變。綜合歸納此時小說在思想精神方面的表現，可得出兩大特色，一是時代思潮充塞，二是富有批判精神。下文將分別論述。

一、時代思潮充塞

晚清小說作品裏面之所以充塞洋溢著當代各種新興思想，與小說理論的提倡深有關係。晚清第一分小說雜誌《新小說》創刊之前，在〈中國唯一之文學報：新小說〉這一篇兼具發刊詞與廣告文性質的文章裏，極其顯著地表露欲以各類小說傳播各類思想學說的用心。當時的小說論者，在梁啓超的號召之下，亦相繼大力鼓吹，欲藉小說啓發民智、灌輸思想。種種理論伴隨著創辦小說刊物、從事小說創作等實踐性舉動，於是影響、落實到實際作品裏面，形成小說作品富含當代各種新思潮的現象。其中又以政治、社會方面的思想觀念爲多。而無論何種思想，基本上都以救國爲目標。救國的目標，在消極方面，是爲了應變，力挽衰弱敗落、備受外國侵略蹂躪的老中國；積極方面，是爲了圖強，追求一個文明富強、重建天朝聲威的新中國。鴉片戰爭以後，救國的途徑偏重於學習西方科技，但甲午之戰的慘敗，促使政治改革的聲浪高漲起來。梁啓超的「小說界革命」其實是政治改革運動中的一環。（註一）而在小說界形成風氣以後，各種政治、社會改革思潮，也都瀰漫於小說作品之中。小說，無異成爲思想傳播、論爭的另一戰場。

首先，就政治思想來說，君憲與革命，是晚清兩大政治改革的陣營，也是兩大思想壁壘。在光緒三十一、二年（一九〇五—一九〇六）間，雙方曾分別以《新民叢報》和《民報》爲戰場，爆發一次激烈論爭。論戰的爆發時間與《民報》的發行關係密切。《民報》於光緒三十一年十月（一九〇五年一一月）創刊，此後革命黨始有一正式言論機關，與梁啓超之《新民叢報》對抗。（註二）在此之前，兩派主張始終暗中較勁。梁啓超《新中國未來記》，可以說是正式論戰之前，反映兩方思想交鋒的作品。它發表於光緒二十八年十月（一九〇二年一一月），早於正式論戰前三、四年，由此可藉以看出早期兩派思想相互激盪的情形。《新中國未來記》第三回以書中人物「黃克強」代表立憲派主張、「李去病」代表革命派主張，兩位是「生同里，少同學，長同游，壯同事」的好朋友，同樣具有愛國救國的熱誠，但對於實行方法，卻各執不同意見。李去病主張採取激烈破壞的手段，黃克強則認爲「平和的自由」，「秩序的平等」才是上策。雙方辯論良久，（註三）最後李去病認爲：

我們將來的目的不管他在共和還是在立憲，總之革命議論、革命思想在現時國中是萬不可少的。（

註四）

黃克強則主張：

今日我們總是設法聯絡一國的志士，操練一國的國民，等到做事之時，也只好臨機應變做去，但非萬不得已，總不輕容易向那破壞一條路走罷了。（註五）

可以說，有關立憲或革命的問題，在這回激辯裏並沒有獲得具體的結論，倒是兩派的思想，在這裏都得到某種充分的反映。雙方分別引用外國的革命事蹟，兼考中國的歷史軌跡，再配合當前的實際民情與國勢，論述君憲和革命的各方面利弊得失。不過，辯論結果雖未明顯分出勝負，《新中國未來記》的中心思想還是主張君憲而非革命。此書第二回敘「孔弘道」老先生演說「新中國」的開國史時談到，「新中國」最重大的一個開端便是創立「立憲期成同盟黨」——又稱「憲政黨」，關於這個黨，「孔老先生」說：

諸君啊！第一件，須知道那黨是個最溫和的，最公平的，最忍耐的。（註六）

此外，書中構擬的「憲政黨」「章程」裏面，「第四節」中又提到：

……但非到萬不得已之時，必不輕用急激劇烈手段。（註七）

可見此書的宗旨是在鼓吹溫和緩進的改革，而非激烈破壞的革命。同時，「孔老先生」將「新中國」六十年史分爲六個時代。（註八）由這六個時代的劃分，也可以看出梁啓超心目中「新中國」的理想成立方式，其程序是漸進的，由一省漸至各省再至全國；其手段是平和的，第一任大統領「羅在田」

隱射清帝愛新覺羅氏讓出帝權，轉任總統，由君主專制和平轉移爲立憲政體。也就是說，《新中國未來記》的政治思想傾向和作者梁啓超的政治立場一致，都主張以和平漸進的方式達到立憲目標。其實，君憲派和革命派追求的目標，都是希望中國能採用立憲政體以達到富強的理想，所不同的是，君憲派認爲應使用和平漸進的手段，以免發生玉石俱焚的慘劇，因此主張君主立憲；革命派則認爲朝廷、官場無可寄望，應使用激烈破壞手段，剷除一切障礙，然後由人民自主執政，因此主張共和立憲。使用手段不同，最後的理想卻不相悖。而這些手段和主張的差異都出現在《新中國未來記》中，成爲「黃克強」和「李去病」辯論的焦點所在。

春颿（註九）《未來世界》也是主張君憲而反對革命，書中第一回即明白道出此意：

> 中國目今的時勢，既不是那革命民主的時代，也用不著這專制政府的威權，政黨中人的資格，自然還沒有組織完全，民族裏頭的精神，卻也不見得十分發達，兩兩相較，輕重適均，除了立憲，更沒有別的什麼法兒。（註一〇）

這段話的意思主要在說明，國民的政治意識、民主觀念、民族精神未達足夠的水準，所以還不是實行革命民主的適當時機，而最適合當前民情與國勢的方法和體制，便是以和平手段進行的君主立憲。全書也是旨在教導國民如何具備立憲國民的資格，以便完成眞正的立憲，達到眞正的自強。此書之所以主張「立憲」，提出的理由是人民智識、人格還不夠「完全」，而且外患日亟，滿漢團結共禦外侮還來不及，豈可內部自行分裂，排擠滿族。（註一一）很明顯地，這種說法是對革命派排滿共和之說的反駁。

當時支持並闡揚立憲主張的作品，據阿英說，還有新世界小說社刊行的《憲之魂》。（註一二）《憲之魂》以陰府隱射中國，先敘「未立憲以前，社會種種破敗，窮形盡相」，中間經過僞稱預備立憲，鎮壓革命風潮，剷除立憲障礙，一直到最後民智大開，風俗文明，「完完全全成了一個君主立憲國」。（註一三）

以上是闡述立憲派主張的作品，還有不少小說雖不以宣揚立憲思想爲主，其故事情節或人物對話之間，也往往出現立憲字眼，談及立憲情事，雖然這並不足以代表他們主張立憲、宣揚立憲，但至少可以把他們看作具有立憲的粗淺概念，也不妨把這種情形看作是「立憲」思想普遍流傳的表徵。

至於宣揚革命思想的作品，有震旦女士自由花《自由結婚》、轅轅正裔《瓜分慘禍預言記》、冷情女史《洗恥記》、海天獨嘯子《女媧石》、懷仁《盧梭魂》、痛哭生第二（註一四）《仇史》、過庭（註一五）《獅子吼》等。（註一六）此外，曾樸《孽海花》雖非以宣揚革命爲主，書中抱持的政治思想，亦是傾向於革命派。這些作品都曾申明滿清乃異族入主中原，對於中國百姓本無同胞愛顧之心，《自由結婚》第三回說：

政府本是異族，那來顧我國國民，……（註一七）

《獅子吼》第三回也提到：

大凡人之常情，對於同族的人相親愛，對於外族的人相殘殺，這是一定的道理。慈父愛奴僕，

> 必不如愛其子孫。所以家主必要本家的人做，斷不能讓別人來做家主；族長必要本族的人當，不能聽外族來當族長。怎麼國家倒可容外族人執掌主權呢？即不幸爲異族所占，雖千百年之久，也必要設法恢復轉來，這就叫做民族主義。（註一八）

作品裏面鼓吹排外仇滿的「民族主義」，因爲他們認爲中國國勢不振，原因之一乃「異族政府」並無愛民治國的眞心，以致外患日亟，國家屢遭侵略、賠款、割地之辱，而朝廷仍不思振作。作者們也常引明亡史事與《揚州十日記》、《嘉定屠城記》等書，強調華夷異種與清初入關屠殺之慘，以激起漢滿不兩立的情緒。（註一九）他們認爲，在異族掌權的情形下，立憲不但不能救國，反而令中國百姓永世沉淪於爲人奴隸的命運。《自由結婚》第四回說道：

> 這立憲本是好事，現在世界英、德、日本幾個強國，那一個不是立憲。但是現在要拿他行到我們的國裏，斷沒有這個道理的。這個緣故，也是因爲那政府是個異族，他不立憲，我們還可以報仇；他立了憲，恩賜了幾十條狗彘不食的欽定憲法，再拿些小恩小惠埋伏了人心，卻暗中鉗制你、壓服你，使你不知不覺、服服帖帖的做他奴隸（註二〇）

他們認爲在滿人統治之下，漢族始終處於奴隸地位，立憲的結果將使國家永世淪於夷狄，百姓們表面上受到了一些小恩小惠，實地裏將「永遠做印度、做埃及一種萬劫不復的亡國無形奴隸」，「昏昏沉沉長此終古」。他們強調「第一仇人是異族政府；第二仇人是外國人；第三仇人是同族奴隸」。貪圖功名富貴，對異族朝廷屈膝逢迎的人固然屬於「同族奴隸」；空有愛國之名，提倡維新立憲的人，也一樣是認識不清，不自量力，「白白當了一世奴隸，並且還要受頑固黨的唾罵，受革命黨的唾罵」。（註二一）因爲擁有這種想法的緣故，革命派小說裏面不但出現反對維新、立憲的論調，並且刻意醜化維新派首腦人物康有爲、梁啓超等的形象，尤其是康有爲。在黃小配《大馬扁》一書裏面，康有爲被描述成無賴、詐僞的大騙子，（註二二）《獅子吼》第二回、藤谷古香《轟天雷》第五回，也有類似的描寫。（註二三）他們刻意醜化、扭曲維新派人物的行動居心、人格形象，企圖擊碎國人對於立憲派和清廷的任何寄望，用以彰顯革命主張之勢在必行，創作態度其實是相當主觀的。小說林本《孽海花》第四回也談到：

諸君亦曉得現在中國是少不得革命的了，但是不能用著從前野蠻的革命，無知識的革命。從前的革命，撲了專制政府，又添一個專制政府；現在的革命，要組織我黃帝子孫民族共和的政府。（註二四）

中國古代歷史上有所謂的湯、武革命，興仁義之師，討伐桀、紂獨夫，還有明太祖起義，驅逐蒙元等等，都是革命派歌頌的事蹟，（註二五）但這些革命、起義的結果，只是改變帝王人選，並未改變帝制政體，即如《孽海花》所說的「撲了專制政府，又添一個專制政府」。而現在革命人士所要鼓吹的，不僅推翻現有政府，並且要推翻現有政體，另建民主共和新制。《自由結婚》、《瓜分慘禍預言記》、《洗恥記》、《盧梭魂》、《獅子吼》等書裏面，也都描述到有志之士計劃運用武力推翻專制，建立地方自治、共和政體的情節，革命派的政治理想，在這些情節裏面表露無遺。

然而，希望人民產生民權、民主的新思想並非易事，《新中國未來記》早已指出：「國民自治力未充實的，便連民權也講不得」。「這民權固然不是君主官吏可以讓來給他，亦不是三兩個豪傑可以搶來給他的，總要他自己去想，自己去求」。（註二六）「民智未開，民力未充」（註二七）是當時中國國民的實情，《新中國未來記》據此而反對革命手段；革命派人士雖堅持革命主張，卻也不能抹煞這個事實。因此，無論君憲派或革命派都共同認識到，努力鼓吹民權思想，灌輸自由、平等觀念，使當代中國百姓具有文明化、現代化的政治素養是當務之急，這些新興的政治思想與觀念也成爲兩派作品中共同宣導的內涵。此外還有其他許多作品，並未明顯表示支持君憲或革命，但同樣體認到民權思想的重要性，因此也運用不同的表達方式，將民權思想介紹給讀者。

有關民權思想的鼓吹，可舉春颿《未來世界》爲例，該書第一回談到：

> 要曉得君主所以有那可怕的威權，過人的勢力，原是因爲一班百姓，大家都承認他是個總統臣民的大皇帝，方纔有這樣的勢力威權，若是沒有這些百姓依附著他，憑你這個大皇帝，再要利害些兒，卻到什麼地方去施展他的威權勢力？（註二八）

這段話說明君權原是得自民權。這個說法一方面是爲了破除百姓畏懼帝王威勢的心理，另一方面也宣揚國家的主權是在人民身上，而非在君主身上。假如君主失去民心，百姓不願依附他，他也就失去威權勢力的憑藉而發揮不了作用，因此百姓們應當有自己作主的心理，以掌握國家的主權。

《未來世界》是主張君憲而不贊同革命的，所以雖然宣導君權得自民權，卻不鼓勵推翻君權，也不談及帝王腐敗或暴虐的問題。鼓吹革命思想的作品便不然了，他們一方面宣揚「國家本人民之公產，人民乃國土之主人」，（註二九）另一方面也宣揚昏暴的皇帝是人人可誅的獨夫、民賊。《自由結婚》第九回藉著女主人公「關關」的「乳母」向大衆演說的機會，特意破除弒君大罪的固有觀念：

> 衆人道：「不錯，若是皇帝昏，我們可以殺他嗎？我們國裏常說臣弒其君是極大的罪惡，要千刀萬剮的，不知對也不對？」乳母道：「有什麼不可以呢！古時聖人說的，誅獨夫，鋤民賊，是國民的義務，應該如此。皇帝只要是獨夫民賊，便殺就是了。」（註三〇）

國家主權在民，這是國民的權利；爲國誅鋤獨夫，這是國民的義務。革命派運用正、反兩面雙管齊下的宣導方式，鼓勵人民爲爭取自己的權利起而奮鬥、流血，並引用古書的記載，加強這些說法的說服力。「聞誅獨夫紂也，不聞弒君」，是他們喜歡引用的事例；「天視自我民視，天聽自我民聽」，以及黃宗羲《明夷待訪錄》裏面的〈原君〉也是他們喜歡稱述的章句。（註三一）援引外國學理與歷史來作爲驗證和說明，更是許多小說常用的手法，無論君憲派、革命派或其他傳播政治思想的作品，均常見到，這應當也是因爲民權、自由等思想，本爲西方輸入之學說的緣故。如《獅子吼》第三回說道：

> 照盧騷的《民約論》講起來，原是先有了人民，漸漸合併起來，遂成了國家。（註三二）

這是引《民約論》爲證，說明國家主權在民的原理。《盧梭魂》、《東歐女豪傑》等也都提到這部書。此外，如雨塵子（註三三）《洪水禍》是藉著演述法國大革命的歷史，將民權思想介紹給讀者；（註三四）《東歐女豪傑》引法國大革命及其「平等、自由、博愛」之口號，說明民權復甦，爭取「社會平等、政治自由」的革命理念；(註三五)《自由結婚》也引用法國大革命中「不自由，毋寧死」的口號，來宣導自由思想；(註三六)《東歐女豪傑》還藉敘述俄國虛無黨人的故事，將人人生而平等的「天賦人權」觀念傳導給讀者。(註三七)這是一連串有關民權、自由、平等思想的鼓吹，作者利用各種方式，透過淺顯易曉的文字和比喻，說明這些思想的意涵。從這些作品裏面，不難感受到晚清當時澎湃激盪的各種政治思潮。

以上無論是君憲派或革命派，均屬於政治思潮。另外也有不少作品反映了教育思潮，這可說是當時另一種救國的主張。荒江釣叟(註三八)《月球殖民地小說》第四回談到：

> 照我們中國這個樣兒，便是請那美國的大總統華盛頓或德國的宰相畢士麻克(註三九)，那樣的英雄蓋世、智略超群，想要救我們中國，也沒奈何。這滿國的人，十中八九都是懵懵懂懂，毫無一點知識。所以小姐(註四〇)第一件事業，還是從教育設想。(註四一)

就當時國民智識未開的現況來講，從教育設想，似乎是一種穩紮基礎，較為踏實的做法。因為政治改革，可以說是採取由上及下的方式，而教育改革，則重在啓發中下階層國民的智識。宣揚教育改革思想的作者，認為國民懵懂無知，國家基礎未穩，僅靠一二蓋世英雄，實不足以救中國，所以先教育國民，由下做起，是更為穩靠可行的救國途徑。旅生(註四二)《癡人說夢記》敘述「賈希仙」在海外開發「仙人島」成功，所使用的便是教育改革的方法。書中先描述中國國內維新與革命雙雙失敗的事情，並有一段指責維新之誤的議論，(註四三)可以知道作者認為驟然實施政治改革並非根本之方。

第十六回敘「東方仲亮」批評「寧孫謀」維新事業的錯處在於「專注在朝廷，確沒想到百姓一面」，說道：

你學堂未曾開辦，人民資格不及，就叫他上書言事，不是揣摩中旨，就是混說是非。……先生事事求其速成，不在根本上搜求，那能成得大業？外國政治家的精神，恐怕不是如此。先生要能不做官，只在民間辦辦學務，多合幾位同志，一處處開通民智，等到他們百姓足以自立，自然中國不期強而自強。（註四四）

在民智未開的情形下，縱然說動朝廷實行新政，最後仍舊歸於失敗，這是「欲速則不達」的緣故。而不期速成，從根本處著手的做法，便是興辦學務，一處處開通民智，教導百姓，使之具備自立能力。這個理想，後來在「賈希仙」開創「仙人島」的事業上實現。「賈希仙」不是用武力推翻島上原有的「教主」，也不是說服「教主」改行新政，而是自行營造一座「鎮仙城」，開了一所「再造學堂」，內分「蒙學、小學、中學三處」，「招羅島民入內讀書」。慢慢誘導之後，島民便「多願到鎮仙城去，禁約不住」。「教主」無力收回百姓，只得聽憑「賈希仙」和島民的意見，被送進島東寺宇居住，「每月給他糧食，養老終身，只不許出來管事」。「仙人島」因此成了一個民主憲政的理想國。最後，連固守君臣舊義的「稽老古」，也表示「如今是佩服學堂有效驗的了」。（註四五）「賈希仙」以教育誘導的方式，令全島民心自動歸向，人人具備追求民主、民權的觀念，因而主動向「教主」力爭。「仙人島」的圓滿結局表示，教育才是根本改革與救國之道。國民個個接受文明洗禮，智識開通以後，民主憲政自然水到渠成，既無須破壞、流血的武力，也不用與守舊黨對抗。時機一旦成熟，君主或守舊官員自不得不退位讓權。這是一種由下及上的改革方式。這類作品，一方面反映教育救國理想，另一方面也顯示教育改革的思潮。舊式的塾學教育和時文教材，無法擔負將政治思想、文明知識灌輸給學生和民眾的任務，八股取士的科舉方式更是扼殺學子求取新知的生機，庚子事變的慘痛教訓，尤其顯露了民眾無知，亟須教育的急迫事實，因此，改革學制，廢止科舉的聲浪越來越洶湧，小說創作也吸收了這道思潮，「學界小說」、「教育小說」應運而生。吳蒙《學究新談》、悔學子《未來教育史》、膺叟（註四六）《學界鏡》（註四七）等，便是反映這方面思潮的作品，其中均有不少主張教育救國，並解說新式教育，反映教育改革思想的文字。

此外，女權思想的倡導，也是晚清社會上一件相當受矚目的事。王妙如（註四八）《女獄花》、海天獨嘯子《女媧石》、頤瑣《黃繡球》等作，可以說是宣揚女權思想的代表作。而這三部作品又分別從三種不同的角度提倡女權。《女獄花》直接針對男女不平等的現象，呼籲女子起而爭權，並描述了兩種爭女權的手段。「俠女」「沙雪梅」主張流血革命，「許平權女士」鼓吹和平革命。最後「沙雪梅」因革命不成，與同志七十餘人自焚而死，「許平權」則與其夫一起興辦女學，繼續宣傳男女平等的道理。（註四九）《女媧石》主要宗旨在宣揚女子救國，一方面提倡女權，批評當時局勢玷危，男子不知拯救──「雖有一般愛國志士，卻毫沒點實力。日日講救國，時時倡革命，都是虛虛幌幌，造點風潮」；（註五〇）另一方面鼓吹排滿革命。作品構意，似欲營造出「四十八位女豪傑，七十二位女博士」（註五一）共同革命救國的故事，但書至第十六回而止，未完，唯思想傾向業已顯露。《黃繡球》一書，阿英推許為反映婦女問題的最優秀小說。（註五二）書中以「自由村」中的「黃通理」、「黃繡球」夫婦為主人公，思想表現及所採手段都比較溫和。《女獄花》與《女媧石》都有強烈排斥男性的主張，（註五三）《黃繡球》裏面，黃氏夫婦則始終攜手合作，共謀事業，顯示男女平等、和諧輔成的理想。《女獄花》與《女媧石》書中也都有暗殺、流血等激烈手段的描述，（註五四）《黃繡球》一書卻始終避免暴力衝突，主張以和平方式達成目的。它描述「黃繡球」在其夫協助之下，由放小腳，求知識開始，進而引導、開化同村婦女，成為一位具有文明知識的現代女子。接著與其夫合力興辦學堂，教育「自由村」居民，使「自由村」成為一處文明開通、獨立富足的自由樂園。其間雖曾遭遇折難，但民眾合力同心，終於驅走腐敗專制之官員，宣布獨立自治，邁向民主自由的康莊大道。它一方面提倡女權，一方面宣揚平等、自由思想，再方面也鼓吹教育救時的主張，並且力主和平手段。作品藉著情節發展，表現了男女平等，相輔相成，循序漸進，腳踏實地的和平救時理想。

以上所述，僅為晚清當時較為重要的時代思潮，而晚清時期各種思想觀念迭起，實難一一論及，即使同一部作品之中，也往往兼含多種思想，難以一概而論。如前述《自由結婚》固然以革命排滿為宗旨，也同時表現「言論自由」、「結婚自由」、「男女平權」等觀念。（註五五）吳沃堯《二十年目睹之怪現狀》以描述社會負面現象為主，卻也正面闡述了破除迷信、實學救國、女子教育、小家庭制等主張。（註五六）吳氏另一部作品《新石頭記》藉「文明境界」展現了「德育普及，憲政可廢」的道德救國思想，也藉「賈寶玉」之口，發表了有關通商、女權、學習西洋科技等主張。（註五七）李寶嘉《文明小史》也認同「中學爲體，西學爲用」觀點，並反映啓民智、講實學、興女學、理財源、除弊習等改革理念。（註五八）可藉以窺見當時思想觀念之激盪情形，也可見到小說作品反映時代思潮豐多繁富的狀況。

時代思潮充塞之現象，實爲小說理論落實之表徵，顯示由小說理論之鼓吹所導生的新小說觀念，已實踐於創作活動之中。因爲時代思潮充塞於作品的情形，正反映出小說的「載道」觀、「教育」觀與「工具」觀。（註五九）由前文的舉證與論述不難體會到，小說作品中種種對立或並存的思想觀念，其實都指向同一個目標，即救國救時。無論君憲、革命、民權或教育、女權、道德等理論，其實都是作者心目中的理想濟時主張。也就是說，種種思想觀念，其實都是應變救亡之「道」。作者意欲藉創作活動宣揚、傳播個人的救時理念，因而使得小說成爲各種思想主張馳騁較勁的競技場，也成爲傳導救國濟時之「道」的媒介。他們一方面使小說成爲承載「大道」、教育國民的「最上乘」文學，又一方面使小說成爲啓導思想、灌輸文明的「利器」。小說內容，闡述了與當代時局息息相關的應變救亡之道，所以是一種「載道」作品。小說作者們還希望「看官」看了他們的書之後，明白「立言的宗旨」、「做書人的微旨」，（註六〇）而達到教育、宣傳的作用，所以小說是一種教材，也是一種宣傳品。而這樣一來，小說創作不僅是文學活動，更是救時的「手段」、宣傳的「工具」——它融合「載道」、「

教育」、「宣傳」、「工具」的角色於一身。其中「載道」、「教育」、「工具」的角色，是理論提倡之時便賦予於小說作品身上。「宣傳」的角色，則是情勢演變所導致。小說論者提倡藉小說改良社會、啓導思想之時，原注重於教育一面，不過隨著政局變化，政治主張對立益形尖銳——例如君憲與革命的論爭，政治熱情愈趨澎湃之後，小說的宣傳角色也日益鮮明。留學生所辦刊物上登載的小說，多半具有相當程度的宣傳作用，革命派的小說作品尤其多具備宣傳目的。原刊於《民報》的小說《獅子吼》，即是宣傳革命的作品。藉著小說宣傳黨派的特定主張，以達到推廣和擴增黨派聲勢的目的。《獅子吼》的作者陳天華爲同盟會員，曾參與起草會章，並任《民報》撰述員。陳天華蹈海而死的事蹟，對當時人心產生巨大的影響，他的作品也在當時發揮了廣泛的宣傳作用。（註六一）原刊於江蘇籍留日學生主辦之刊物《江蘇》上面的《孽海花》，作者金松岑也是革命派擁護者，《孽海花》寫出六回之後，移交曾樸改編、續寫，後來出版並風靡讀者、轟動一時的是曾樸撰寫的《孽海花》，不過書中前數回所顯露的自由、革命思想，實爲二人共同合作的產物。緣於通俗適衆的特性，這些作品的宣傳效果，有時並不亞於正面鼓吹的論說文字，而這也是部分作者特意藉小說宣揚其思想主張的原因。簡而言之，小說不再是消閑、趣味性的讀物，小說思想內涵的特色，印證了小說所扮角色的轉移，也印證了小說觀念的改變。

二、富有批判精神

批判精神可以說是晚清小說的主流，（註六二）作者從各種角度捕捉各個階層的積弊醜態，以辛辣、令人難堪而激憤的語調，挾以輕蔑和道德的義憤，去攻擊其中的腐敗與罪惡。（註六三）這也就是魯迅所說的「揭發伏藏，顯其弊惡」，並稱之為「譴責小說」（註六四）的原因。晚清小說批判的對象，下至基層百姓，上及王公大臣；大如國家政局，旁及風俗百態。舉凡外交、內政、官場、商場、學界、女界、文人、名士等，家庭之中、社會之上所能見到、聽到的各種奇聞怪狀，都在作者筆下一一現形，也都成為作品批判的對象。這不是一個或少數幾個作者締造的個別成果，而是大多數甚至所有全部作者的共同創作傾向。一代風尚，蔚如巨濤，席捲了晚清末十年的小說界。而在中國小說史上，形成一個極為特殊的現象。

晚清四大名作——李寶嘉《官場現形記》、吳沃堯《二十年目睹之怪現狀》、劉鶚《老殘遊記》、曾樸《孽海花》等四部作品的表現，可以代表當時小說的批判精神。

《官場現形記》是四部作品裏面較早問世的一部，作者慣於以冷眼旁觀的態度，刻劃富有眞實感的人物、場面，而由人物之間自然的對話、動作，或藉某種場面裏相互對照、襯托、比較的關係，顯露其批判意味。如第二回敘及「王鄉紳」與「王孝廉」閒談之際，提到內兄「錢伯芳」曾任典史，近日也想「活動活動」，重做典史之事：

王孝廉道：「既然有路子，為什麼不過班做知縣，到底是正印。」王鄉紳道：「何嘗不是如此。我也勸過他幾次。無奈我們這位內兄，他卻另有一個見解。他說州縣雖是親民之官，究竟體制要尊貴些，有些事情自己插不得身，下不得手；自己不便，不免就要仰仗師爺同著二爺。多一個經手，就多一個扣頭，一層一層的剝削了去，到得本官就有限了；所以反不及他做典史的，倒可以事事躬親，實事求是。老侄，你想他這話，是一點不錯的呢！這人做官倒著實有點才幹，的的確確是位理財好手。」王孝廉道：「俗語說的好，『千里爲官只爲財』。」王鄉紳道：「正是這話。……」（註六五）

這一段話有多層曲折，而每轉折一層也愈趨近眞相一層，到最後畫龍點睛式地道出眞相的中心，此一中心也就是全書所要批判的核心。第一道曲折是錢伯芳謀官，寧願做典史（知縣的屬官，掌管緝捕和獄囚），也不願做知縣。至於其中緣故，寫來有如逐層剝筍。「體制要尊貴些」是一層；「插不得身，下不得手」再是一層；「仰仗師爺同著二爺」又是一層；「到得本官就有限了」已接近核心，但又不立即點破，話語含蓄，似露未露。然而錢典史的居心，已如司馬昭之心。第二道曲折是「事事躬親，實事求是」。就字面看，這一句話似在描繪一位勤政務實的好官，但放在整段話裏面啣接上下文來看，卻完全不是這麼一回事。因而「實事求是」這一句話便具有雙重意味，一方面它在冷嘲錢典史，躬親、求是的眞意原來若此，再一方面也反諷官場，爲官一途講究的勤政務實，其實所勤、所務皆在囊中物而已。第三道曲折是對錢典史的贊語：「這人做官倒著實有點才幹」，有才幹是褒獎之辭，但緊接一句道出其人所擁有的才幹卻是「理財好手」。「理財好手」若用以指從商者的才幹，可以想見多半是一位成功的商人，但此處用於稱爲官者的才幹，這位錢典史顯然有「不務正業」之嫌。以道德尺度衡量，此語似褒實貶；以從政職責衡量，如此爲官未免有虧職守。但王鄉紳的語氣卻又說得極其理所當然，似乎是誠心誇讚，別無他意，因而這個贊語不但說破錢典史所長在財不在官，也表示官場風氣就是這個樣子，不善理財的人便彀不上做官才幹之譽。最後王孝廉的一句話——「千里爲官只爲財」，道破了這席談話的核心，也戳破了整個官場的大騙局。這句話，同時是全書所要刻劃、揭露和批判的中心課題。作者利用書中人之口，在閒談之間輕輕點出，幾乎不著痕跡。書中人說得越是順理成章，越顯得官場積弊之深重，也越可以想見作者在文字背後的無聲慨歎。這種冷靜的刻劃、無言的譴責，是《官場現形記》一貫的批判風格。全書就是各班官場人馬，輪番上陣，在讀者面前演出一幕又一幕的活劇。劇中的眞意，經常時隱時現地流露。也許在一句不經意的閒語裏面，也許在一些自然推演的情節或水到渠成的人物動作裏面，端憑讀者自行體會、擷取。正如第六十回末尾所云，這部書「倒像個《封神榜》、《西遊記》，妖魔鬼怪，一齊都有。」(註六六)李寶嘉正是藉著對這班「妖魔鬼怪」的細膩刻劃，來展現他的批判精神。

吳沃堯的《二十年目睹之怪現狀》略有差異。他不但刻劃各種「妖魔鬼怪」，並且有時也忍不住要嘲笑或痛罵這些妖魔一番。第三十五回敘「我」應「唐玉生」之邀，參加一席「竹湯餅會」，會中衆人俱有別號，只有「我」沒有——

那姓梅的道：「詩人豈可以沒有別號？倘使不弄個別號，那詩名就湮沒不彰了。所以古來的詩人，如李白叫青蓮居士，杜甫叫玉溪生。」我不禁撲嗤一聲笑了出來。忽然一個高聲說道：「

你記不清楚，不要亂說，被人家笑話。」我忽然想起當面笑人，不是好事，連忙斂容正色。又聽那人道：「玉溪生是杜牧的別號，只因他兩個都姓杜，你就記錯了。」姓梅的道：「那麼杜甫的別號呢？」那人道：「樊川居士不是麼！」這一問一答，聽得我咬著牙，背著臉，在那裏忍笑。忽然又一個道：「我今日看見一張顏魯公的墨跡，那骨董掮客要一千元。字寫得眞好，看了他，再看那石刻的碑帖，便毫無精神了。」一個道：「只要是眞的，就是一千元也不貴，何況他總還要讓點呢！但不知寫的是什麼？」那一個道：「寫的是蘇東坡《前赤壁賦》。」這一個道：「那麼明日叫他送給我看。」我方才好容易把笑忍住了，忽然又聽了這一問一答，又害得我咬牙忍住；爭奈肚子裏偏要笑出來，倘再忍住，我的肚腸可要脹裂了。（註六七）

這一段敘述裏面描寫了三次想笑的經驗。第一次「不禁撲嗤一聲笑了出來」，是在沒有心理準備的情況下作了直接反應。發笑的原因顯然是「那姓梅的」將杜甫的別號誤作玉谿生（李商隱的別號）。而且「那姓梅的」謬論還不止此。「倘使不弄個別號，那詩名就湮沒不彰了」，言下之意，似乎詩人之所以有名，全因有了別號。這個說法暗示這批號稱「詩人」之徒，對於歷代詩人及詩作的知識與鑑賞能力，實在值得懷疑。事實上從他們的言談裏面也不難發現，他們除了在別號這樣膚淺的稱謂形式上作作文章以外，其餘的的確一無所知，且即使連他們最關切的詩人別號，也往往張冠李戴。記錯杜甫別號一事，因「我」撲嗤一笑，引起他人的注意並加以糾正，然而糾正的結果——「玉溪生是杜牧的別號」——又是錯誤的，說錯的人卻還言之鑿鑿地指出：「只因他兩個都姓杜，你就記錯了。」更進而把杜牧的別號——樊川居士加到杜甫頭上。這種一錯再錯、錯中復錯的情形，滿堂的「詩人」、「名士」竟無一人指正，這些「詩人」虛有其表又好附庸風雅的怪相，也就當堂盡呈。接著又出現一則謬論：唐朝的書法大家顏眞卿手寫宋朝蘇軾的文章〈前赤壁賦〉，可見說話的人與聽話的人均渾然不知兩位名人的生存時代。以上種種謬誤其實都只是極粗淺的常識，正因爲連這點粗淺常識都會犯誤，才顯現出這批自命詩人之徒胸無點墨的眞面目。「我」由咬牙背臉忍笑，到「肚腸可要脹裂了」，宛如在爲全場的大笑話作註腳，三次想笑的經驗，便是三個笑話的旁註。笑話一個接著一個，旁註也一次接上一次，愈來愈顯得荒謬滑稽，也愈來愈見出作者的嘲弄譏諷。這批人究竟有多少腹笥、有幾分風雅，讀者也越來越心知肚明。

此處作者藉「我」的發笑、忍笑，來表現對這些「名士」的批判，採取的是嘲笑態度。在另一處，則有不勝憤慨的人痛斥出口，對這批「名士」直接指責。第三十六回寫「我」從「竹湯餅會」回來，將所見所聞轉訴友人——

> 我便把方才聽得那一番高論，述了出來。侶笙道：「這班人可以算得無恥之尤了！要叫我聽了，怒還來不及呢，有什麼可笑！」（註六八）

這裏藉「蔡侶笙」之口，直接正面痛罵那些冒充斯文之人。文中「侶笙」即「蔡侶笙」，是一位有所不爲的讀書人，寧願窮困潦倒也不願降格求人，非分之財則一介不取。他以一位堅守節行的讀書人的身分與性情，痛罵那群敗壞斯文之人「無恥之尤」，該是最具資格、也最爲恰切的了。至於「我」，雖亦士子出身，此刻卻已棄士從商，終年行走在外，接觸各式世面與人情，所見世情既多，較能以冷然、看笑話的態度看待那批冒充斯文之徒，亦自不意外。作者安排了兩個不同身分、性情的角色，來面對同一狀況，各出不同的評語，表現出兩面並且雙重的批判：發笑、忍笑是冷嘲，痛罵是熱諷。根據這個例子還可以推衍出全書的批判手法，《二十年目睹之怪現狀》即是以各種冷嘲熱諷的方式，一面描繪當時社會百態，又一面加以批駁糾斥。客觀的刻劃、敘述，配合以主觀的評論、感慨，表達了作者對當代時局、人心的批判意念。

劉鶚《老殘遊記》對當代黑暗、腐敗現象又另有一番處置態度。作者既不若李寶嘉《官場現形記》那般冷靜刻劃，也不似吳沃堯那樣的冷嘲熱諷，而是以淚弔之，並且有時候更義不容辭地挺身，顯示出亟欲改善現狀的積極之情。《老殘遊記》第四至六回描寫了毓賢任職曹州府以酷刑治民的事蹟，其後老殘在大雪天中見鴉雀忍饑受寒，「覺得替這些鳥雀愁苦的受不得」，（註六九）但若將曹州府百姓拿來與之相比，又另有一番感想：

> 轉念又想：「這些鳥雀雖然凍餓，卻沒有人放槍傷害他，又沒有什麼網羅來捉他，不過暫時饑寒，撐到明年開春，便快活不盡了。若像這曹州府的百姓呢，近幾年的年歲，也就很不好。又有這們一個酷虐的父母官，動不動就捉了去當強盜待，用站籠站殺，嚇的連一句話也說不出來，於饑寒之外，又多一層懼怕，豈不比這鳥雀還要苦嗎？」一想到這裏，不覺落下淚來。又見那老鴉有一陣刮刮的叫了幾聲，彷彿他不是號寒啼饑，卻是爲有言論自由的樂趣，來驕這曹州府百姓

似的。想到此處，不覺怒髮衝冠，恨不得立刻將玉賢（註七〇）殺掉，方出心頭之恨。（註七一）

雪天之中鴉雀挨饑受寒，殊令人愁苦，由此對鳥雀的同情心表現出「老殘」、也表現出作者的悲憫胸懷。而以鳥雀與曹州府百姓相較，百姓有鳥雀之饑寒，卻無鳥雀之言論自由；鳥雀有百姓之饑寒，尚無百姓之生活恐懼。人爲萬物之靈，曹州府百姓的生活卻還比不上雪天中饑寒的鳥雀，百姓生活之苦，令胸懷悲憫的「老殘」不禁落下淚來，以落淚來表達同情百姓之心，也表達對酷吏「毓賢」的不滿與憤慨。落淚之事，可照應《老殘遊記》〈自敘〉中的「哭泣」說，（註七二）哭泣是一種「靈性之現象」，（註七三）也是對百姓蒼生關懷之情的眞誠流露。《老殘遊記》中另外還有一處哭泣，流露的是「家國之感情」（註七四），見於第十二回：

「現在國家正當多事之秋，那王公大臣只是恐怕耽處分，多一事不如少一事，弄的百事俱廢，將來又是怎樣個了局？國是如此，丈夫何以家爲！」想到此地，不覺滴下淚來，也就無心觀玩景致，慢慢回店去了。一面走著，覺得臉上有樣物件附著似的，用手一摸，原來兩邊著了兩條滴滑的冰。初起不懂什麼緣故，既而想起，自己也就笑了。原來就是方才流的淚，天寒，立刻就凍住了，地下必定還有幾多冰珠子呢！悶悶的回到店裏，也就睡了。（註七五）

此處亦藉流淚來表達憂國憂時的情懷。淚水在臉上結凍的事，寫來別有一番趣味，也頗有憂中作樂的筆意，但憂國之情也傳達無遺。「地下必定還有幾多冰珠子」表示所流的淚水當是不少，也暗示憂國情懷實相當沉重。「悶悶的」，「睡了」便是這種情緒延伸而產生的舉止。時局之憂，不但令人無心觀玩景致，並且諸般心緒俱失，茫然無以聊賴，只得悶悶入睡。《老殘遊記》最善白描，這一段也是運用白描手法，繪出一位憂國憂民的眞誠之士形象。作者對當局治國處時的不滿態度與批判意味，也在這感時之淚與無奈之睡裏面流洩出來。

前述第六回文中的「怒髮衝冠」之恨，可以說是作者在哭泣之外，表達憤時憂民的另一種方式。「老殘」爲曹州百姓生活之懼苦而落淚，繼而又爲生靈不如鳥禽而發怒，甚至恨不得殺掉毓賢。這種義憤塡膺的表現，是書中人物「老殘」性格裏的一部分，而作者劉鶚在庚子亂軍中，購太倉米賑助北京饑民，（註七六）由這等事蹟看，「老殘」的義憤表現很可能也是作者本人性格的一種寫照。對於毓賢和曹州府百姓，「老殘」後來所能做的，僅止於「將這所見所聞的，寫封信告訴張宮保」，（註七七）請毓賢的頂頭上司設法處理，但他眼見虐政而束手無策，憤恨不平之心可想而知。第十六、十七回敘「老殘」以一封書信，從酷吏剛弼手上救得兩位蒙冤父女，便頗有補償心理的意味。第十七回描寫「老殘」救人之後的心情道：

卻說老殘回來，一路走著，心裏十分高興，想著：「前日聞得玉賢種種酷虐，無法可施；今日又親自目見了一個酷吏，卻被一封書便救活了兩條性命，比吃了人參果心裏還快活！」（註七八）

「老殘」對前次曹州府之事無能爲力的狀況還耿耿於懷，所以這次能夠挺身而出，便特別感到高興。而此次挺身救人的表現，也展露了他積極改革弊象的願望。他著實不甘於「無法可施」的窘狀。這可說是李寶嘉、吳沃堯的厭世、嘲世、罵世之情以外，另一種批判當代的手法。「毓賢」和「剛弼」這兩位自命清廉能幹的酷吏是「老殘遊記」的二個描述重心，作者有意揭露「清官之惡」，也可以說是藉著這兩位「小則殺人」的清官，指斥其他「大則誤國」的大官。(註七九)

曾樸《孽海花》也善於在人物刻劃與貌似平淡的敘述中，寄寓批判現實之意。第十回敘「金雯青」膺命出使俄、德、荷、奧四國，出洋船上遇見「虛無黨」人「夏雅麗」小姐，「金雯青」不解「虛無黨」爲何物，同船俄人「畢葉先生」爲他解說：

畢葉道：「講起這會，話長哩。這會發源於法蘭西人聖西門，乃是平等主義的極端。他的宗旨，說世人侈言平等，終是表面的話，若說內情，世界的眞權利，總歸富貴人得的多，貧賤人得的少，資本家占的大，勞働的人占的小，那裏算得眞平等！他立這會的宗旨，就要把假平等弄成一個眞平等。……國裏的利，全國人共享共用。一萬個人，合成一個靈魂；一萬個靈魂，共抱一個目的。現在的政府，他一概要推翻；現在的法律，他一概要破壞，擲可驚可怖之代價，要購一完全平等的新世界。……」雯青聽了大驚失色道：「照先生說來，簡直是大逆不道，謀爲不軌的叛黨了！這種人要在敝國，是早已明正典刑，那裏容他們如此膽大妄爲呢！」畢葉笑道：「這裏頭有個道理，不是我糟蹋貴國，實在貴國的百姓彷彿比個人，年紀還幼小，不大懂得世事，正是扶牆摸壁的時候，他只知道自己該給皇帝管的，那裏曉得天賦人權，萬物平等的公理呢！所以容易拿強力去逼壓。若說敝國，雖說政體與貴國相彷，百姓卻已開通，不甘受騙，就是剛纔大人說的『大逆不道，謀爲不軌』八個字，他們說起來，皇帝有『大逆不道』的罪，百姓沒有的；皇帝可以『謀爲不軌』，百姓不能的。爲什麼呢？土地是百姓的土地，政治是百姓的政治，百姓是主人翁，皇帝、政府，不過是公僱的管帳夥計罷了！……」雯青越聽越不懂，究竟畢葉是外國人，不敢十分批駁，不過自己咕嚕道：「男的還罷了！怎麼女人家不謹守閨門，也出來胡鬧！」畢葉連忙搖手道：「大人別再惹禍了！」雯青只好閉口不語，彼此沒趣散了。（註八〇）

這一段敘述，藉著「畢葉先生」和「雯青」的對話，在字裏行間對「金雯青」、對朝廷官吏乃至清廷本身，都給予無形卻嚴厲的批判。「金雯青」是荷命出使四國的大臣，然而他對於即將出使前往的國家卻一無所知。當「畢葉」談起俄國虛無黨及其宗旨時，「雯青」的反應是「大驚失色」，顯示「畢葉」的話是他聞所未聞的悖論，也顯示出他對俄國國情的陌生無知。「大逆不道」、「明正典刑」表現出他在君主專制國家裏養成的根深蒂固之觀念，這種觀念是使他對「畢葉」的第一段話「大驚失色」，而對「畢葉」的第二段話「越聽越不懂」的原因之一。不過以他出使俄、德、荷、奧四國大臣的身分而言，按理說該是一位通曉洋務的能員，俄國又是即將前往履職的國家，做爲一位稱職的使臣，事先了解該國國情理爲分內之事。然而「雯青」的表現，顯示他對俄國國情一無所知，有關「虛無黨」之事在他聽來固然如同破天荒，甚至當時在外國已相當普遍的民權、平等思想，他也聞所未聞。進一步看，「雯青」的錮蔽無知，也代表了清廷的錮蔽無知，因爲他是清廷選派出洋的使臣。他的無知並且反映了當時中國國內對世界局勢的懵懂蒙昧，像「雯青」這樣狀元出身、出使外國的高階層大臣與士大夫都未開通，其他中下階層的百姓就更不用說了。而養成這種大臣與士大夫的朝廷，其用人制度、人才培育制度乃至官場積習，是一副何種情狀，更值得痛切檢討。中國國內種種環境因素，其實也是導致「雯青」不解「畢葉」所言的緣故。配合《孽海花》其他地方的描述，將更容易看出曾樸對當時種種環境的批判性。以朝廷選才制度——科舉爲例來說，小說林本《孽海花》第二回曾說：

（支那大帝國）全國國民別無嗜好，就是迷信著「科名」兩字，看得似第二個生命一般。當著那世界人群擲頭顱、糜血肉、死爭自由最劇烈的時代，正是我國民嘔心血、絞腦汁、巴結科名最高興的當兒。……受了一千多年海樣深的大害，到如今尚不肯醒來，還說是百年養士之鴻恩，一代搜才之盛典哩！（註八一）

這段充滿諷刺意味的話，指斥科舉害人誤國，也指斥國民沉迷於科名利祿之誘而不知覺醒。「金雯青」便是在這樣的制度與國情之中，培育成長而出的人物。當爭取自由、民權的運動在世界各地接二連三展開之時，中國國民毫無所覺；當「畢葉」解說「虛無黨」宗旨時，出使「虛無黨」活動地的駐節大臣「金雯青」也茫然不解。第二回和第十回的描述，是兩組鮮明而富有言外之意的對比。《孽海花》對當時朝廷、大臣以至於民情、民智的批判精神，便在此中流露出來。

「雯青」對「畢葉」第二段話的反應，除了「越聽越不懂」之外，還咕噥著說「怎麼女人家不謹守閨門，也出來胡鬧」。除了「胡鬧」二字，仍反映「雯青」對於民權思想的無知及對於君權思想的固執以外，「女人家」一句，還顯現「雯青」對於女權思想的無知，以致於對女性，只知以「謹守閨門」作爲衡量尺度。總而言之，「金雯青」雖官任出使大臣，事實上對於外國以至世界的情勢卻全然渾沌不識。造就出「金雯青」這樣一個可悲人物的環境、制度，也與外國、世界的情勢格格不入。其間的衝突，便是晚清時代源源不絕的憂患來源。時代憂患的壓迫感，又正是曾樸與晚清其他小說家在作品中竭力批判的導因。至於無力化解憂患的清廷、大臣官員乃至國家制度，便成爲他們批判的對象。

由上述例證可以看到，四大小說批判的對象，就人的方面來說，包括朝廷、中樞大臣、地方官吏、斗方名士乃至下階層百姓；就事的方面來說，包括爲官心態、官場習氣、酷政虐民、民智未開、國家制度不善、對世界情勢蒙昧無知、思想觀念頑陋錮蔽以及荒謬可笑的附庸風雅行爲等等，而這些人事種種，僅僅是四大小說批判對象的一部分，並且是晚清小說批判對象的一小部分。唯不論對象如何、手法如何，其批判精神無疑是一致的。

魯迅曾責備晚清小說中的批判表現爲「辭氣浮露，筆無藏鋒」，（註八二）魯迅的訾辭的確說中了晚清小說的主要風貌，這也正如〈官場現形記序〉提到的，「以酣暢淋漓闡其隱微」，（註八三）當時小說揭發隱微、批判弊惡，的確酣暢淋漓，無意晦藏。它們塑造出許多負面的人物形象，經營出許多黑暗的故事情節，原本長年隱藏在陰影面和幕後的卑劣人格、行爲，被作者一一拉上舞臺亮相，這種狀況在演出者和觀賞者來說，都是一件相當難堪的事。因爲文學、藝術，在一般觀念裏，原都包含美的原素，但晚清小說中的人物、故事本身卻多是不美的，無論如何修飾，終難消解其醜惡的本貌。令人不快的醜惡面貌，顯然也很難符合趣味消閑的作用，並且談不上是傳揚救時救國之道。果眞要談它的作用，那大概就是當代論者提到的「譎諫」（註八四）或「鑒戒」（註八五），這與傳統小說觀中的史鑒功能應該有血源關係，（註八六）但它對小說觀念的衝擊應不止此。「酣暢淋漓」對於夙重「微言婉諷」或「溫柔敦厚」的中國文學傳統而言，是一項頗爲叛逆性的改變，即使在小說傳統裏，這種表現可能也是歷來獨步的。因此晚清小說的批判精神不但表徵小說內涵的轉變，同時也衝擊了固有的文學與小說傳統。簡單地說，小說可以是這樣充滿批判的辛辣樣子，這是以前未曾出現過的情形。不過這一點當時的理論界似乎很少人意識到。（註八七）因爲這個時候的小說剛剛突破所謂「正統文學」的樊籬，並成爲當代的文學重鎭，論者的焦點與精力多集中在突破樊籬、提昇地位、強化社會功能與改善作品內涵等種種顯見且大幅度的變化上。與這種大變化相比較，由於批判精神而無形中引進的新文學精神，及其對固有文學觀念形成的衝擊，便顯得抽象而不易察覺了。

【附註】

註一　參本書第三章第一節。

註二　參蕭一山《清代通史》第四冊，頁二四二四—二四二六。

註三　收入《晚清小說全集》第二七冊，頁一六—四二。

註四　同上，頁四二。

註　五　同上，頁四三。
註　六　同上，頁七。
註　七　同上。
註　八　同上，頁五。
註　九　眞實姓名及生平待考。
註一〇　收入同註三，頁四。
註一一　參見《未來世界》第一回，收入同註上，頁三—五。
註一二　參見《晚清小說史》，頁七九—八〇；《中國通俗小說總目提要》，頁一〇〇六—一〇〇八。
註一三　參見阿英《晚清小說史》，頁七九—八〇。
註一四　以上作者之眞實姓名及生平待考。
註一五　過庭，名陳天華（一八七五—一九〇五），原名顯宿，字星臺，又字過庭，別號思黃。湖南新化人。曾參加組建「中國同盟會」，起草會章，並任《民報》撰述員。著有彈詞《猛回頭》、近於說唱的通俗散文《警世鐘》和小說《獅子吼》等。參《中國通俗小說總目提要》，頁九四六；任訪秋主編《中國近代文學史》，頁三七二—三七三。
註一六　以上作品均收入《中國近代小說大系》，其中《獅子吼》又收入《晚清小說全集》第二〇冊。
註一七　《中國近代小說大系》本，頁一三〇。

註一八　同上，頁六四；《晚清小說全集》第二〇冊，頁三四。

註一九　參《瓜分慘禍預言記》第一回、第七回、《洗恥記》第一回、《獅子吼》第二回、《仇史》第一回、《女媧石》第十六回、《盧梭魂》第一回，分見《中國近代小說大系》本，頁二九八、三五四、三九八、五〇、七—八、五三〇、六二六。

註二〇　同註一七，頁一四三。

註二一　以上所述均見《自由結婚》第三—四回，同註一七，頁一三一—一四四。

註二二　參本書本章第一節。

註二三　兩書對康有爲的醜化描述，分見《晚清小說全集》第二〇冊，頁二五與第二七冊，頁三〇—三一。其中《獅子吼》所寫又見《中國近代小說大系》本，頁五四—五五。

註二四　見《晚清小說全集》第二一冊，頁四五九。

註二五　參《獅子吼》第二回，同註一七，頁四一—四五；《晚清小說全集》第二〇冊，頁一四—一六。

註二六　見《新中國未來記》第三回，收入《晚清小說全集》第二七冊，頁三四、四一。

註二七　同上，頁二八。

註二八　收入《晚清小說全集》第二七冊，頁二。

註二九　見《瓜分慘禍預言記》第十回，同註一七，頁三八七。

註三〇　同註一七，頁一八五。

註三一　參《獅子吼》第二、三回，同註一七，頁四三、四四、六三；《晚清小說全集》第二〇冊，頁一四、一五、三三。《盧梭魂》楔子，同註一七，頁六一八。

註三二　同註一七，頁六二；《晚清小說全集》第二〇冊，頁三一。

註三三　眞實姓名及生平待考。

註三四　參王華昌碩士論文《晚清小說與晚清政治運動》，頁一一。

註三五　見第三回，同註一七，頁四四—四五；《晚清小說全集》第二〇冊，頁三六。

註三六　見第一回，同註一七，頁一一三。

註三七　見第二回，同註一七，頁二九—三〇；《晚清小說全集》第二〇冊，頁二二—二三。

註三八　眞實姓名及生平待考。

註三九　今譯「俾斯麥」。

註四〇　指書中人物唐蕙良。此段爲書中人物濮心齋勸諫唐蕙良的談話。

註四一　同註一七，頁二三七；《晚清小說全集》第一六冊，頁一七。

註四二　眞實姓名及生平待考。

註四三　見第十五—十七回，正寫維新，側寫革命，同註一七，頁一〇三—一二二；《晚清小說全集》第一五冊，頁九八—一一八。

註四四　同註一七，頁一一〇；《晚清小說全集》第一五冊，頁一〇五。

註四五　參《癡人說夢記》第二十七—三十回，同註一七，頁一九一—二一三；《晚清小說全集》第一五冊，頁一八七—二〇九。

註四六　以上作者之眞實姓名及生平待考。

註四七　以上作品均收入《晚清小說全集》第二八冊。

註四八　王妙如，錢塘人。生於一八七七年左右。二十三歲嫁唐景仁，未四載而卒。詳細生平待考。參《中國通俗小說總目提要》，頁九〇五。

註四九　參《中國通俗小說總目提要》，頁九〇五。

註五〇　見第一回，同註一七，頁四四七。

註五一　見第十六回，同註一七，頁五三〇。

註五二　見《晚清小說史》，頁一〇五。又有關這部作品的內容大要，可參本書本章第一節。

註五三　《女獄花》有「殺盡男賊」之說，見同註四九。《女媧石》中「秦夫人」的「花血黨」黨綱亦表現出全力排斥男性的主張，見第七回，同註一七，頁四七七—四八〇。

註五四　《女獄花》中有「沙雪梅」從事流血革命，見同註四九。《女媧石》中的「花血黨」黨員也採暗殺方式，殺滅朝廷大員，見第七回，同註一七，頁四七七。

註五五　參第一回，同註一七，頁一一四。

註五六　分見第三十五、二十二、二十一、一〇一回，收入《我佛山人文集》第一、二卷，頁二〇八—二一〇、一七六－一八〇、一六六－一六八、四六五－四六六。

註五七　分見第二十六、五、八、四回，收入《我佛山人文集》第四卷，頁四〇七－四〇九、二五六、二七四－二七六、二四五－二四六。

註五八　參倪台瑛《文明小史探論》，頁七〇－七四；符馨心碩士論文《李伯元及其文明小史》，頁一〇一－一一七。

註五九　可與本書第三章第二節、第四章第一節互為參照。

註六〇　分見《新紀元》第一回、《中國現在記》楔子，均收入同註一七，頁四三八、頁六。

註六一　參任訪秋主編《中國近代文學史》，頁三七二－三七五。

註六二　參見時萌《晚清小說》，頁六二。

註六三　參張宏庸〈中國諷刺小說的特質與類型〉，《中外文學》第五卷第七期，頁二五－二六。又，陳幸蕙《二十年目睹之怪現狀》頁一八八亦援用。

註六四　見《中國小說史略》，頁二九八。

註六五　見同註一七，頁一八；《晚清小說全集》第六冊，頁一四－一五。

註六六　見同註一七，頁一一一；《晚清小說全集》第七冊，頁九五一。

註六七　收入《我佛山人文集》第一卷，頁三〇〇－三〇一；同註一七，頁二七七－二七八；《晚清小說全集》第三三冊，頁三〇六。

註六八　收入《我佛山人文集》第一卷，頁三〇六；同註一七，頁二八一—二八二；《晚清小說全集》第三三冊，頁三二一。

註六九　見第六回，《晚清小說全集》第五冊，頁八四—八五。

註七〇　《繡像小說》第十二期原作「毓賢」，但後來的刊本皆作「玉賢」。

註七一　見第六回，《晚清小說全集》第五冊，頁八五。

註七二　參本書第四章第二節。

註七三　見《老殘遊記》〈自敘〉，收入《晚清小說全集》第五冊，頁二五；阿英編《晚清文學叢鈔．小說戲曲研究卷》，頁一八七；陳平原、夏曉虹編《二十世紀中國小說理論資料．第一卷》，頁二〇一。

註七四　同上，收入《晚清小說全集》第五冊，頁二六；阿英編《晚清文學叢鈔．小說戲曲研究卷》，頁一八八；陳平原、夏曉虹編《二十世紀中國小說理論資料．第一卷》，頁二〇二。

註七五　收入《晚清小說全集》第五冊，頁一四九。

註七六　參羅振玉〈劉鐵雲傳〉，收入《晚清小說全集》第五冊，頁五。

註七七　見第六回，收入同上，頁八五。

註七八　收入同上，頁一九七。

註七九　參見《老殘遊記》第十六回回評，收入同上，頁一九五。

註八〇　收入《晚清小說全集》第二一冊，頁九四—九五。

註八一　收入同上，頁四三四—四三五。

註八二　見《中國小說史略》，頁二九八。

註八三　見茂苑惜秋生所撰序文，收入《晚清小說全集》第六冊，頁三；阿英編《晚清文學叢鈔·小說戲曲研究卷》，頁一八二；陳平原、夏曉虹編《二十世紀中國小說理論資料·第一卷》，頁五四。

註八四　見吳沃堯〈近十年之怪現狀自序〉，收入魏紹昌編《吳趼人研究資料》，頁一九四。

註八五　見林紓〈紅礁畫槳錄譯餘剩語〉，收入阿英編《晚清文學叢鈔·小說戲曲研究卷》，頁二二八。

註八六　有關小說的史鑑功能可參方正耀《中國小說批評史略》，頁五八—六二。

註八七　晚清當時有極少數的人對社會小說「病在於盡」的現象感到不滿，如浴血生。但似乎大部分人都認爲淋漓的刻劃有助挖掘社會弊端並加以改進，如林紓之說。浴血生之說見《新小說》第十七號，又，收入阿英編《晚清文學叢鈔·小說戲曲研究卷》，頁三三七。林紓之說見〈賊史序〉，收入同上書，頁二五七。

第三節　形式、手法之漸變

與題材內容、思想精神相比較，晚清小說在形式手法方面的轉變，就不起眼多了。因爲轉變雖有，數量卻少，幅度亦小，重要性也低弱得多。重要性低，是指當代評論者罕見道及，後代評論者也多所忽略，因爲它的轉變，其實是一個開端，本身尚未成熟，雖有清新的表現，成績還不夠可觀。然而未成熟的開端仍自有其創始的意義及應居之地位，成績雖未可觀，卻是從無到有的關鍵性進展，所以本書仍納入討論。

要歸納小說所運用的形式手法，實際上困難重重。因爲由字而詞，由詞而句，由句而段落章節，以達於完整的一部作品，其間的技巧手法繁複交錯，不可勝數。雖然此處僅須指出新出現並關係到小說觀的部分，也很可能顧此失彼，舉一遺十。好在晚清小說大體上仍以沿襲傳統寫作方式爲多，減低了一些數量方面的困擾。本節根據小說這一敘事文類的特有手法以及晚清小說的實際表現，選出篇幅形式、情節時序、敘事觀點、心理描寫、想像空間等五項，來觀察晚清小說形式手法的轉變跡象，及其中所反映的小說觀念。

一、篇幅形式

章回是中國傳統小說特有的篇幅形式，並且由於章回劃分的影響，長篇小說的寫作也往往有一些相同的套語、近似的藝術表現和敘事手法等。到了晚清，主要由於西方小說的刺激，原本爲長篇小說唯一形式的章回體開始有了突破。當時絕大部分的作品雖仍採用章回來劃分篇幅，不過已有部分作品嘗試新的方式。

章回體往往將一部作品釐分爲若干回，每回冠以兩句對仗成偶的回目，晚清有一些作品則不再以「回」釐析作品，並捨棄對偶的回目，改稱爲「章」或「節」，甚至完全不用「章」、「節」的名稱，只標以數字次序，並以單句的章目取代原有的雙句回目。試觀下列三種不同的章節名目，即可知其大概。

中國涼血人（註一）《拒約奇譚》目次如下：

第一章　六月十八日
第二章　病夫之發現
第三章　清和坊與辛氏山莊之志士
第四章　愛國心與強國之精神
第五章　火之作合
第六章　譯社之自由
第七章　鐵道之問題
第八章　工廠與山場（註二）

憂患餘生（註三）《商界第一偉人》目次如下：

第一節　緒論
第二節　戈布登家世
第三節　戈布登幼時
第四節　戈布登經商之始
第五節　戈布登之家難

第六節　戈布登之爲盜役
第七節　戈布登之奢華
第八節　戈布登之耕業
第九節　戈布登之秘密行商法
第十節　結論（註四）

支明（註五）《生生袋》的目次如下：

敘言
一、山林之殊遇
二、老叟之變形
三、哭笑之並呈
四、移血之奇觀
五、口津之辨賊
六、腦蓋之特效
七、嗅官之識人
八、無骨之妖人
九、分身之異事

十、腦髓之反射

十一、呵欠之傳染

十二、女尸之易相

十三、血輪之巨戰

十四、世界之文明（註六）

從上述三部作品的目次可以看到，《拒約奇譚》以「章」來劃分篇幅，《商界第一偉人》以「節」來釐析作品，《生生袋》僅僅以數字標出順序，取代了固有長篇小說的「回」。它們並且都以單句標目，而廢棄傳統整齊規律、對仗排偶的雙句標目。其中《生生袋》的標目都是整齊的五字句，並採用「某某『之』某某」的固定句型，雖然並非雙句回目，宛然還保有傳統標目規律化的精神。《商界第一偉人》的節目和《拒約奇譚》的章目便都採不規則的字數，雖然大部分仍爲「某『之』某」的句型，但運用得已比較活潑。《商界第一偉人》在首尾使用了「緒論」、「結論」爲目，引進文章家筆法，同時取代章回小說中常見的「楔子」。《拒約奇譚》第一章章目爲「六月十八日」，進一步擺脫一般利用標目概括文內要旨或敘述重心的作法。「六月十八日」是一個什麼樣的日子，作者意欲藉此敘述什麼內容，與書中的故事又有什麼關係，這些都必須翻閱該章內文才能得知，而這樣的章目便製造出一種懸疑效果，令讀者好奇、急欲揭曉內容，這種標目語句，在當時相當新人耳目。上述章節標目的方式，雖然只是篇幅形式方面的變化，對中國傳統的長篇章回小說而言，卻是數百年來的第一次突破，長篇小說的外貌由此漸漸改觀。而外貌的改觀，令讀者在接觸作品時，第一眼便察覺到前所未有的變異，使讀者很快可以認識「小說的寫作已經與前代有所不同」這樣一個事實，因此，它不但反映出作者的寫作方式，同時也稱得上是扭轉讀者小說概念的尖兵，對於小說觀念的轉變有相當具體的作用。

除了分章和標目本身的變化以外，連帶地每一章節的起始、終結與章節之間的啣接用語與手法也產生變化。事實上，晚清小說裏面，即便採取章回體的作品，也已有人試圖打破傳統習用的刻板模式。如署名「二春居士編，南亭亭長評」（註七）的吳語小說《海天鴻雪記》，便在每一回之末使用「第一回畢」、「第二回畢」等用語，取代章回體原有的「欲知後事如何，且聽下回分解」等固定套語。壯者《掃迷帚》則在每一回結束的地方均不另加任何詞句，情節敘述完畢之處，也就是文章終止之處，既不用「且聽下回分解」之類的套語，也不用「第一回畢」之類的文句。《海天鴻雪記》云：

……三人下樓出門，眉初道：「難到公陽里去哉俛，順全長恐來浪哉。」鳴岡、華生同聲答應，剛走到東薈芳里口，迎面一人喊道：「顏華翁，陸裏來？」三人一齊立定。第一回畢。

……華生聽了也覺詫異，遂問道：「票頭來浪陸裏？」娘姨阿銀道：「來浪烟盤裏。」華生剛拿到手看時，只聽見樓下相幫喊道：「客人上來！」第二回畢。（註八）

《掃迷帚》云：

心齋……不禁哈哈大笑道：「表兄，不是我多嘴，你這一張格言，實所未解。」資生正欲置答，適僕人送到遠友的信函，因倚榻拆看，擡頭對心齋道：「表弟，且坐，容少緩奉問。」（第一回）……

……心齋受了一場奚落，欲再強辯，已覺理屈詞窮，只得將他話岔開。那時自鳴鐘正錚錚的敲了十下，資生忙起身道：「時已不早，表弟遠來跋涉，宜即安寢，愚兄失陪了。」遂告辭而入。（第二回）（註九）

由上述二個例子可以看到，回末結束之處均已非傳統「且聽下回分解」的習慣用語。部分章回小說在「且聽下回分解」的結束語之前，又附加一些承上啓下的文句或韻語，（註一〇）這些文句或韻語，在上述二個例子裡面也完全看不到。舊有的回末用語、文句或韻語，往往是脫離正在進行的情節，由故事的敘述者直接對讀者說話，就像舞臺上的演員突然停止演戲，轉而面對臺下的觀衆說話一樣，對正在進行的劇情而言，其實是一種中斷、割裂，這在傳統的白話小說中極爲常見。但是，晚清由於受到外國小說的影響，逐漸意識到「情節」這一概念，也逐漸重視情節的完整性，於是試圖改變舊有章回中斷情節的作法，改變章回回次之間的啣接方式。因此，回與回之間啣接模式的變化，其實乃小說情節概念轉變的表徵，在小說觀念的扭轉上，有其不可忽視的意義。

突破舊有的篇幅形式而外，更進一步的表現是，傳統小說中常見的說書人口吻，也一併廢棄盡淨。說書人口吻是古代話本的遺跡，章回體小說雖是書面作品，卻經常沿襲說話的口吻與用語，如「看官」、「話說」、「閒話休題」「按下慢表」乃至卷首詩詞、文中韻語、回末句詩等等，均時時夾雜在小說情節敘述之中。晚清時期，開始突破這種寫作方式，捨棄說書人口吻，也廢除說書人或「做書的」喜歡插進故事中間，以旁述者的姿態面對讀者說話或評論情節的寫法，作品裡面，沒有隔斷敘事的詩詞韻文，也沒有其他話本遺跡的文句、用語，所有的文句字詞，全數用來刻劃人物、描繪場景和敘述情節，呈現了一種全新的長篇小說寫作形式。這種新寫作形式，在前述《生生袋》、《商界第一偉人》、《拒約奇譚》等三部作品裡面可以看到。

由分回、回目的突破，到章節之間的自然啣接，乃至內文某些口吻、語句的刪除，長篇小說才終於擺脫古久以來的說、聽遺跡，成爲純粹書面創作的文字藝術。有意思的是，《生生袋》、《商界第一偉人》、《拒約奇譚》等三作，既改變了章節和標目方式，也突破了回與回之間的啣接模式，又揚棄了敘事中間的說書人口吻，徹底採用全新的長篇小說形式，實在很難說是作者在無意之間做成的結果。假若它們果眞不是無心之作，而是有意的嘗試和突破，就更足以顯示晚清時期小說創作觀念的改變了。雖然，這項改變在晚清並未普及成風尚，這類新型態作品的寫作藝術也尚待琢磨，此時並未出現具有足夠說服力的佳作，極大部分的作者和讀者對新的小說形式也還未有充分的意識，但，總是有了開始。

二、情節時序

情節時序指的是小說中情節進行的時間次序。所謂情節，是指一連串具有因果關係的事件。情節和故事不一樣，故事是指依據時間先後順序所安排的事件，其著重點在時間，情節的著重點則在因果關係。《小說面面觀》曾舉例說，「國王死了，然後王后也死了」，這是故事；「國王死了，王后也傷心而死」，這便是情節，因爲它的重點在表明因果關係。在通常的情況下，作品裏面的事件是前者爲因，後者爲果，作者依照因果的產生次序，也依照時間的前後次序來敘述情節，這便是所謂的「順敘」。但有些時候，作者會割斷時間的流程重作安排，使結果在前而因由在後，形成「倒敘」的現象。或者取出時間流程中間的某一點，從這中間點敘起，作品內則「順敘」、「倒敘」兼用，成爲「從當中開始」的情節時序。（註一一）

中國傳統小說的情節時序，絕大部分採「順敘」方式，從故事的開端寫起，到故事的終尾寫畢，依照前因後果的時間次序來鋪展情節。也可以說，中國的傳統小說較偏重於說故事，而較忽略於營造情節；比較在意裡面寫些「什麼」事件，而比較不在意「怎麼」寫出這些事件。但是晚清的作者卻在西方小說中發現了「一起之突兀」（註一二）的寫法。這種開端寫法，「使人墜五里霧中，茫不知其來由」，（註一三）製造出一種新鮮、懸疑、震撼的藝術效果。同時對部分小說作者產生刺激，使作者們慢慢意識到：營造情節，變化時序，也是小說創作手法上一個重要環結。雖然絕大多數的晚清小說仍舊依循傳統的順敘方式來敘述情節，卻已有部分勇於創新的作者嘗試「不要在開頭的地方開頭」（註一四），改變既有的盡顧著說故事的寫作習慣，由此翻開中國小說敘事模式轉變（註一五）的第一頁。

晚清第一部運用新式情節時序的作品，據目前所見，應推發表於光緒二十八年十月（一九〇二年一一月）的梁啓超《新中國未來記》。《新中國未來記》是這樣開頭的：

話表孔子降生後二千五百一十三年，即西曆二千零六十二年（註一六）歲次壬寅，正月初一日，

正係我中國全國人民舉行維新五十年大祝典之日。其時正值萬國太平會議新成，各國全權大臣

在南京，已經將太平條約畫押。……（註一七）

《新中國未來記》的故事時間構想，是要從寫作當時那一年——即光緒二十八年（一九〇二）開始，敘到往後六十年爲止，（註一八）但它的情節時序卻從六十年以後的景況開端，那時候的中國氣象一新，外國的侵略行爲已然消弭，全世界共開「萬國太平會議」，簽訂「太平條約」。在「萬國太平會議」召開的同時，中國又在上海開設大博覽會，會中有一位博學多聞的「孔老先生」，講述從「光緒二十八年壬寅」（一九〇二）到西元一九六二年間的「中國近六十年史」，於是在「孔老先生」的講述中，作品的時間回到光緒二十八年，回到故事的起點，然後情節才順序展開。（註一九）

這種寫法是一種有意的新嘗試，作者感覺到「發端處最難」，（註二〇）因而不再安於傳統的順敘開端方式，並且開始重視情節發端處的寫作手法。這對於向來重視故事甚於重視情節，因而敘事手法千年以來幾乎少有突破的小說寫作傳統而言，是一項不小的變化，因爲小說寫作作品被注意的焦點終於有所轉移。

採用「從當中開始」的情節時序者，當以吳沃堯《九命奇冤》爲最著名。《九命奇冤》寫的是一段流行於民間的公案故事。據說清朝雍正年間，廣東番禺梁天來一家發生七屍八命的大命案，主使者爲世戚凌貴興。凌貴興因誤信風水之說，欲奪梁家祖宅，梁家不願出讓，乃嗾使匪徒火攻梁宅，致釀

成慘劇。梁天來數度上控，均因淩家行賄不得昭雪，最後京控達於世宗御前，世宗欽命巡撫查案，全案始得大白。吳沃堯將這個故事改寫成《九命奇冤》，並且在作品開端處採用了革命性寫法，使這部作品擁有相當受矚目的情節時序。《九命奇冤》第一回起首寫道：

「嗆！夥計！到了地頭了！你看大門緊密，用什麼法子攻打？」「呸！蠢材！這區區兩扇木門，還攻打不開麼？來，來，來！拿我的鐵錘來！」「砰訇！砰訇！好響呀！」「好了，好了！頭門開了！——呀！這二門是個鐵門，怎麼處呢？」「轟！」「好了，好了！這響砲是林大哥到了。林大哥！這裏兩套鐵牢門，攻打不開呢！」「唔！俺老林橫行江湖十多年，不信有攻不開的鐵門，待俺看來。——呸！這個算什麼，快拿牛油柴草來，兄弟們一齊放火，鐵燒熱了，就軟了！」「放火呀！」劈劈拍拍，一陣火星亂迸。……（註二一）

這一段石破天驚式的開頭，場面混亂凶險，讀來確令人如墮五里霧中。它有兩大特色，一是完全由對話組成，沒有旁白敘述，也未說明人物、事件、地點，但讀者可以從對話中得知關係全書的訊息，如「梁家石室」、「橫行江湖」的「兄弟們」、火攻等，這些是釀成慘劇的關鍵性人物和事件。二是下文所要探討的重心——「使人墜五里霧中，茫不知其來由」的「一起之突兀」寫法。（註二二）

在晚清，吳沃堯是一位相當勇於嘗試新技法、開發新題材的小說作家，《九命奇冤》的開端方式，比《新中國未來記》更具創新意義，更富有突破性進展。因爲嚴格說來，倒敘只是將因果的前後次序倒裝，使果在前而因在後，並未割裂故事的時間流程，《九命奇冤》的寫法卻是割取故事中間的某一時間點，首先敘述這一時間內發生的人事，而使故事時間呈現兩段式的分割狀態。對於前段時間內的事件，作品以倒敘手法補足，啣接上分割處的時間點以後，方才順敘而下，完成故事的後段以至結尾。這種「從當中開始」的方式，會令讀者對第一回所敘的情節感到莫名其妙——「茫不知其來由」，直到第十七回，方始明白首回強盜打劫的來龍去脈。這種情節時序的安排方式，較《新中國未來記》更爲大幅度地調整故事時間，作者在作這種安排時，必須暫時拋開說故事的念頭，專注於情節的經營；暫時不理會小說要寫些「什麼」，而著力於「怎麼」寫。作品一旦完成，也逼使閱讀此作的讀者不得不注意：看小說和聽故事是有所不同的，小說中的情節經營是可以變化多端的。因此，它不但大幅度衝擊了固有的小說寫作方式，顯示創作者的小說觀正逐步調整，也可能漸次扭轉社會上普遍的小說概念，對晚清時期的小說觀念有實質的轉移作用。

悔學子（註二三）《未來教育史》、靜觀子（註二四）《六月霜》也都採用「從當中開始」的敘事手法。前者先寫「黃卒夫」接獲回信，然後倒敘去信一事，其後才順序發展接信以後的情節，也是「一起之突兀」的寫法。《六月霜》的情節時序尤其特別。第一至二回寫「越蘭石」見報知秋瑾遇難，乃作〈秋瑾傳〉登報；第三至六回倒敘秋瑾被捕遇害經過；第七回寫衆人對秋瑾之死的反應；第八至十一回再倒敘秋瑾婚變出國至回國辦學堂的事蹟；第十二回才回到開篇「越蘭石」知秋瑾身亡事，並續寫「越蘭石」赴紹興爲秋瑾收尸建墓。中間兩度倒敘，以「越蘭石」故事包孕秋瑾故事。（註二五）開端寫的是「越蘭石」作〈秋瑾傳〉事，末篇續寫「越蘭石」收尸建墓事，所以就「越蘭石」故事看，是從「當中」開始寫起；就秋瑾故事看，第一回寫「越蘭石」時雖已敘過遇害下場，第三回開始寫秋瑾的時候卻從秋瑾邀請紹興太守蒞臨學堂發給畢業文憑寫起，並非從頭敘述秋瑾生平。也因爲這樣，才又有第二度倒敘，補述秋瑾的前段經歷。因此，這其實也是「從當中開始」的寫法。這樣一來，在這部小說中出現了數度割裂故事時間的作法，情節時序的安排也益加複雜化。在這樣一部作品裏面，讀者實在很難由文字敘述中，一目瞭然地知道故事的先後經過，而必須運用記憶，弄清每一片斷的事件，再將這些被割裂、打亂的片斷，依據時間順序重新組合起來。讀者的閱讀習慣，無疑受到空前挑戰。至於作者，則必須牢記每一人物、事件的前後啣接、交錯呼應，以免情節產生錯漏或矛盾，而在這種手法的運用之下，單純的故事可能被經營成複雜的情節，小說寫作增添了新方式，小說型態也呈現新風貌。

上述倒敘或「從當中開始」的敘事手法，在晚清作者而言，感受到的可能只是「一起之突兀」，還沒有完全體會到其中有關情節時序的問題，因爲無論倒敘或「從當中開始」，作者對它們的體會，不是「茫不知其來由」，就是「沒頭沒腦」，（註二六）似乎沒什麼大差別，但這無妨於他們對小說寫作概念的調整，也無妨於他們對情節時序的逐步體會與揣摩。傳統小說裏面的時序模式從這裏開始出現缺口，作者與讀者對於小說的故事與情節之間的差異，也漸漸有新的體會。可以說，這些創新情節時序的作品，以實際而具體的表現，慢慢在扭轉固有的小說觀。

三、敘事觀點

中國傳統小說喜歡採用第三人稱的全知觀點，已是一般論者的共識，作品中說書人的存在，又強力支持著這種敘事觀點的延續。說書人存在於小說作品中，猶如全知全能的上帝，老以「看官」、「卻說」、「有詩爲證」、「按下慢表」、「且聽下回分解」之類的套語，隔斷情節，發表感想與議論或無關故事情節的旁白，並經常補充情節本身並未涉及的履歷資料、幕後眞相。前述篇幅形式的突破，對於存在將近千年的說書人，產生了一番衝擊，此處即將探討的敘事觀點之轉變，也對小說中的說書人形成衝擊。陳平原認爲：「說書人腔調的削弱以至逐步消失，是中國小說跨越全知敘事的前提。」（註二七）不過事實上，敘事觀點的轉變和說書人腔調的削弱消失經常並時存在，他們同時象徵新敘事技巧時代的來臨。

提起晚清小說中運用限制觀點的作品，大概要屬吳沃堯《二十年目睹之怪現狀》最爲人所樂道。作品以別號「九死一生」的「我」作主人公，同時作貫串全書的線索人物。全書所敘，都是「我」所聽到、見到乃至親身經歷的諸般社會人事和怪現狀。「我」便是書中的觀點人物，全書所採用的，是第一人稱限制觀點。由於採用第一人稱限制觀點，小說中所敘述的每一人物、事件，都必須透過「我」的眼睛或耳朵才能出場。只有「我」所看到、聽到或想到的事情，才能出現在小說中。「我」所不知道的，作者絕不能以說書人或旁白者的口吻補充敘述。因此，《二十年目睹之怪現狀》裏面，便經常出現一個故事分割成好幾個片斷的情形，例如第四回末尾寫「我」在「苟公館」門口看到「苟觀察」恭敬送客的情景，以爲這是一樁禮賢下士的美事，後來說給好友「吳繼之」聽，吳繼之卻笑他少見多怪，「我」覺得詫異，想追問其中緣故，卻屢屢被其他的事情打斷。直到第六回和第七回吳繼之才有空對「我」說明，苟觀察的作爲其實是一種巴結手段，意欲謀求差事。而吳繼之講述苟觀察的故事之時，中間又插入一個窮旗人吃燒餅的小故事，並非一氣呵成把原來要講的故事講完。吳繼之說完之後，第二天「我」碰見吳家僕人「高升」，閒談之間，又從高升口中聽到苟觀察租衣服的事，這才眞正把苟觀察的故事告一段落。（註二八）其實敘述苟觀察的事情，前後所花費的文字篇幅並不多，但由於第一人稱觀點的限制，作者無法一口氣把故事寫完，片片斷斷地分散在好幾個地方。當然，這是一種有意的運用，限制觀點的特色，就在於必須受限於觀點人物的耳目見聞和心理活動，作者掌握了這個特色，先讓不知內情的「我」，把苟觀察的表現解釋成禮賢下士，後經吳繼之一說，急欲追問緣由，卻苦於沒有說話的場合和時間，在「我」感到詫異、不解以及好奇、很想探知謎底之時，讀者也很容易感染到他的情緒，引發好奇心，於是這段情節便製造出了懸疑效果。而在逐段解疑的過程中，由於不是一口氣揭開內情，讀者的心情也一段一段受到牽動，隨時保持著高度的好奇與閱讀興趣。雖然書中許多旁人口述的話柄故事，頗遭後代論者結構鬆散之譏，然而當時的作者卻完全未察覺這種狀況，且讀者似乎也未察覺，因爲他們完全不認爲這是一種鬆散的結構，反而認爲這是一種「大手筆，大結構」，非「雄於文者，不能爲此」，（註二九）在他們覺得，這種以一條主線貫串起無數人物和故事的作法，是一種繁複而巧妙並且聯絡團結的優勢布局，〈二十年目睹之怪現狀總評〉裏面談道：

> 新著小說，每每取其快意，振筆直書，一瀉千里。至支流衍蔓時，不復知其源流所從出，散漫之病，讀者議之。此書舉定一人爲主，如萬馬千軍，均歸一人操縱，處處有江漢朝宗之妙，遂成一團結之局；且開卷時幾個重要人物，於篇終時皆一一回顧到，首尾聯絡，妙轉如圜。（註三〇）

從這段評語也可以看到，當時對第一人稱敘事觀點的體會，並非從敘事手法著眼，而是從布局聯絡的角度看。「如萬馬千軍，均歸一人操縱」，這樣的布局結構既龐大又能凝聚，是一種密切啣接的團結表現，而非「支流衍蔓，不復知其源流所從出」的散漫寫法。文中尚且指斥：某些未設定線索人物的作品有「散漫之病」。因此作者雖然創新地使用了第一人稱的限制觀點，卻純粹基於布局結構的考慮，而未自覺到敘事觀點的轉變。正因爲如此，晚清小說敘事觀點的轉變並未全然成功，不但大部分作者仍採全知敘事，即採限制敘事的作者，有些可能也在不知不覺中「半途而廢」。（註三一）《二十年目睹之怪現狀》的第一人稱限制觀點，說來是始終如一，未曾逾軌的，故事演述都限制在主人公的視野之內，假若這果眞是在沒有自覺的狀況之下所完成的效果，那也實在是難能可貴了。

限制觀點的運用，使《二十年目睹之怪現狀》的技巧表現意義非凡，作者完全沒有借用旁白式的補充說明，就把故事說完；第一人稱的敘事手法，在當時也相當引人注目。這本書說故事的方式，和古代小說幾乎完全不一樣。雖然書中所述多爲他人之事，但是讓「我」赤裸裸地站在讀者面前，說自己的遭遇和見聞，對於中國讀者來說，仍是一種全新的閱讀經驗。向來以含蓄謙退爲上的民族性格傳統，使讀者很少接觸到這類「現身說法」式作品，在另一方面，也很可能使作者不敢作太多這種嘗試。所以，以「我」爲主人公的第一人稱限制敘事手法，後來八寶王郎（註三二）《冷眼觀》（註三三）襲用過，此外便如鳳毛麟角，不易發現。當時突破全知敘事，採取限制觀點的作品，使用較多的還是第三人稱限制敘事。

吳沃堯的另一部作品——《新石頭記》，便是大半運用第三人稱限制敘事的作品，特別是敘述賈寶玉重入塵寰以及闖進「文明境界」的部分。作者別具匠心安排了賈寶玉爲酬補天之願而重入塵寰的情節，因而巧妙地塑造出一個對當代社會一無所知的角色。這個角色對當代社會既一無所知，對當時各種現象也就沒有成見，並且自己本身也未感染當代的各種習氣。作者借助於這樣的主角人物，透過他的眼、耳去看、聽當代的社會百態。一方面因爲主角本身的無知，促使他積極求取各方面的新知；另一方面又因爲主角的純潔，他的某些感受和批評，也就容易擺落黨派爭鬥營私的色彩，成爲公正客觀的時代評言。第三人稱限制觀點的運用，成功地協助作者塑造出純潔、公正的寶玉形象，也成功地達成作者批判時代、表達理想等抒寫自家懷抱的創作目的。（註三四）

比較著名的第三人稱限制觀點作品，當推劉鶚的《老殘遊記》。《老殘遊記》書中，大部分以主人公「老殘」爲觀點人物，藉著老殘行遊四方，帶出一段一段的故事。有些是老殘親身的經歷，有些是老殘的見聞。如治癒「黃瑞和」的怪病、向「莊宮保」獻治河之策、解開齊東村一家十三口命案之眞相等，是老殘親自參與的事件。到曹州府訪查「玉太守」政績，描述玉太守酷虐殺民的行爲，是藉老殘的耳，由曹州百姓轉述得知。在這些部分裏面，無論寫景、敘事、抒發感慨或議論，大致都未逾越老殘眼、耳、心的範圍，可以說是相當完整的第三人稱限制敘事。中間第八至十二回，敘申子平前往桃花山禮聘劉仁甫之事，其事已脫離老殘的視野範圍，小說改以申子平爲觀點人物，引領讀者進入桃花山，並透過申子平，聆聽了「璵姑」和「黃龍人」諸多超乎流俗的精闢言論。（註三五）此中觀點人物雖經過轉換，但第三人稱限制觀點的手法並未改變，自始至終，貫串全書。這種觀點的運用，使書中所描述的事態儼然具有客觀性，也使作者意欲傳達的訊息較有說服力。作品裏面即使有旁白式的說明或議論，也不是由作者出面來說，而是由觀點人物來說，因此，與傳統小說中的說書人口吻，是截然不同的。也就是說，在運用限制觀點的小說作品中，作者不能隨意現身出來說話，必須完完全全地隱藏在幕後，讓書中的人物自己想、自己說、自己做。與古代小說慣用的全知敘事相比較，這樣的寫作方式似乎比較不自由，因而作者在創作之時，其寫作認知與心態也必須有所調整了。

不論第一人稱或第三人稱，總之限制觀點的運用終於在晚清出現跳躍式的進展，創作技巧開始對舊有小說型態發揮根本性的衝擊，時人也在接觸新型態小說的過程中，緩慢而無形地調整既有的小說觀。雖然當時尚未察覺這種限制敘事所代表的理論意義，但作者寫作手法卻已開始變化，讀者的閱讀反應也當有所不同。由限制觀點手法呈現出來的敘事眞實感，至少都讓作者和讀者本身留下新的觀感。可以這麼說，一種塑造人物、構思情節乃至表現問題、敘述故事的特殊視角，已在不知不覺間逐漸轉移小說的舊有觀念。

四、心理描寫

晚清小說不但在敘述故事的手法上有所突破，在描寫人物的技巧上也有所突破。傳統小說在描寫人物的時候，多只注重表現在外的服飾、言語、行動，有關內在的思維、感情，也往往透過外在的言語、行動來表達。這種表達方式，有其獨特的藝術效果，但到了晚清，由於西方小說創作與理論的同時引進，論者與作者在理論與創作方面都有所轉變，直接的心理描寫受到注意了。瑟齋（註三六）曾在〈小說叢話〉裏面發表下述一則說法：

英國大文豪佐治賓哈威云：「小說之程度愈高，則寫內面之事情愈多，寫外面之生活愈少，故觀其書中兩者分量之比例，而書之價值，可得而定矣。」可謂知言。持此以料揀中國小說，則惟《紅樓夢》得其一二耳，餘皆不足語於是也。（註三七）

以內、外面描寫的分量比例，來判斷小說的優劣，並且認為中國傳統小說之中，只有《紅樓夢》彀得上標準的一二分，這種以西方準繩來衡量或者說批判中國作品的作法，可以說是晚清小說界新興的時尚。姑且不論這種衡量是否客觀，總之，此處提出了「內面之事情」與「外面之生活」的分判說法。雖然用詞籠統，語義不易明確掌握，但它至少是一項提示：提示中國小說老是寫「外面之生活」，少寫「內面之事情」；提示當代作者注意「內」、「外」之分，並多朝「內面」發展。當然，這一段簡短的論說，可能比不上翻譯小說，以實際的作品成例，向中國讀者與作者展示內在思維和情緒的描寫，那麼富有啓示性與吸引力。無論如何，中國作者開始將筆觸伸向人物的內心深處是一項事實，有關人物心理的直接描寫也開始出現在中國小說上。吳沃堯《恨海》是轟動一時的寫情小說，其中對於「張棣華」曲折矛盾的心理即有細膩精彩的描寫。如第二回描述「張棣華」要不要替未婚夫「陳伯和」蓋被窩的爲難心理，文章寫道：

天才亮了，就坐起來，微舒俏眼，往伯和那邊一望。只見他側著身子睡了，把一床夾被窩翻在半邊。暗想此刻天將黎明的時候，曉風最易侵人的，况且正對了那破紙窗，萬一再病起來，這身子怎生禁得？待要代他蓋好，又不好意思。待要叫醒母親，又恐怕老人家醒了不能再睡；今日諒情要動身的了，不多睡一會，怎禁得在車上勞頓？待要叫醒伯和時，又出口不得。……（註三八）

棣華是一位謹守禮法的女子，自幼與伯和訂親，因義和團之亂，與母親、伯和三人偕同逃難出京，但由於二人尚未成禮，一路上處處迴避，投宿客店時也不願同炕睡覺。伯和連續幾夜獨自在外間打盹，因此著涼。在不得已的情況下，棣華勉強與伯和、母親三人同睡炕上，但心中始終忐忑不安，一夜其實未曾睡著。「天才亮了，就坐起來」，便是心情忐忑、不能安睡的表現。不過棣華雖然礙於禮法，處處謹守行爲分際，心裏其實非常關懷伯和，只是爲了名分不正而羞於表達。她天亮起身以後，「往伯和那邊一望」，即是關心之情的流露。待看見伯和被窩沒有蓋好，關懷與禮法的衝突便在心裏展開。黎明曉風、破紙窗與再度著涼的憂慮，顯示她關愛未婚夫多層而細膩的心思。想到曉風侵人是一層擔憂，看到破紙窗又多一層觀察，恐怕他已病而再病，更加深了一層憂心。可是禮法偏又使她爲難，於是想起一個兩面兼顧的辦法，即叫醒母親幫忙。但打擾母親休息，也不應該，於是又想叫醒伯和自己蓋，可是對方是自己的未婚夫，「這樣不上不下的」，（註三九）連稱呼都不方便。這一番心理描寫，傳達出身分尷尬、處境爲難的內在掙扎情形，也刻劃出一位多情又守禮的女子兩面爲難的細膩心理。可以說《恨海》這一篇作品，成功地運用了心理描寫，眞切而細致地刻劃出女主角的性格形象。作者吳沃堯不但嘗試了新的描寫技巧，而且達到頗具水準的藝術效果。

採用心理描寫，且引起後代論者注意的另一部作品，是劉鶚的《老殘遊記》。《老殘遊記二集》第三至四回，「逸雲」自述由男歡女愛之情證禪悟道的心路歷程，也是一段精彩的心理描寫。逸雲的自述從對任三爺產生愛慕開始，產生愛慕之後，日夜思念，聽到旁人說話也都以爲是在談論有關任三爺的事情，又盼望可以跟任三爺進一步親近──

到了幾天後，這魔著的更深了，夜夜算計，不知幾時可以同他親近。又想他要住下這一夜，有多少話都說得了；又想在爹媽跟前說不得的話，對他都可以說得，想到這裏，不知道有多歡喜。後來又想，我要他替我做什麼衣裳，我要他替我做什麼帳幔子，我要他替我做什麼被褥，我要他買什麼木器，我要問師父要那南院裏那三間北屋，這屋子我要他怎麼收拾，各式長桌、方桌，上頭要他替我辦什麼擺飾，當中桌上、旁邊牆上要他替我辦坐鐘、掛鐘；我大襟上要他替我買個小金表，——我們雖不用首飾，這手肐膊上實金鐲子是一定要的，萬不能少；甚至妝臺、粉盒，沒有一樣不曾想到。這一夜又睡不著了。又想知道他能照我這樣辦不能？又想任三爺昨日親口對我說：「我眞愛你，愛極了。……」我此刻想來要他買這些物件，他一定肯的。又想……（註四〇）

此中思緒千迴百轉，凡與「任三爺」親近相關的事物幾乎都想遍了，從夜晚談心到製辦衣被器物、屋內陳設、裝扮飾物等等。逸雲原是泰山斗姥宮的尼姑，斗姥宮因位於名勝地區，經常須招待遊客，所以廟中尼姑有犯戒與不犯戒之分，不犯戒的尼姑雖接待、應酬客人，仍嚴守戒律，與一般尼姑無異；犯戒者猶如妓女接客，雖亦留住廟中，廟中卻不供應一切衣食用度，聽憑犯戒者自客人身上所得支付生活所需。逸雲認識任三爺以後，凡心大動，一心想與所愛者親近，有走入犯戒尼姑一流之可能。即便尚未犯戒，心中已落俗念，思緒縈迴之處，盡陷於情愛的魔障裏面——衣飾用品，不過是情魔的象徵；假若不論她原來的尼姑身分，這種種思前想後的細節，倒充分表現了愛戀中女子的細膩心情。但這種心情發生在一位清修尼姑的身上，其墮入魔障之深，不言可喻。作者抓住每一個可能想到的細節，充分刻劃出逸雲情魔的深重和細微的心思。

《老殘遊記二集》第四回又寫道：

……我本沒有第二個人在心上，不如我逕嫁了三爺，豈不是好？……咳！這個主意好！這個主意好！可是我聽說七八年前，我們師叔嫁了李四爺，是個做官的，做過那裏的道臺，去的時候，多麼耀武揚威！末後聽人傳說，因爲被正太太凌虐不過，喝生鴉片煙死了。……再把那有姨太太的人盤算盤算：十成裏有三成是正太太把姨太太折磨死了的；十成裏也有兩成是姨太太把正太太慪死了的；十成裏有五成是唧唧咕咕，不是鬥口就是淘氣；一百裏也沒有一個太太平平的。我可不知道任三奶奶怎麼，聽說也很利害。然則我去到他家，也是死多活少，況且就算三奶奶人不利害，人家結髮夫妻過的太太平平和和氣氣的日子，要我去擾得人家六畜不安，末後連我也把個小命兒送掉了，圖著什麼呢？……（註四二）

這一段寫逸雲癡想著要嫁給任三爺的心理，念頭轉來折去，變化多層。第一層是照著自己心願，嫁與所愛之人，逕直去追求幸福。然而世上事有盡如人意的嗎？第二層想到反面的事例。同在斗姥宮內的尼姑，也有還俗嫁與人作妾的，她們的下場又如何呢？由這不幸的前例再擴大來看，第三層便想到一般姨太太與正太太相處的情形，似乎總是不諧的多，相合的少。第四層再回到自己身上，假如自己作了人家姨太太，會不會也與正太太不合，鬧出不幸的下場。第五層又跳脫自己的立場，站在元配與丈夫的角度來想，人家一夫一妻原本無事，多出了第三者，反而糾結不安。「圖著什麼呢？」第一層想法裏原以爲可以追求的幸福，到這裏反而發現幸福其實渺茫不可求，這才眞正勘破妄念，知迷悟返。經過這麼多層的轉折思慮之後，逸雲拋開一切想法，上床就寢，就在睡夢中，夢見一位老翁指示她慧劍斬魔障，她驚出一身冷汗，「醒來可就把那些胡思亂想一掃帚掃清了」。（註四三）作者藉著對逸雲心理歷程的一步步刻劃，描繪了從情慾貪念到悟道證禪的轉變，這眞是一段匪夷所思的心路歷程。

作者似乎想在這裡印證《老殘遊記》第九回所提出的「發乎情，止乎禮義」的哲學理念，（註四三）而他所使用的手法，倒是在小說寫作上別開生面。逸雲幾乎每一個細節、每一種可能都想到了，作者的筆也將每一絲轉折、每一縷心思都捕捉進去，其細膩無與倫比，人物的心理也袒露無遺。

不論是《恨海》中的棣華或《老殘遊記二集》中的逸雲，像這樣直接切入人物內心，把內在的思想、情緒赤裸裸地攤在紙面上，纖毫畢現地刻劃它、描摩它，使它無所遁形，完完全全展露在讀者眼前的寫法，在古代小說的寫作上，是從來沒有過的。不知道作者當初是從什麼地方、在什麼機緣之下，接觸並吸收到這種新技法；當他們把這種新技法運用到自己的作品裏面時，是否察覺到它所含蘊的變化意義；總之，他們擺脫了傳統小說藉外在言語、動作或際遇來表現內心思緒的寫作方式，拓展出一新的寫作空間，使久遠以來的人物刻劃技巧有了突破。這在小說的發展史上應當有其建樹，中國小說開始赤裸裸地解剖人類心靈，恐怕應當從此一時期才正式開始。作者想必也發現，這樣的寫作手法，可以達到傳統手法所不能達到的境地與藝術效果。小說遂由此擁有一種前所未有的風貌，人們對於小說藝術手法的認識也在逐步改觀。

五、想像空間

自梁啓超《新中國未來記》開始，晚清出現了一批藉想像力締造理想國的作品，包括吳沃堯《新石頭記》、旅生《癡人說夢記》、荒江釣叟《月球殖民地小說》、碧荷館主人《新紀元》、海天獨嘯子《女媧石》等等。這些作品一方面充分利用想像力，創作出傳統小說所未有的題材、內容，另一方面也在虛幻的想像世界中表達出對於時代的理想和渴望。他們運用想像力的結果大體上創造出兩種產物：一是文明富盛的國家；二是文明進步的科技。在某些作品裏面，這兩種內容更結合爲一，呈現出一個幾乎完美無瑕的理想國。《新中國未來記》筆下西元一九六二年的中國無疑屬於第一種，前文論情節時序部分，曾引述《新中國未來記》開篇的一部分，可以略見有關新中國時空想像的運用情形。《月球殖民地小說》中所描述的「氣球」、《女媧石》裏面所寫的「天香院」、「電馬」等，可歸屬於第二種。至於《新石頭記》中的「文明境界」、《癡人說夢記》中開發成功的「仙人島」和《新紀元》中西元一九九九年的中國，便可謂第一、二種的結合了。茲舉《月球殖民地小說》和《新紀元》二書爲例，以概見其餘。《月球殖民地小說》第三十二回寫道：

> 卻說玉太郎同白子安看見自己的氣球，被十幾隻外來的氣球圍在核心，看看那些氣球的制度，比著自己高強得許多。外面的玲瓏光彩，並那窗檻的鮮明，體質的巧妙，件件都好得十倍，彷彿自己的是一輪明月，他們卻箇箇像個太陽。……只見對面的一個球裏，走出一個十幾歲的孩童，開了窗戶，一手扭動機關放出來一道飛橋。這飛橋的質料，論他的柔韌，好像橡皮，論他的光潔，好像水晶，兩面又有紅漆欄杆。……進了那球。見那球中的陳設，到處都和地球上的兩樣。地球上最貴重的是金鋼石，魚拉伍得了一張石桌，便算得無價至寶，這裏卻鋪作地屏。算算到球的時刻，天光已經昏黑，這裡周圍牆壁和桌椅櫈凳，一切物件，卻自然的放出一般異

> 彩，比著電燈還要明亮幾倍，直把兩人看得目瞪口呆。……（註四四）

這一段所描繪的「氣球」，其實是從月球飛到地球來的交通工具。作者想像月球上住著人類，他們的文明進步、科技發達，所製造出來的氣球，材質、形製都超越地球人的產品。作者想像氣球裏面就像人類的屋宇一樣，有牆壁地板、桌椅檯凳。屋宇外觀，有門有窗，又有機關放出的飛橋。其間出入、起居，均是既豪華又便利。這些氣球和種種描繪，完全是想像的產物，作者幻構出先進的科技、超乎現實的文明，飛躍向一個遼闊、廣無涯際的空間，任憑虛幻的思緒營構古今未有的畫面與情節。這時，一切現實的秩序、法則都被解開了，作者的創作心靈得到最大限度的自由，只要想像得出來，任何虛構的東西都不會被斥爲荒誕無稽，反而是一種文學上眞實的創造。中國小說的想像空間，在這裏得到前所未有的舒展。

當然，無論多麼離奇、虛幻的想像，其實還是有個現實的世界爲其背景，在許多幻想、虛空的場面背後，其實都隱藏著一顆現實的心靈。簡單地說，作者畢竟是現實中人，他那飛躍的思緒畢竟也會受到現實的影響。因此，虛幻的情景背後，往往潛存著現實的關懷。這也就是《新紀元》一書中，想像與現實交纏的因素。《新紀元》第一回寫到西元一九九九年新中國的國情說：

> 原來這時中國久已改用立憲政體，有中央議院；有地方議會；還有政黨及人民私立會社甚多。統計全國的人民，約有一千兆。議院裏面的議員，額設一千名。所有沿海、沿江從前被各國恃強租借去的地方，早已一概收回。那各國在中國的領事，更是不消說得，早已於前六十年收回

的了。通國的常備兵，共有二百五十萬。若遇有戰事，並後備兵一齊調集起來，足足有六百萬。國家每年的入息，有兩千四百兆左右，內中養兵費一項，卻居三分之一，所以各國都個個懼怕中國的強盛，都說是黃禍必然不遠，彼此商議，要籌劃一個抵制黃禍的法子。無如中國人的團體異常固結，各種科學又異常發達，所有水陸的戰具，沒有一件不新奇猛烈，這個少年新中國，並不是從前老大帝國可比！因此往返相商，實在想不出一個抵制的善法。(註四五)

想像中的「少年新中國」，是一個強盛富庶，令各國懼怕的國家，與晚清當時頹弱不振、飽受侵略的「老大帝國」國勢，形成強烈對比。文中作者所寫爲西元一九九九年代，卻又不時以之與晚清現狀作比照，一方面說明現實本是想像的基礎，另一方面，作者「筆不自禁」地常將晚清實況寫進來，已明顯流露出時代憂患與寄託願望的心聲。「從前被各國恃強租借去的地方，早已一概收回」；各國的領事「早已於前六十年收回的了」；「這個少年新中國，並不是從前老大帝國可比」等，這些是明顯的對比互較。「久已改用立憲政體」，「中國人的團體異常固結，各種科學又異常發達」等敘述，實際上也是暗暗以晚清的專制政體、民氣渙散、民智窳陋、科技落後等現狀作對照而虛構出來的。本書第一回開篇處曾有這麼一段話：

看官，要曉得編小說的，并不是科學的專家，這部小說也不是科學講義，雖然就表面上看去是個科學小說，於立言的宗旨，看官看了這部書，自然明白，此時暫且按下不題。(註四六)

這部作品的主要情節，是西元一九九九年中國欲黃種諸國及附屬各貢獻國一概改用黃帝紀年，引起白種諸國恐慌，乃至雙方爆發大戰，戰爭過程充滿各式新奇的科學武器、戰陣等，上述引文中談到「表面上看去是個科學小說」，指的便是戰爭經過與武器的描述。但作者又表明，此書其實不是科學小說，而另有「立言的宗旨」。試觀有關新中國國情的描寫，不難體會其所謂立言宗旨所在。作者運用想像力所營造的國家，完全擺脫晚清當時中國的困境與憂患，不但不受外國侵迫，反過來更是外國懼怕的對象。可以這麼說，想像力的運用不但超越現實缺憾，產生一種補償心理作用，並且具有積極向上的開示意圖，盼望國人由此獲得啓悟，奮力自強，追求雪恥富強的未來。想像力的運作，使作者在憂困重重的現實中，闢出一條追求美好未來的生路。反過來也可以說，憂困叢生的現狀也為作者運用想像力、開拓想像空間提供了驅動力與背景。〈中國唯一之文學報新小說第一號要目豫告〉裏面，談到《新中國未來記》的開端寫法時曾說：

蓋從今日講起，景況易涉頹喪，不足以提挈全書也。（註四七）

作品裏面，曾經在未來，或在世外虛構一個理想國度的，對現實景況大概都有頹喪之感吧！理想國度的構擬，無論在開端處，或在中間處、結尾處，應都有提挈全書精神並寄寓熱誠願望的用心。這些也同時促使想像力的運作，進展到一個新的境界。比較起來，傳統小說最見想像力發揮之處，大概要屬神魔妖鬼一類的題材，他們在超現實的神鬼世界裏，滿足想像力的馳騁運作。世外桃源之類的想像，也多回到上古無爭的世界，其中許多人、事、物其實都還是現實中存在的。晚清的作者，則史無前例地大膽探索未來的時空，並創造出無數純憑想像，現實未有的超現實人事和物件。當然，這種手法在中國雖堪稱史無前例，其實卻是借鏡於西洋小說。（註四八）無論如何，中國小說的想像空間由此拓展了，未來時空與科技的描繪，取代神魔鬼狐以及與世無爭的桃花源世界，成爲此時想像馳騁的主要題材，可以說它們是一種科幻小說的雛型，也可以說是中西合璧的烏托邦型態，不過基本上，則都是爲突破現實困境而有的產物。

上述新的想像空間，開發出傳統小說未曾有的題材內容，也達到傳統想像手法未曾達到的境界，結釀出一種與舊小說的想像運用迥異其趣的作品。小說的內容物變得豐富起來，小說作品也增添了新手法，即便論者尚未察覺這種轉變背後的意義，作者與讀者已在無形中接受了新的作品型態，而擴展既有的小說概念。

以上所述是晚清小說的形式手法中較爲突出易見的轉變概況，這些轉變影響中國小說的寫作至爲深遠，中國的古典小說就是在這些一點一滴的變化中，逐步改頭換面，最後煥然一新，形成現代小說的面貌。人們觀念中的小說，也在這些一點一滴的轉變中，逐漸由傳統章回體過渡到現代小說的型態。所以它們不但是小說創作的改變，其實也是小說觀念改變的過程中最爲實際的一環。當晚清的論者不斷在談小說的功能、地位和改革問題時，它們在論者的忽略和作者的嘗試中，逐步實踐小說改革的目標，（註四九）並轉移小說該怎麼寫、小說是什麼樣的作品等看法。假如說，當時理論者的建樹是以新的小說觀念引導小說創作的話，那麼這些創作者的功績更在於以新的實踐成品引導新的小說觀念。理論與實踐，作品與觀念，彼此形成並保持著一種互動、輔成的狀態。

【附註】

註一　眞實姓名及生平待考。

註二　收入《晚清小說全集》第一九冊。

註三　憂患餘生，原名連夢青，北京人。與《老殘遊記》作者劉鶚相熟，因天津《日日新聞》揭發朝中事受株連，孑身遁走上海，賣文爲生，乃撰《鄰女語》等小說。參《中國通俗小說總目提要》，頁八八〇。

註四　收入《晚清小說全集》第二三冊。

註五　眞實姓名及生平待考。

註六　收入《晚清小說全集》第一六冊。

註七　南亭亭長爲李寶嘉筆名。二春居士，阿英以爲亦李寶嘉筆名，但尙有疑問，待考。參魏紹昌編《李伯元研究資料》，頁六註一〇、頁二五七。

註八　見《中國近代小說大系》本，頁一九六、二〇二。

註九　見《晚清小說全集》第一一冊，頁四、七。

註一〇　舉例來說，如《水滸傳》第四回末云：「……智深道：『師父教弟子那裡去安身立命？願聽俺師四句偈言。』眞長老指著魯智深，說出這幾句言語，去這個去處，有分教這人：笑揮禪杖，戰天下英雄好漢；怒掣戒刀，砍世上逆子讒臣。畢竟眞長老與智深說出甚言語來，且聽下回分解。」此在回末便附加了一些承上啓下的文句和韻語。（河洛出版社，頁六一）。

註一一　以上所述參佛斯特著、李文彬譯《小說面面觀》，頁七五；王夢鷗《文學概論》，頁一九五－一九六；金健人《小說結構美學》，頁一七－二五。

註一二　見《十五小豪傑》第一回回末批語，《新民叢報》第二號。又，收入陳平原、夏曉虹編《二十世紀中國小說理論資料．第一卷》，頁四七。

註一三　同上。

註一四　見麥紐爾．康洛甫著、陳森譯《長篇小說作法研究》，頁一七六。

註一五　參陳平原《中國小說敘事模式的轉變》一書。

註一六　案：此處乃作者梁啓超誤計，正確應作「西曆一千九百六十二年」。

註一七　見第一回，收入《晚清小說全集》第二七冊，頁一。

註一八　參〈中國唯一之文學報新小說第一號要目豫告〉，《新民叢報》第十七號。

註一九　參《新中國未來記》第一回，同註一七，頁一－三。

註二〇　同註一八。

註二一　收入《我佛山人文集》第三卷，頁三；《晚清小說全集》第二二冊，頁一。

註二二　同註一二。

註二三　眞實姓名及生平待考。

註二四　眞實姓名及生平待考。

註二五　參陳平原《中國小說敘事模式的轉變》，頁四四—四五。陳氏只談到此書的倒敘手法。

註二六　見《九命奇冤》第一回。收入《我佛山人文集》第三卷，頁六；《晚清小說全集》第二二冊，頁三。

註二七　同註二五，頁七一。

註二八　參見《二十年目睹之怪現狀》第四至七回。收入《我佛山人文集》第一卷，頁三〇—五五；《晚清小說全集》第三三冊，頁三三—六〇；《中國近代小說大系》本，頁二九—五二。

註二九　徐念慈認爲：「中國小說，多述數人數事；……事迹繁，格局變，人物則忠奸賢愚并列，事迹則巧絀奇正雜陳，其首尾聯絡，映帶起伏，非有大手筆，大結構，雄於文者，不能爲此」。與下述〈二十年目睹之怪現狀總評〉可對照參看。徐氏語見〈小說林緣起〉，《小說林》第一期。又，收入阿英編《晚清文學叢鈔．小說戲曲研究卷》，頁一五七；陳平原、夏曉虹編《二十世紀中國小說理論資料．第一卷》，頁二三五。

註三〇　收入魏紹昌編《吳趼人研究資料》，頁七七。

註三一　參陳平原《中國小說敘事模式的轉變》，頁七六。

註三二　原名王濬卿，寶應人。見阿英《晚清小說史》，頁三六。

註三三　收入《晚清小說全集》第一三冊。

註三四　《新石頭記》第一回提到：「一個人提筆作文，……不過自己隨意所如，寫寫自家的懷抱罷了。」收入《我佛山人文集》第四卷，頁二二三；《中國近代小說大系》本，頁一五一。

註三五　以上所述，均參見《老殘遊記》，收入《晚清小說全集》第五冊。

註三六　眞實姓名及生平待考。

註三七　《新小說》第七號。又，收入阿英編《晚清文學叢鈔·小說戲曲研究卷》，頁三二〇—三二一；陳平原、夏曉虹編《二十世紀中國小說理論資料·第一卷》，頁六七。

註三八　收入《我佛山人文集》第六卷，頁一九八；《晚清小說全集》第一〇冊，頁九；《中國近代小說大系》本，頁一四。

註三九　見《恨海》第二回，收入《我佛山人文集》第六卷，頁一九七；《晚清小說全集》第一〇冊，頁九；《中國近代小說大系》本，頁一五。

註四〇　見《老殘遊記二集》第三回，收入《晚清小說全集》第五冊，頁二六四。

註四一　收入同上，頁二七四—二七五。

註四二　見《老殘遊記二集》第四回，收入同上，頁二七五—二七六。

註四三　《老殘遊記》第九回「璵姑」論「發乎情，止乎禮義」一段，收入《晚清小說全集》第五冊，頁一一七—一一八。這種哲學理念，可能是劉鶚個人的見解，也可能與劉鶚信奉太谷學派的學說有關。

註四四　收入《晚清小說全集》第十六冊，頁一九五；《中國近代小說大系》本，頁四一二。

註四五　《中國近代小說大系》本，頁四三九。

註四六　同上，頁四三八。

註四七　《新民叢報》第十七號。

註四八　《新中國未來記》想像六十年後中國的情景，其實是模仿了日本政治小說《雪中梅》的寫法，參陳平原《中國小說敘事模式的轉變》，頁四三。

註四九　參本書第三章第二節與第四章第一節。

第六章　結　論

晚清是個大變動的時代，從經濟到文化，從生活型態到思想觀念，幾乎沒有一個層次不在變。小說觀念的轉變，一方面是應和時代變局而起，另一方面也推動變局繼續發展前進，同時，它也是晚清變局的一項重要成果。經過晚清最後短短十幾年時間的扭轉，中國小說觀念進展到一個新的境地，由此改變了小說既有的處境與面貌。小說的內容與形式、價值與地位，與古代小說均不可同日而語。中國文學的結構重心，也整個重新調整，小說躍居重要——量多且受正視的文類，中國的文學主流由抒情文類轉移到敘事文類。因此，晚清小說觀念的轉變，不僅是小說或小說觀念史、理論史上的一件大事，並且也是整個中國文學史、文學理論史上的一件大事。

綜合以上本書的論述，晚清時期小說觀念的轉變最後可以歸納、整理爲幾個方面：

一、整個晚清時期小說觀念的變革，基本上是屬於一項文學救國運動。在當時列強環伺的情勢之下，部分有心人士，認爲挽救中國的途徑之一，是改造中國百姓，盡快使長期在愚民政策之下，對國家情勢、世界大局無權過問，也一無所知的百姓，脫胎換骨成爲具有愛國思想與文明知識的新國民。小說，由於長期以來一直是普受民衆喜愛的文類，也常在有意無意間發揮傳播知識、教化民衆的作用，再加上外國小說觀與小說作品的刺激、啓發，於是成爲有志之士倡導的目標。此中，外國小說觀與小說作品的影響尤其値得重視，晚清小說理論的興盛、小說寫作面貌的改變以及小說觀念的扭轉，外國文學之刺激、啓迪，厥功甚偉。（註一）

二、因緣際會，由於晚清社會與生活型態的劇變，提供給小說有利的生存空間與發展條件。（註二）在嚴復、夏曾佑、梁啓超等人的倡導之下，繼以吳沃堯、王鍾麒、徐念慈、黃人、曾樸、黃伯耀等以及其他人分別或共同的努力，提倡小說的聲勢自甲午戰後綿延至清王朝結束。配合以李寶嘉、吳沃堯、劉鶚、曾樸、黃小配、陳天華等以及其他小說作者的投入，小說作品呈現新貌，並占有大部分文學市場，由理論到實際，形成中國小說史上空前的改革運動，小說觀念就在這項運動裏作了大幅度的調整。（註三）

三、就整個運動的發展來說，號召與影響最大之人首推梁啓超。他在小說理論、創作與雜誌發行等方面的建樹，爲整個小說界開示了重要發展方向。理論方面，他主要提出以小說改良群治和「小說界革命」等主張。一方面呼籲小說改革，希望「大雅君子」摒棄成見，投入小說創作的陣容，並創作出蘊含時代所需之思想內容的「新小說」。另一方面強調小說迅捷深刻的社會作用、教育作用，藉此大力提昇小說的文學地位，將革新國民、改良社會、挽救中國的目標，寄託在小說的提倡之上。創作方面，他發表《新中國未來記》，實踐他自己提倡政治小說的主張，也樹立晚清政治小說的寫作示範。這部作品的某些特色，如倒敘、想像未來等手法，以及藉人物對談表達政見的議論性題材等等，後起小說多有承襲。雜誌方面，他首創園地公開、以刊登小說為主的文學雜誌《新小說》，以更實際的方式提倡小說，也同時為小說史和報刊史寫下新頁。（註四）

四、就理論界的重要主張來看，透過小說以啓發民智、灌輸文明、改良社會一類的看法，可以說是當時小說理論的主流。由改良社會之類的論點，並發展出相應的創作論、閱讀論以及實際批評論，形成一個相當完整的理論體系。在這個體系中，論者們強調小說的教育作用、社會作用，藉此來肯定小說的文學價值和文學地位，並認為小說作品應該以有益國民、社會的思想內容為主，讀者也應抱著求新知、求思想啓發的態度來閱讀小說，有些批評者更採取這種觀點，重新詮釋、批評古代的小說名作，希望給予讀者新的閱讀指針。由這個主流看法，可以看到，大部分的人仍深受傳統載道文學觀念的影響，下意識地認為有益於國計民生的文學作品，才堪稱為偉大、傑出的上乘文學。古代原本被鄙為小道的小說作品，也正因為與固有的載道觀結合，才很快破繭而出，成為當代蓬勃繁盛的文學重鎭，並衝破小道末流之類既有觀念的束縛，在文壇上取得新地位、新價值。這一派主流看法，在論點上並非沒有偏頗，因為當小說與載道觀結合的同時，小說也無形中淪為政治、社會的工具，而喪失獨立的文學立場。不過在當時，這一類論點的主要意義和貢獻，是為小說取得堂皇的文學身分和地位，扭轉古來的輕視眼光，其餘暫不暇顧及。而變輕視為正視，這也是晚清小說觀念之轉變最重要的意義與貢獻所在。（註五）

五、理論主流之外，另有一類小說美學論，從哲學的基礎，發揚小說在人生與美的方面的貢獻。

這一類論點，在當時顯然並不太受重視，卻爲後世留下寶貴的理論見解。至今，改良社會論失去時代背景，其特色與意義似乎也淡化了，而美學論卻歷久彌新，始終在小說理論上擁有超然的意義與價值。（註六）不過，不宜忽略，小說美學論之所以能產生於當代，改良社會論一派的論者，努力提昇小說地位，形成新的文學氛圍與環境，也應該功不可沒。

六、晚清小說理論的另一大課題，應該是小說自身之改革，但是在理論界中，對這一課題進行探討、發表見解的人似乎不多，論點也不如改良社會論深入、有系統且多量。大部分的論者似乎都忘了，被提倡來改良社會的小說，並不是傳統那種思想內容的小說，早期的論者原是想要提倡一種新小說，來擔負改良社會的使命。（註七）不過後來的論者之所以不常在這道課題上花費心思，很可能也是因爲創作界很快便產生出具有新思想內容的小說。由於創作界的實踐成果斐然，以致繼起的論者不太繼續深究、提倡此類主張。創作界的實踐成果，主要是表現在寫作題材、思想精神的轉變上面。作者們採取極爲現實的題材，充分掌握也反映時代社會發展的現況，他們抨擊黑暗，也發表有關時事的議論、見解，並將許多新興的政治、社會思潮吸收到作品裏面來。當時讀者閱讀這樣的作品時，應該很容易感受到新時代的脈動、新思潮的衝擊；這樣的作品，應該很有可能實現改良社會論的主張，或許，它們也眞的有所實現。不過這一點，還有待進一步的探討。（註八）

七、晚清小說作品的缺失，當時已有論者指出，到現代該可以看得更清楚，那就是藝術成就較顯貧乏。隨寫隨刊的寫作方式，經常留下殘稿的寫作結果，以及作者的注意力偏重在作品的思想內容，而形式、手法的變革又正處於搖搖學步的青澀期，種種處境與因素，最後形成藝術成就未盡令人滿意的結果。不過就小說觀念的轉變來說，大量的新內容、新思想，以及逐步漸變的形式、手法，卻以實際的面貌在告訴讀者：小說已經不一樣了。小說可以寫很多沒有寫過的東西，小說也可以用一些以前沒有用過的寫法。對讀者來說，實際作品所呈現出來的嶄新面貌，可能比論者大聲疾呼的主張來得具體，也容易接受。接受了新的作品型態，也等於調整了舊有的小說觀。因此小說作品的優劣得失是另外一回事，它們以新內容、新型態，使讀者對小說的舊有印象或想法改觀，在小說觀念的轉變上面，發揮不可忽視的作用，這才是一項重要意義。當然，創作出新型態小說的作者，他們小說觀的改變應該更在讀者之前。（註九）

八、觀念的扭轉，絕非一朝一夕之功，甚至一代、兩代也不見得克竟全功，所以當蓬勃的晚清小說界傳揚著求新求變的呼聲時，舊有觀念的勢力並未就此消失殆盡，這也可以說是晚清小說形式技巧變化不大的內在原因。雖然有些小說作者已經運用了新手法來創作，但晚清小說大體上仍是沿襲傳統小說的形式，特別是長篇作品，看起來與古代章回小說並無大異。而這方面的根本改變，則須留待晚清以後的民國時期了。（註一〇）

晚清時期小說觀念的轉變，最主要的意義，是提昇了小說的文學地位，也可以說是發給小說一張新的文學身分證。晚清小說理論和小說作品本身，多少都有些缺失或不足，但經過兩方面的合作、相輔相成，卻使千年來的中國小說第一次堂皇正式地站上文壇，人們對小說的認識和感受改觀了，中國文壇的文學結構也改觀了。今天，小說已是文壇重鎮，敘事文類取代了古代的抒情文類，成為中國文學結構的中心，不僅在小說史上，在整個中國文學史上，這都是一項截然的、迥異的改變，有意思的是，這項變化，是在晚清最後十幾年的短短時間內發生。

【附註】

註一　參本書第二章與第三章第一節。
註二　參本書第二章第一節。
註三　參本書第三、四、五章。
註四　參本書第三章與第五章。
註五　參本書第四章第一、三節。
註六　參本書第四章第二節。
註七　參本書第三章第二節。
註八　參本書第五章第一、二節。
註九　參本書第五章。
註一〇　參本書第四章第一節。

引用及主要參考書目

一、專著部分（案：按書名筆劃排列）

二十世紀中國小說史（第一卷）　陳平原　北京大學出版社　一九八九年

二十世紀中國小說理論資料（第一卷）　陳平原、夏曉虹　北京大學出版社　一九八九年

二十年目睹之怪現狀研究　陳幸蕙　國立臺灣大學文史叢刊之六十一　民國七十一年

小說林（一至十二期）　小說林總編輯所編輯　上海書店　一九八〇年影印本

小說的分析　William Kenney著　陳迺臣譯　成文出版社　民國六十六年

小說面面觀　佛斯特著　李文彬譯　志文出版社　民國七十四年

小說結構美學　金健人　木鐸出版社　民國七十七年

小說閒談四種　阿英　上海古籍出版社　一九八五年

上海近代史（上、下）　劉惠吾主編　華東師範大學出版社　一九八五、一九八七年

月月小說（一至二十四號）　吳沃堯、周桂笙主編　月月小說社編輯、發行　上海書店影印本　一九八〇年

文心雕龍校證　劉勰撰　王利器校箋　上海古籍出版社　一九八〇年
文明小史研究　周宰嬉　臺灣大學中文研究所碩士論文　民國七十三年
文明小史探論　倪台瑛　文津出版社　民國七十六年
文苑談往　楊世驥　華世出版社　民國六十七年
文選（一至五）　蕭統編　李善注　文津出版社　民國七十六年
中外禁書　蔡國良編　上海文化出版社　一九八八年
不如歸　（日）德富健次郎　林紓、魏易譯　北京：商務印書館　一九八一年
水滸傳（上、下）　施耐庵　河洛出版社　民國七〇年
日知錄集釋（上、中、下）　顧炎武　黃汝成集釋　上海古籍出版社　一九八五年
王國維文學美學論著集　周錫山編　北岳文藝出版社　一九八七年
王國維年譜　王德毅　中國學術著作獎助委員會　民國五十六年
王國維美論文選　劉剛強　湖南人民出版社　一九八七年
王觀堂先生全集（一至十六）　王國維　文華出版公司　民國五十七年
中國人留學日本史　實藤惠秀著　譚汝謙、林啓彥譯　香港：中文大學出版社　一九八二年
中國大百科全書—中國文學（I、II）　中國大百科全書總編輯委員會《中國文學》編輯委員會、中國大百科全書出版社編輯部編　中國大百科全書出版社　一九八六年

中國小說史料　孔另境編　臺灣中華書局　民國四十六年
中國小說史略　魯迅　民文出版社　民國六十六年
中國小說批評史略　方正耀　中國社會科學出版社　一九九〇年
中國小說美學　葉朗　里仁書局　民國七十六年
中國小說敘事模式的轉變　陳平原　上海人民出版社　一九八八年
中國小說理論批評史　陳謙豫　華東師範大學出版社　一九八九年
中國文學研究　鄭振鐸　民主出版社　不著出版年月
中國古代小說演變史　齊裕焜主編　敦煌文藝出版社　一九九〇年
中國古典小說美學資料匯粹　孫遜、孫菊園編　大安出版社　一九九一年
中國出版史　宋原放、李白堅　中國書籍出版社　一九九一年
中國近代小說大系　江西人民出版社　一九八八—一九九一年　（案：續出版中，細目見附錄二）
中國近代文學大系（一八四〇—一九一九）　上海書店　一九九〇—一九九一　（案：續出版中，細目見附錄四）
中國近代文學之變遷　陳子展　昆明：中華書局　民國三〇年
中國近代文學史　任訪秋主編　河南大學出版社　一九八八年

中國近代文學史（上） 陳則光 中山大學出版社 一九八七年

中國近代文學史事編年 鄭方澤編 吉林人民出版社 一九八三年

中國近代文學百題 中國社會科學院文學研究所《中國近代文學百題》編寫組 中國國際廣播出版社 一九八九年

中國近代文學作品系列─小說一卷 王俊年選注 海峽文藝出版社 一九八八年

中國近代文學作品系列─小說二卷 王俊年選注 海峽文藝出版社 一九九○年

中國近代文學作品系列─小說三卷 王俊年選注 海峽文藝出版社 一九九○年

中國近代文學作家論 任訪秋 河南人民出版社 一九八四年

中國近代文學的特點、性質和分期 中山大學中文系主編 中山大學出版社 一九八六年

中國近代文學爭鳴（第一輯） 上海書店編輯 上海書店 一九八九年

中國近代文學研究（第一輯） 中山大學中文系《中國近代文學研究》編輯部編 廣東人民出版社 一九八三年

中國近代文學研究（第二輯） 中山大學中文系《中國近代文學研究》編輯部編 廣東人民出版社 一九八五年

中國近代文學研究（第三輯） 中山大學中文系《中國近代文學研究》編輯部編 中山大學出版社 一九八五年

中國近代文學研究集　中國社會科學院文學研究所近代文學研究組編　中國文聯出版公司　一九八六年

中國近代文學評林（第一輯）　華南師範大學近代文學研究室編　中州古籍出版社　一九八四年

中國近代文學評林（第二輯）　華南師範大學近代文學研究室編　廣東高等教育出版社　一九八六年

中國近代文學發展史（第一卷）　郭延禮　山東教育出版社　一九九〇年

中國近代文學論文集（一九一九－一九四九）．概論、詩文卷　牛仰山編　中國社會科學出版社　一九八八年

中國近代文學論文集（一九一九－一九四九）．小說卷　王俊年編　中國社會科學出版社　一九八八年

中國近代文學論文集（一九四九－一九七九）．概論卷　中國社會科學院文學研究所近代文學研究組編　中國社會科學出版社　一九八一年

中國近代文學論文集（一九四九－一九七九）．小說卷　中國社會科學院文學研究所近代文學研究組編　中國社會科學出版社　一九八三年

中國近代文學論稿　時萌　上海古籍出版社　一九八六年

中國近代文論選　郭紹虞、羅根澤主編　周紹良、舒芜、王利器、陳邇冬編選　木鐸出版社　民國七一年
中國近代文藝思想論稿　葉易　復旦大學出版社　一九八五年
中國近代文藝思潮史　葉易　高等教育出版社　一九九〇年
中國近代出版史料初編　張靜廬輯註　上海：群聯出版社　一九五四年
中國近代出版史料二編　張靜廬輯註　上海：群聯出版社　一九五四年
中國近代出版史料補編　張靜廬輯註　北京：中華書局　一九五七年
中國近代思想史論　李澤厚　谷風出版社　民國七十六年
中國近代思想史論　王爾敏　華世出版社　民國六十六年
中國近代期刊篇目彙錄（一—六）　上海圖書館編　上海人民出版社　一九八〇—一九八四年
中國近代報刊名錄　史和、姚福申、葉翠娣編　（福建人民出版社）
中國近代禦外侮文學全集　廣雅出版公司編輯部編　廣雅出版公司　民國七一年（案：原阿英編《中國近代反侵略文學集》，細目見附錄三。）
中國的報刊　王鳳超編著　人民出版社　一九八八年
中國美學思想史（第三卷）　敏澤　齊魯書社　一九八七、一九八九年
中國通俗小說總目提要　江蘇省社會科學院明清小說研究中心編　中國文聯出版公司　一九九

〇年
中國報學史　戈公振　香港：太平書局　一九六四年
中國禁書大觀　安平秋、章培恒主編　上海文化出版社　一九九〇年
中國新聞史（古近代部分）　四所高等院校中國新聞史組編著　中央民族學院出版社　一九八八年
中國歷代小說序跋選注　曾祖蔭、黃清泉、周偉民、王先霈選注　湖北：長江文藝出版社　一九八二年
中國歷代小說論著選（上、下）　黃霖、韓同文選注　江西人民出版社　一九八二、一九八五年
中國翻譯文學史稿　陳玉剛主編　中國對外翻譯出版公司　一九八九年
中國翻譯簡史　馬祖毅　中國對外翻譯出版公司　一九八四年
巴黎茶花女遺事　（法）小仲馬著　林紓、王壽昌譯　北京：商務印書館　一九八一年
民國嚴幾道先生復年譜　王蘧常　臺灣商務印書館　民國七〇年
史學方法論叢　黃俊傑編譯　臺灣學生書局　民國七〇年
李氏焚書　李贄　民國間陝西教育圖書社排印本　中研院史語所藏
李伯元小說、報刊研究　周明華　中國文化大學中文研究所碩士論文　民國八〇年

李伯元及其文明小史　符馨心　輔仁大學中文研究所碩士論文　民國八〇年
李伯元研究資料　魏紹昌編　上海古籍出版社　一九八〇年
老殘遊記資料　魏紹昌編　北京：中華書局　一九六二年
老殘遊記析論　方哲桓　臺灣大學中文研究所碩士論文　民國七十六年
近代中日文學交流史稿　王曉平　湖南文藝出版社　一九八七年
近代中國史事日誌（上、下）　郭廷以編著　北京：中華書局影印　一九八七年
近代中國史綱（上、下）　郭廷以　香港：中文大學出版社　一九八九年
近代中國思想人物論—晚清思想　張灝等　時報文化公司　民國七四年
近代中國留學史　舒新城編　上海文化出版社影印　一九八九年
近代文學史料　中國社會科學院文學研究所《近代文學史料》編輯部編　北京：中國社會科學出版社　一九八五年
近代經學與政治　湯志鈞　北京：中華書店　一九八九年
近百年的中國文藝思潮　吳文祺　香港：龍門書店　一九六九年
我佛山人文集（一至八）　盧叔度主編　廣州：花城出版社　一九八八—一九八九年
我佛山人短篇小說集　盧叔度輯校　廣州：花城出版社　一九八四年
吳趼人研究資料　魏紹昌編　上海古籍出版社　一九八〇年

汪康年師友書札（一至四）　上海圖書館編　上海古籍出版社　一九八六―一九八九年
吟邊燕語　（英）蘭姆著　林紓、魏易譯　北京：商務印書館　一九八一年
阿英文集（上、下）　阿英著　三聯書局編　香港：三聯書局　一九七九年
明清小說序跋選　大連圖書館參考部編　瀋陽：春風文藝出版社　一九八三年
明清小說理論批評史　王先霈、周偉民　花城出版社　一九八八年
明清小說評點之研究　張曼娟　東吳大學中文研究所博士論文　民國七十九年
明清小說論叢（第一、三輯）　春風文藝出版社編　瀋陽：春風文藝出版社　一九八四、一九八五年
林紓的翻譯　錢鍾書等　北京：商務印書館　一九八一年
林紓研究資料　薛綏之、張俊才編　福建人民出版社　一九八三年
林紓選集（小說卷：上、下）　林薇選注　成都：四川人民出版社　一九八五年
林琴南及其翻譯小說研究　沈乃慧　臺灣大學中文研究所碩士論文　民國七十四年
林琴南學行譜記四種　朱羲胄編撰　世界書局　民國五四年
拊掌錄　（美）華盛頓・歐文著　林紓、魏易譯　北京：商務印書館　一九八一年
長篇小說作法研究　Manuel Komroff 著　陳森譯　幼獅文化事業公司　民國六十八年
金瓶梅資料匯編　侯忠義、王汝梅編　北京大學出版社　一九八五年

金聖嘆全集（一至四） 金聖嘆 長安出版社 民國七十五年
迦茵小傳 （英）哈葛德著 林紓、魏易譯 北京：商務印書館 一九八一年
南社 楊天石、劉彥成 北京：中華書局 一九八〇年
南社叢談 鄭逸梅編著 上海人民出版社 一九八一年
南亭四話 李伯元 上海書店 一九八五年
胡適文存（第三集） 胡適 遠東圖書公司 民國四十二年
紅樓夢 曹雪芹著 文化圖書公司 民國六十六年
紅樓夢藝術論 王國維、俞銘衡、林語堂等 里仁書局 民國七三年
負曝閑談 蘧園 上海古籍出版社 一九八五年
唐人說薈 蓮塘居士輯 清同治年北京琉璃廠刊本
荀子 荀況撰 楊倞注 商務印書館文淵閣四庫全書本 民國七十二年
書裡書外 陳平原 浙江文藝出版社 一九八八年
時務報（一至五十六冊） 上海時務報館印行 華文書局影印本（清末民初報刊叢編之二） 民國五十六年
梁任公先生年譜長編初稿 丁文江編 世界書局 民國四十八年
梁啓超的傳記學 廖卓成 臺灣大學中文研究所碩士論文 民國七十六年

梁啓超著述繫年　李國俊編　復旦大學出版社　一九八六年
梁啓超與清季革命　張朋園　中央研究院近代史研究所　民國七十一年
梁啓超與晚清文學運動　林明德　政治大學中文研究所博士論文　民國七十八年
莊子集釋　郭慶藩輯　河洛出版社　民國六十三年
清末小說きまぐれ通信　（日）樽本照雄　日本：清末小說研究會　一九八六年
清末小說閑談　（日）樽本照雄　日本：法律文化社　一九八三年
清末小說論集　（日）樽本照雄　日本：法律文化社　一九九二年
清末民初小說目錄　（日）清末小說研究會編　日本：中國文藝研究會　一九八八年
清末民初小說繫年目（一九〇二—一九一一）（未定稿）（日）樽本照雄自印稿
清末民初中國社會論文集　谷風出版社編輯部　谷風出版社　一九八六年
清代通史（一至五）　蕭一山　臺灣商務印書館　民國七十四年
清代學術概論　梁啓超　水牛出版社　民國七〇年
清黃公度先生遵憲年譜　吳天任編著　臺灣商務印書館　民國七十四年
清議報（一至一百冊）　清議報社編印　成文出版社影印本　民國五十五年
現代中國文學中批評述論　柯慶明　大安出版社　民國七十六年
康有爲思想研究　鍾賢培主編　廣東高等教育出版社　一九八八年

康南海先生遺著彙刊（一至二十二）　蔣貴麟主編　宏業書局　民國六十五年
商務印書館九十年——我和商務印書館　商務印書館編　北京：商務印書館　一九八七年
釧影樓回憶錄　包天笑　香港：大華出版社　一九七一年
釧影樓回憶錄續編　包天笑　香港：大華出版社　一九七三年
從劉鶚到王禎和　王德威　時報文化出版公司　民國七十五年
黑奴籲天錄　（美）斯土活著　林紓、魏易譯　北京：商務印書館　一九八一年
喻世明言　馮夢龍編　鼎文書局　民國六十三年
曾孟樸的文學旅程　李培德　傳記文學雜誌社　民國六十六年
欽定四庫全書總目提要　紀昀　商務印書館　民國七十二年
晚清小說　時萌　國文天地雜誌社　民國七十九年
晚清小說史　阿英　北京：人民文學出版社　一九九一年
晚清小說全集　王孝廉等聯合主編　博遠出版公司　民國七十六年　（案：原廣雅版《晚清小說大系》，細目見附錄一）
晚清小說研究　林明德編　聯經出版公司　民國七十七年
晚清小說研究概說　袁健、鄭榮編著　天津教育出版社　一九八九年
晚清小說理論研究　康來新　大安出版社　民國七十五年

晚清小說理論發展試論　邱茂生　文化大學中文研究所碩士論文　民國七十六年
晚清小說與晚清政治運動　王華昌　政治大學歷史研究所碩士論文　民國七十六年
晚清文學思想之研究　李瑞騰　文化大學中文研究所博士論文　民國七十六年
晚清文學叢鈔・小說一、二、三、四卷　阿英編　北京：中華書局　一九六〇年
晚清文學叢鈔・小說戲曲研究卷　阿英編　北京：中華書局　一九六〇年
晚清文藝報刊述略　阿英　中華書局上海編輯所編輯　上海：中華書局　一九五九年
晚清政治思想史論　王爾敏　華世出版社　民國六十九年
晚清戲曲小說目　阿英編　中華書局上海編輯所編輯　上海：中華書局　一九五九年
晚清戲劇小說繫年目及統計分析　林佩慧　臺灣大學圖書館學研究所碩士論文　民國七十七年
晚清譴責小說的歷史意義　林瑞明　國立臺灣大學文史叢刊之五十六　民國六十九年
閒話孽海花　周錫馥　中華書局　一九八九年
黃遵憲及其詩研究　張堂錡　文史哲出版社　民國八〇年
曾樸研究　時萌　上海古籍出版社　一九八二年
飲冰室文集（一－一六）　梁啓超　臺灣中華書局　民國七十二年
飲冰室專集之二・自由書　梁啓超　臺灣中華書局　民國六十一年
飲冰室專集之二十二・夏威夷遊記　梁啓超　臺灣中華書局　民國六十一年

塊肉餘生述 （英）迭更司著 林紓、魏易譯 北京：商務印書館 一九八一年
鄒容、陳天華評傳 馮祖貽 河南教育出版社 一九八六年
萬國公報（七至二十六期） 華文書局影印本（清末民初報刊叢編之四） 民國五十七年
新小說（一至二十四號） 趙毓林編輯 新小說社發行 上海書店影印本 一九八〇年
新民叢報（第一至九十六號） 梁啓超主編 中央研究院歷史語言研究所傅斯年圖書館藏
新新小說（一至十號） 新新小說社編輯、發行 上海書店影印本 一九八〇年
新孽海花 陸士諤 中國文聯出版公司 一九八九年
詩經注疏 藝文印書館・十三經注疏本 民國六十八年
漢書 班固 鼎文出版社 民國七十五年
漢學論文集第三集（晚清小說討論會專號） 國立政治大學中文系、中研所主編 文史哲出版社
民國七十三年
撒克遜劫後英雄略 （英）司各德著 林紓、魏易譯 北京：商務印書館 一九八一年
鄭振鐸文集（第七卷） 鄭振鐸 北京：人民文學出版社 一九八八年
劉鶚小傳 劉德隆、朱禧、劉德平 天津人民出版社 一九八七年
劉鶚及老殘遊記資料 劉德隆、朱禧、劉德平編 四川人民出版社 一九八五年
劉鶚及其老殘遊記研究 王瑞雪 東吳大學中文研究所碩士論文 民國七十四年

劉鶚與老殘遊記　陳遼　中州古籍出版社　一九八九年
論嚴復與嚴譯名著　商務印書館編輯部編　北京：商務印書館　一九八二年
醒世恒言　馮夢龍編　鼎文書局　民國六十三年
禮記注疏　藝文印書館・十三經注疏本　民國六十八年
簡明中國新聞史　復旦大學新聞系新聞史教研室　福建：人民出版社　一九八六年
離恨天　（法）森彼得著 林紓、王慶驥譯　北京：商務印書館　一九八一年
繡像小說（第一至七十二期）　李寶嘉主編　上海商務印書館發行　上海書店影印本　一九八〇年
警世通言　馮夢龍編　鼎文書局　民國六十三年
孽海花　曾樸　世界書局　民國五十六年
孽海花研究　成宜濟　嘉新水泥文化基金會叢書研究論文第一〇四種
孽海花資料　魏紹昌編　上海古籍出版社　一九八二年
孽海花論稿　王祖獻　黃山書社　一九九〇年
嚴復　林國清、林蔭依　福建教育出版社　一九八九年
嚴復研究資料　牛仰山、孫鴻霓編　海峽文藝出版社　一九九〇年
嚴復集（一至五）　王栻主編　中華書局　一九八六年

The Chinese Novel at the Turn of the Century. Edited by Milena Doleželová-Velingerová University of Toronto Press 一九八〇（敦煌書局 民國七〇年）

二、期刊論文部分（案：按篇名筆劃排列）

小說林、競立社小說月報總目錄　（日）樽本照雄　日本：大阪經大論集第一〇二號　一九七四年一一月

小說月報總目錄（一至三）　（日）樽本照雄　日本：大阪經大論集第一一二至一一三號　一九七六年五月

小說時報總目錄　（日）樽本照雄　日本：大阪經大論集第一〇六號　一九七五年七月

月月小說總目錄（上、下）　（日）樽本照雄　日本：大阪經大論集第一〇〇號　一九七四年七月、一九七五年五月

中國古代小說批評的史學意識　邵明珍　中國古代、近代文學研究　一九八八年第一一期

中國古代小說起源和民族傳統　黃鈞　文學遺產　一九八七年第五期

中國近代知識普及運動與通俗文學之興起　王爾敏　中華民國初期歷史研討會論文集　中央研究院近代史研究所　民國七十三年四月

中國諷刺小說的特質與類型　張宏庸　中外文學第五卷第七期　民國六十五年一二月

甲午之役與晚清小說界　黃錦珠　中國文學研究第五期　民國八〇年五月
史傳影響與中國古典小說民族特徵的宏觀考察　張稔穰、牛學恕　中國古代、近代文學研究一九八九年第一期
正確估計《孽海花》在中國近代文學史上的地位　陳則光　收入：《明清小說研究論文集續編》中國語文學社編　一九七〇年
老殘遊記楔子論　鄭明娳　收入：《古典小說藝術新探》　時報文化出版公司　民國七十六年
吳沃堯的生卒年　劉世德　收入：《明清小說研究論文集》　北京：人民文學出版社　一九五九年
吳趼人的小說論　黃霖　《明清小說研究》第三輯　北京：中國文聯出版公司　一九八六年四月
建國以來劉鶚與《老殘遊記》研究概述　袁健　文教資料雙月刊總一七八期　一九八八年八月
清末小說（一－一四號）（日）樽本照雄主編　日本：清末小說研究會發行　一九七七－一九八八年
清末小説から（一－二五）（日）樽本照雄主編　日本：清末小說研究會發行　一九八六－一九九二年

清代的官制　張友鶴　《官場現形記》附錄　北京：人民文學出版社　一九七五年

從踵事增華到虛實相生——中國古典小說與史傳文學藝術淵源探微　汪道倫　中國古代、近代文學研究　一九八五年第一七期

梁啓超的小說理論和他的《新中國未來記》　柳笛　中國古代、近代文學研究　一九八七年九月

梁啓超與小說界革命　朱眉叔　收入：《明清小說研究論文集續編》　中國語文學社編　一九七〇年

略論黃人的中國文學史　黃霖　中國古代、近代文學研究　一九九一年第二期

略論晚清文學改革運動的發展和成就　鄭方澤　社會科學戰線　一九八五年第二期

游戲世界總目錄　（日）樽本照雄　日本：大阪經大論集第一四四號　一九八一年一一月

曾孟樸談孽海花　溫梓川　收入：《文人的另一面》　晨鐘出版社　民國六十一年

晚清小說中的敘事模式　Milena Dolezelová-Velingerová著　謝碧霞譯　中外文學第十四卷第四期　民國七十四年九月

晚清小說專輯　聯合文學第一卷第六期　聯合文學雜誌社　民國七十四年四月

晚清小說理論中的心理學思想　李建中　中國古代、近代文學研究　一九八八年第九期

晚清小說評議三題——與袁進同志商榷　趙明政　中國古代、近代文學研究　一九八九年第四

期

晚清四作家小說觀平議　姜東賦　中國古代、近代文學研究　一九八八年第四期

晚清白話短篇小說敘事體制的演變　袁健　中國古代、近代文學研究　一九八七年第五期

曾樸與法國文學　袁荻涌　中國古代、近代文學研究　一九八七年九月

新小說總目錄　(日)樽本照雄　日本：大阪經大論集第一四八號　一九八二年七月

試論小說評點與美學反應理論　單德興　中外文學第二十卷第三期　民國八〇年八月

試論中國近代小說的兩條發展線索及其高潮的「錯位」　袁進　中國古代、近代文學研究　一九八七年九月

試論中國近代小說的興盛和演變　裴效維　中國古代、近代文學研究　一九八七年第五期

試論明清小說批評中的兩種主要模式　梁道理　中國古代、近代文學研究　一九八七年第一二期

說《九尾龜》　陳平原　中國古代、近代文學研究　一九八九年第三期

說邪考——清末における小說意識の成立　中野美代子　東方學第四七輯　一九七四年一月

論中國近代短篇小說　方正耀　中國古代、近代文學研究　一九八八年第二期

《劍腥錄》與林紓及晚清社會　蔣英豪　淡江大學「晚清文學與文化變遷」學術研討會論文　民國七十七年一二月

論說部與文學之關係　劉光漢（劉師培）　國粹學報　第三六期　清光緒三十三年十一月二十日

劉鶚及其《老殘遊記》　勞洪　收入：《明清小說研究論文集續編》　中國語文學社編　一九七〇年

劉鶚和日本人　（日）樽本照雄　日本：大阪經大論集第一八一、一八二號　一九八八年三月

劉鶚論辨　鍾賢培　華南師範大學學報（社會科學版）　一九八三年第一期

關於《二十年目睹之怪現狀》　阿英　收入：《明清小說研究論文集》　北京：人民文學出版社　一九五九年

關於《老殘遊記》的作者劉鶚　嚴薇青　收入：《明清小說研究論文集續編》　中國語文學社編　一九七〇年

關於李伯元與劉鐵雲的一段文字案　（日）樽本照雄　日本：大阪經大論集第一六五號　一九八五年

讀《恨海》隨想　王俊年　《明清小說研究》第二輯　北京：中國文聯出版公司　一九八五年十二月

三、附錄

㈠、晚清小說全集（原：廣雅版《晚清小說大系》） 博遠出版社 民國七十六年

1.品花寶鑑（上） 石函氏
2.品花寶鑑（下） 石函氏
3.花月痕 眠鶴主人編次
4.海上花列傳 花也憐儂
5.老殘遊記 鴻都百鍊生
6.官場現形記（上） 南亭亭長
7.官場現形記（下） 南亭亭長
8.經國美談 不著撰人
泰西歷史演義 不著撰人
9.中國現在記 不著撰人
世界進化史 惺菴
中國進化小史 燕市狗徒
10.鄰女語 憂患餘生
恨海 吳趼人
京華碧血錄 林紓
救劫傳 艮廬居士
庚子國變彈詞 歷劫不磨生

11. 掃迷帚 壯者
玉佛緣 嘿生
瞎騙奇聞 繭叟
黑籍冤魂 彭養鷗
罌粟花 觀我齋主人
12. 青樓夢 慕眞山人
13. 冷眼觀 八寶王郎
新舞臺鴻雪記 不著撰人
14. 負曝閒談 蘧園
糊塗世界 吳趼人
上海遊驂錄 吳趼人
15. 癡人說夢記 旅生
臨鏡妝 鐵漢
16. 月球殖民地小說 荒江釣叟
電冠 陳鴻璧譯
生生袋 支明
世界末日記 包天笑譯
17. 文明小史 李伯元
18. 洪秀全演義 黃小配

19. 苦社會　佚名
黃金世界　碧荷館主人
拒約奇譚　中國涼血人
僑民淚　哀華
豬仔還國記　許指嚴
人鏡學社鬼哭傳　吳趼人
20. 黃繡球　頤瑣
小足捐　不著撰人
東歐女豪傑　嶺南羽衣女士
獅子吼　過庭
21. 孽海花　東亞病夫
22. 九命奇冤　我佛山人
林公案　不著撰人
23. 市聲　姬文
發財秘訣　吳趼人
胡雪巖外傳　大橋式羽
商界第一偉人　憂患餘生述
24. 黑蛇奇談　張瑛譯
魔海　任墨緣譯

25. 活地獄 李伯元
26. 九尾狐 不著撰人
27. 大馬扁 黃小配
新中國未來記 梁啓超
未來世界 春颿
立憲萬歲 吳趼人
慶祝立憲 吳趼人
轟天雷 藤古谷香
28. 學究新談 吳蒙
未來教育史 悔學子
苦學生 杞憂子
學界鏡 贋叟
學究教育談 天僇生
29. 九尾龜（上） 漱六山房
30. 九尾龜（中） 漱六山房
31. 九尾龜（下） 漱六山房
32. 宦海 漱六山房
官場維新記 無名氏
後官場現形記 不著撰人

33. 二十年目睹之怪現狀（上） 我佛山人
34. 二十年目睹之怪現狀（下） 我佛山人
35. 近十年之怪現狀 吳趼人
廿載繁華夢 黃小配
36. 痛史 我佛山人
兩晉演義 我佛山人
雲南野乘 我佛山人
37. 情變 我佛山人
劫餘灰 我佛山人
親鑑 南支那老驥氏編
新淚珠緣 天虛我生
愛苓小傳 綺痕

㈡、中國近代小說大系 江西人民出版社 一九八八—一九九一年（案：以下據筆畫順序排列，原書未標順序。續出版中。）

1. 二十年目睹之怪現狀（上） 我佛山人
2. 二十年目睹之怪現狀（下） 我佛山人
3. 七劍十三俠（上） 唐芸洲

4.七劍十三俠（下） 唐芸洲
5.仇史 痛哭生第二
獅子吼 過庭
六月霜 靜觀子
古戍寒笳記 葉小鳳
如此京華 葉小鳳
6.文明小史 南亭亭長
7.中國現在記 李伯元
海天鴻雪記 二春居士編
活地獄 南亭亭長
8.近十年之怪現狀 我佛山人
新石頭記 我佛山人
糊塗世界 繭叟
兩晉演義 我佛山人
9.狐狸緣全傳 醉月仙人
仙俠五花劍 海上劍癡
金蓬仙史 潘昶（明廣）
10.官場現形記（上） 南亭亭長
11.官場現形記（下） 南亭亭長

12. 東歐女豪傑　嶺南羽衣女士
自由結婚　震旦女士自由花
瓜分慘禍預言記　軒轅正裔
洗恥記　冷情女史
女媧石　海天獨嘯子
多少頭顱　亡國遺民之友
盧梭魂　懷仁
13. 恨海　吳趼人
劫餘灰　我佛山人
發財秘訣　吳趼人
情變　吳趼人
瞎騙奇聞　吳趼人
白話西廂記　吳趼人
短篇小說（十二篇）　吳趼人
14. 負曝閒談　蘧園（歐陽巨源）
黃繡球　頤瑣
15. 海上繁華夢（上）　警夢癡仙
16. 海上繁華夢（下）　警夢癡仙
17. 痛史　我佛山人

九命奇冤　嶺南將叟（吳沃堯）
上海遊驂錄　我佛山人
雲南野乘　吳趼人
剖心記　我佛山人
18. 雲鐘雁三鬧太平莊全傳　無名氏
玉燕姻緣全傳　無名氏
19. 梅蘭佳話　曹梧風
風月夢　邗上蒙人
20. 戰地鶯花錄　李涵秋
21. 繡雲閣（上）　魏文中
22. 繡雲閣（下）　魏文中
23. 癡人說夢記　旅生
月球殖民地　荒江釣叟
新紀元　碧荷館主人編
24. 繪芳錄（上）　西泠野樵
25. 繪芳錄（下）　西泠野樵
26. 續海上繁華夢（上）　警夢癡仙孫玉聲
27. 續海上繁華夢（下）　警夢癡仙孫玉聲

(三)、中國近代禦外侮文學全集　廣雅出版公司編輯部編　廣雅出版公司　民國七十一年（案：原阿英編《中國近代反侵略文學集》）

中法戰爭文學集

甲午中日戰爭文學集

庚子事變文學集（上、中、下）

抵制華工禁約文學集

鴉片戰爭文學集（上、中、下）

(四)、中國近代文學大系（案：續出版中）　上海書店　一九九〇—一九九一年

小說集（1、6、7）吳組緗、端木蕻良、時萌主編

散文集（1）　任訪秋　主編

詩詞集（1—2）　錢仲聯 主編

翻譯文學集（1—3）　施蟄存 主編